CATTEDRALI D'ITALIA

Bellezza, suggestioni, storia e storie delle chiese, cattedrali
e basiliche più rappresentative della Penisola

Touring Club Italiano

Touring Club Italiano
Presidente: Roberto Ruozi
Direttore Generale: Guido Venturini

Touring Editore
Amministratore delegato: Alfieri Lorenzon

Direttore editoriale
Michele D'Innella

Testi di
Flavio Conti

Redazione e ricerca iconografica
Marina Basso
con la collaborazione di
Uomini e terre *per "Dove si trova"*

Progetto grafico e impaginazione
Marcella Boneschi

Segreteria di redazione
Alessandra Sindoni

Prestampa
Emmegi Multimedia, Milano

Stampa e legatura
Castelli Bolis Poligrafiche s.p.a.
Azzano San Paolo - BG

© 2005 Touring Editore, Milano
Codice A1AA3
ISBN 88-365-3497-X

Finito di stampare nel mese di marzo 2005

La collana Il Bel Paese *è conosciuta e apprezzata perché all'autorevolezza dei temi prescelti aggiunge la particolare accuratezza con cui vengono svolti, egualmente attenta agli aspetti culturali come a quelli della qualità formale. Nella rassegna cui si dedica, rivolta all'approfondimento dei caratteri che differenziano il patrimonio monumentale e storico-artistico più eminente del mondo, la scelta cade questa volta sulle* Cattedrali d'Italia: *titolo in verità un po' conciso ma comprensivo, in realtà, anche di altri generi di chiese.*
La chiesa ha costituito nei secoli il perno e l'elemento di aggregazione degli abitati italiani, fossero questi piccoli centri sperduti o grandi città impegnate nella scalata al rango di capitale. Intorno al campanile – non a caso assurto anche linguisticamente a simbolo dell'orgoglio municipale – sono cresciute le case, l'identità culturale delle persone, la consapevolezza collettiva delle proprie potenzialità; si sono avvicendate le fortune e le traversie della comunità.
La fede, ma anche la fierezza civica, ha spinto le città a erigere le grandi muraglie delle basiliche e delle cattedrali, ha ispirato gli architetti a concepire realizzazioni di geniale arditezza, ha coinvolto emotivamente nobili, mercanti, popolani; ha allacciato in un impegno unitario una generazione dietro l'altra. Per ornare le case del Signore, il cui splendore si riverberava sulle città ai loro piedi alimentando negli abitanti il senso di appartenenza, sono stati profusi tesori di intelligenza, creatività, denaro, fantasia. Tutto questo ha concorso a modellare un paesaggio urbano di immensa suggestione.
Il volume ripercorre le vicende di alcune delle nostre chiese maggiori: da S. Vitale di Ravenna a S. Ambrogio di Milano e al Duomo di Modena; da S. Marco di Venezia al Duomo di Siena e a quello di Milano; da S. Pietro in Vaticano a S. Croce di Lecce e ad altre ancora. Ne mostra con copiosità di immagini (spesso appositamente eseguite) e novità di angolazioni gli elementi peculiari, descrivendo le figure e gli avvenimenti storici a esse legati, mettendone in luce le grandi realizzazioni artistiche, svelandone le curiosità, talvolta indicando le manifestazioni popolari di cui sono centro. Significativi, a dare completezza all'opera, sono l'inquadramento introduttivo, che traccia un originale profilo del ruolo delle grandi chiese nella storia d'Italia, e l'esteso repertorio di chiese, basiliche e cattedrali del nostro paese; ma anche un circostanziato glossario dei termini architettonici, artistici e religiosi legati alla costruzione e fruizione delle chiese, nonché una serie di agili trattazioni sugli aspetti tipologici, strutturali e iconografici degli edifici di culto urbani.
È un libro ben fatto, ricco e articolato eppure semplice ed efficace, concepito com'è per coinvolgere il lettore in una affascinante storia che riguarda il nostro passato. Un libro che può spingere a una più salda conoscenza dei valori della propria città, della propria regione, del proprio paese. Per trarne, quindi, elementi di insegnamento validi anche per il nostro futuro.

Touring Club Italiano

SOMMARIO

Segni di infinito sulle pietre *di Gianfranco Ravasi*	6
Innovazione nella continuità *di Flavio Conti*	8

LA FEDE TRIONFANTE — 20

S. Costanza a Roma - *Tra antico e nuovo*	22
S. Maria Maggiore a Roma - *Il sapore delle origini*	24
S. Lorenzo a Milano - *Nel ricordo di Roma*	26
S. Vitale a Ravenna - *Chiesa imperiale*	30
S. Eufemia a Grado - *Guardando a Oriente*	34
S. Maria Assunta e S. Fosca a Torcello - *Cattedrale del silenzio*	36

UN CANDIDO MANTELLO DI CHIESE — 38

S. Ambrogio a Milano - *Cuore di Lombardia*	40
S. Michele a Pavia - *Sovrana maestosità*	46
Il Duomo di Modena - *Volumi sotto la luce*	48
Il complesso di S. Stefano a Bologna - *A immagine del Golgota*	52
S. Zeno Maggiore a Verona - *Garbata serenità*	54
S. Marco a Venezia - *L'àncora della Repubblica*	58
Il Duomo di Pisa - *Eclettica grandiosità*	64
S. Michele in Foro a Lucca - *Ascesa verso il paradiso*	66
S. Miniato al Monte a Firenze - *Serena geometria*	68
S. Ciriaco ad Ancona - *La sentinella dell'Adriatico*	72
La Cattedrale di Trani - *Il castello della fede*	74
La Cappella Palatina a Palermo - *Tre culture per un unico Dio*	76

LO SPLENDORE DELLA DIVINITÀ — 80

S. Andrea a Vercelli - *Gotico all'italiana*	82
S. Lorenzo Maggiore a Genova - *Immersa nella città*	86
S. Maria del Fiore a Firenze - *Alta e sontuosa magnificenza*	88
S. Croce a Firenze - *Chiesa del popolo e chiesa dei grandi*	92
Il Duomo di Siena - *L'austerità della ricchezza*	98
Il Duomo di Orvieto - *Gotico all'italiana*	102
S. Petronio a Bologna - *Il tempio dell'orgoglio civico*	104
Il Duomo di Milano - *Cuore di marmo*	108

LA MATEMATICA DELLA FEDE — 114

S. Spirito a Firenze - *Inno all'armonia*	116
Il Tempio Malatestiano a Rimini - *Nel nome di Roma*	118
S. Andrea a Mantova - *Il tempio precursore*	120
S. Maria delle Grazie a Milano - *Per la Vergine e per la dinastia*	124
S. Maria della Consolazione a Todi - *Cristallo architettonico*	128
Il Gesù a Roma - *Il modello della Controriforma*	130

L'EMOZIONE DEL DIVINO — 132

S. Pietro a Roma - *Urbi et orbi*	134
S. Ivo alla Sapienza a Roma - *L'ape della cultura*	140
S. Croce a Lecce - *Reliquario di pietra*	142
S. Maria della Salute a Venezia - *Rotonda macchina trionfale*	144
S. Lorenzo e la Cappella della Sindone a Torino - *Divina geometria*	150
S. Giorgio a Ragusa - *Scalinata verso il cielo*	152

ALLA RICERCA DEL DIO PERDUTO — 154

S. Francesco di Paola a Napoli - *Piazza con chiesa*	156
S. Antonio da Padova a Trieste - *Borghese aristocraticità*	160
S. Gaudenzio a Novara - *Il limite del possibile*	162
Madonna dei Poveri a Milano - *Capannone divino*	164
S. Giovanni Battista a Campi Bisenzio - *Collina architettonica*	166

OLTRE LE MURA *di Flavio Conti* — 170

ARCHITETTURA RELIGIOSA ITALIANA — 177

Chiese: tipologie e funzioni *a cura di Flavio Conti*	178
Repertorio delle principali chiese italiane *a cura di Flavio Conti e Mariarosa Fonio*	182
Glossario *a cura di Flavio Conti*	206
Referenze iconografiche	211

DOVE SI TROVANO LE CHIESE ILLUSTRATE NEL VOLUME

TAVOLA RIASSUNTIVA DELLE CONVENZIONI SIMBOLOGICHE

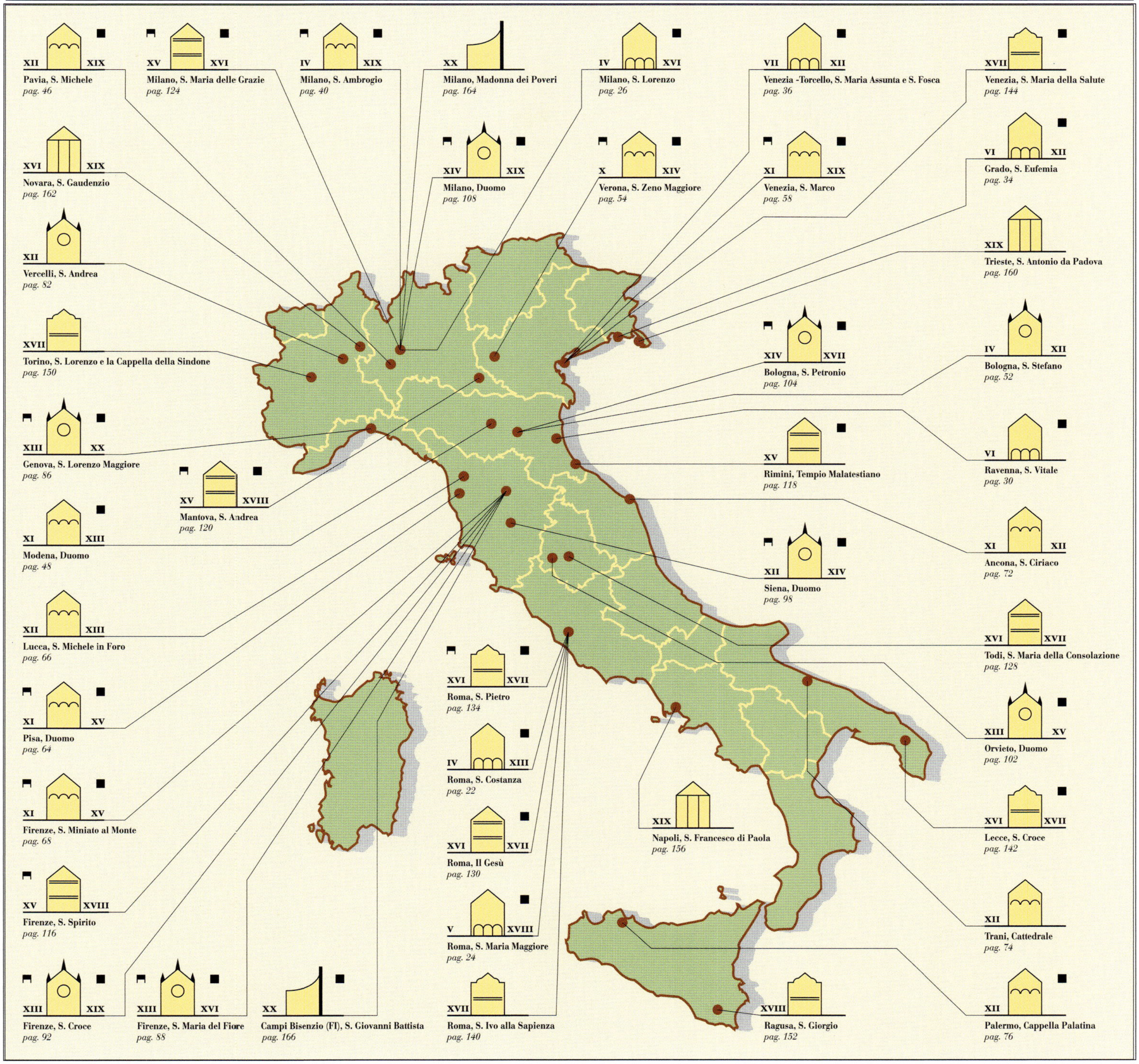

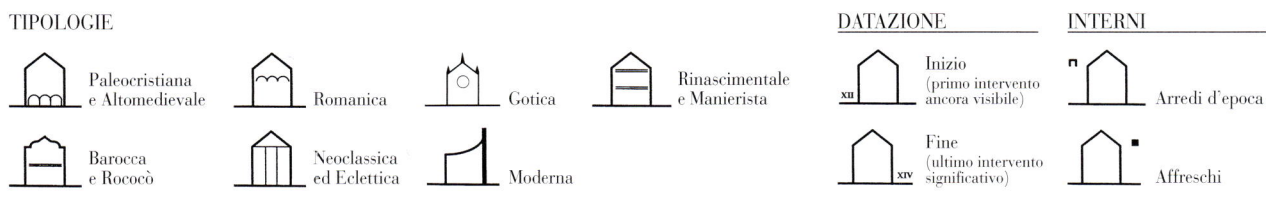

SEGNI DI INFINITO SULLE PIETRE

Un antico e curioso aforisma giudaico compara il mondo a un occhio: «il mare è il bianco, la terra è l'iride, Gerusalemme è la pupilla e l'immagine in essa riflessa è il tempio». L'idea della centralità del luogo sacro, vero e proprio cuore della vita del mondo, domina per secoli anche nell'Occidente cristiano e lo straordinario pellegrinaggio a cui ci invita questo volume ne è la testimonianza figurativa. A partire dalle chiese paleocristiane che mostrano il lento ma progressivo trionfo della nuova fede sul tramonto del paganesimo, la chiesa diventa sempre più quel "centro" che il grande storico delle religioni Mircea Eliade aveva considerato come l'asse attorno a cui si dirama e dipana l'intero spazio.

Così, con gli edifici sacri del romanico si celebra l'armonia maestosa e pura che ordina il tessuto urbano e ne raccoglie quasi la cifra simbolica divenendone il vessillo. Nelle «vette del gotico» tutta la città viene fatta idealmente convergere verso l'alto, verso il trascendente, verso «lo splendore della divinità». Con le varie creazioni rinascimentali si assiste al tentativo di riprodurre emblematicamente nel tempio quella perfezione "geometrica", eppur libera e creativa, che contrassegnava la mappa delle città.

Con l'opulenza e il fascino del barocco si depone tra le case degli uomini una presenza epifanica: è come se Dio stesso si rivelasse nella sua gloria creando «l'emozione del divino» all'interno delle vie e delle piazze della storia quotidiana umana. E anche quando nell'Ottocento e nel Novecento la cristianità sembra arretrare, di fronte a una "laicità" che segue nuove insegne e nuovi simboli, la chiesa rimane ancora una presenza eloquente che punta l'indice verso il Dio perduto.

1. *L'interno della basilica di S. Francesco ad Assisi dopo il terremoto del 1997.*

2. *Cupola, abside e volte laterali di S. Maria della Consolazione a Todi.*

Le pagine di questo volume non sono, allora, una semplice iconografia di forme architettoniche, di immagini artistiche, di disegni e di armonie spaziali. Esse sono, invece, il racconto di una storia, quella dell'Italia nei secoli cristiani, una storia "guidata" e illuminata dalla presenza vivente delle chiese e delle cattedrali. Aveva ragione uno dei maggiori teologi ortodossi russi contemporanei, Pavel Evdokimov (1901-1970), quando nella sua opera *Ortodossia* (1959) affermava che «le forme architettoniche di un tempio, gli affreschi, le icone, gli oggetti di culto non sono mai riuniti come se fossero esposti in un museo; come le membra vive di un corpo, essi sono pervasi da una stessa vita misteriosa, immersi in un unico canto di lode».

Con queste creature viventi, nelle quali si specchia la nostra storia e la nostra stessa identità, si deve entrare in dialogo, si deve stabilire un rapporto di fraternità e di amore perché esse sono nella città degli uomini un segno di infinito e di eterno, legato allo spazio e al tempo. Per questo l'antico poeta ebraico cantava: «I tuoi servi amano le pietre di Sion!» (*Salmo* 102,15).

Gianfranco Ravasi

INNOVAZIONE NELLA CONTINUITÀ
L'evoluzione dell'edificio di culto

Sarebbe certamente impossibile per uno dei potenti di oggi vivere nella *Domus Aurea* di Nerone, quand'anche ci fosse giunta integra. E certo nessuno potrebbe pensare di usare per le guerre odierne i castelli medievali. Eppure utilizziamo per le nostre cerimonie religiose chiese che hanno mille, mille e cinquecento anni di vita, e ne ricaviamo piena, totale soddisfazione: persino maggiore, in genere, di quella provata in edifici più recenti. È evidente che nel corso dei secoli il luogo di culto cristiano ha mantenuto una continuità funzionale, simbolica ed emotiva assai notevole, che ci permette, ancor oggi, di vivere in maniera perfettamente soddisfacente i vari, e diversissimi, edifici eretti a questo scopo.

Questa permanenza di significati è uno dei più straordinari esempi di continuità offerti dalla storia dell'architettura. Ciò non vuol dire che non ci siano state, nel corso dei secoli, molte e importanti variazioni sia nei riti sia negli edifici eretti per ospitarli. Il cuore della dottrina e il significato delle funzioni religiose sono rimasti sostanzialmente inalterati, o per meglio dire fedeli alla loro ispirazione originaria: ma il modo di intenderli e di celebrarli si è continuamente modificato, adattandosi al continuo mutare delle situazioni sociali, culturali, politiche della società a cui si rivolgevano. Ogni epoca, ogni luogo, ogni organizzazione religiosa, ogni ceto sociale, hanno più o meno consapevolmente adeguato sia le forme delle cerimonie sia quelle degli edifici in cui esse si svolgevano alle concezioni di vita, agli ideali, alla cultura, alle possibilità economiche e tecniche, talvolta persino alle stravaganze e ai pregiudizi, dando origine a creazioni caratteristiche e immediatamente riconoscibili.

In queste mutazioni entrano naturalmente, e vi hanno anzi una grande parte, anche le concezioni artistiche dei vari paesi e delle diverse epoche. Ogni gruppo umano organizzato ha la sua peculiare *Kunstwolle*, la sua volontà artistica collettiva, che informa di sé ogni sua realizzazione. E le chiese sono – o perlomeno sono state per gran parte degli ultimi due millenni – le manifestazioni artistiche per eccellenza della società europea, quelle su cui si sono non solo esercitate, ma anche sostanzialmente formate la cultura e la capacità espressiva. La stessa sequenza di catalogazioni stilistiche tradizionali – romanico, gotico, rinascimento, manierismo, barocco e così via – è stata principalmente, anche se non esclusivamente, esemplata sulle forme degli edifici religiosi.

All'interno di queste variazioni epocali si riscontrano poi infinite declinazioni individuali. Barocca è la chiesa berniniana di S. Andrea al Quirinale e barocca, dello stesso barocco romano, è quella borrominiana di S. Ivo alla Sapienza, pur immensamente diversa nelle forme e nell'ispirazione. Anche se guardiamo all'opera di uno stesso architetto troviamo molteplici differenziazioni. Negli stessi anni in cui concepiva la nuova basilica di S. Pietro – la più grande della Cristianità – Bramante progettava e costruiva, a poche centinaia di metri di distanza, il tempietto di S. Pietro in Montorio, forse la più piccola delle costruzioni sacre rinascimentali. E dava a ciascuna delle due realizzazioni, pur nell'ambito della sua personale e inconfondibile

1. *Romanico e gotico si fondono nell'architettura della cappella che Enrico Scrovegni (1266-1336) offre in dono e che Giotto dipinge sulle pareti dell'interno. Padova, Cappella degli Scrovegni.*

2. *Davanti a una doppia serie di gotiche monofore ogivali, Benozzo Gozzoli (1420-1497) staglia un portico di leggere proporzioni rinascimentali. Montefalco, S. Francesco.*

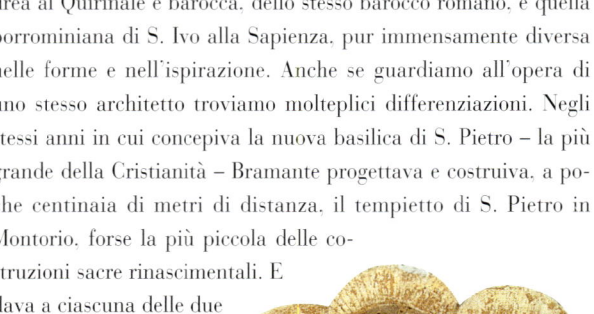

L'EVOLUZIONE DELL'EDIFICIO DI CULTO

concezione rinascimentale dell'architettura, un impianto e uno spirito profondamente differenti.

Orizzontarsi in questa infinita serie di mutazioni nell'ambito di una sostanziale unitarietà di ispirazione non è facile. Si possono tuttavia fissare alcuni capisaldi che ne traccino almeno per sommi capi l'evoluzione.

Nei tempi iniziali, durante la contrastata diffusione della religione cristiana nei territori dell'impero romano, il luogo di culto non aveva un'architettura propria, e tantomeno riconoscibile. Il pericolo sempre presente di persecuzioni, la modestia e la semplicità di comportamenti tipiche di una fede agli inizi (per di più diffusa prevalentemente tra le classi più umili), la mancanza di un'organizzazione rigida e gerarchicamente strutturata rendevano difficile, e tutto sommato non necessaria, la costruzione di specifici e ben individuabili luoghi di culto. L'adunanza dei fedeli e i riti che a essa presiedevano si svolgevano generalmente in case private (ne troviamo numerosi ed espliciti riferimenti negli scritti di san Paolo). Tutto ciò che occorreva era uno spazio abbastanza grande per ospitare l'*agape* dei confratelli che si riunivano. Solo in qualche *domus* del II o III secolo di area siriaca si riesce talvolta a individuare, con una certa fatica, uno spazio la cui disposizione e articolazione (per esempio la presenza di una piccola esedra) faccia intuire che si tratta di un ambiente previsto, o adattato, per l'assemblea dei fedeli e per il rito eucaristico.

Le cose cambiarono radicalmente dopo l'editto di Costantino del 313, che concesse alla religione cristiana libertà di culto, e poi nel corso del IV secolo, quando il cristianesimo passò rapidamente da confessione tollerata a religione di stato. Il progressivo aumento del numero dei fedeli, l'adozione da parte della Chiesa di molte caratteristiche organizzative dell'Impero (a cominciare da una gerarchia sempre più articolata e rigidamente strutturata), la necessità di rendere il nuovo culto non solo visibile ma anche "concorrenziale" in termini architettonici e artistici con le vecchie credenze e i loro fastosi templi rendevano necessaria la costruzione di grandi edifici di culto, che ora potevano essere edificati in condizioni di tutta sicurezza.

Il problema a cui i reggitori della nuova fede si trovarono di fronte

3. *Piero della Francesca (1410-1492) ambienta l'episodio del* Ritrovamento delle tre croci *contro un fondale di chiesa esplicitamente rinascimentale e toscano. Arezzo, S. Francesco.*

INNOVAZIONE NELLA CONTINUITÀ

era quanto mai impegnativo: occorreva creare dal nulla, nell'arco di pochissimi anni, facendola realizzare da maestranze abituate a erigere tutt'altro tipo di costruzioni, un'intera rete di grandi edifici aventi caratteristiche particolari e chiaramente riconoscibili. La soluzione che trovarono fu geniale e tale da condizionare per millenni (in pratica fino a oggi) l'architettura religiosa.

L'essenza del rito cristiano consisteva, in estrema sintesi, in due atti concatenati: la riunione in un'assemblea pubblica dei fedeli e la ripetizione sacrale, nell'ambito di questa assemblea, dell'Ultima Cena, con la celebrazione dell'Eucarestia. Occorreva dunque una costruzione adatta a ospitare al coperto grandi masse di fedeli (contrariamente a quanto avveniva per i templi pagani, non accessibili

L'EVOLUZIONE DELL'EDIFICIO DI CULTO

nei loro locali interni, e dove il culto avveniva all'esterno) e nella quale fosse ben individuabile uno spazio privilegiato per il sacerdote che celebrava il sacrificio divino. Doveva inoltre essere un tipo di edificio facile e rapido da costruire, così da permetterne la diffusione in ogni città dell'Impero e da non gravare eccessivamente sulle casse tutt'altro che pingui della nuova confessione religiosa.

Per risolvere questa duplice serie di esigenze si adottò una tipologia edilizia già esistente e ben nota, quella della basilica, trasformandola secondo le esigenze del culto cristiano. La basilica pagana consisteva generalmente in un edificio rettangolare allungato, al quale si accedeva da uno dei lati maggiori e che aveva sugli altri tre lati una esedra più o meno profonda, solitamente ospitante il seggio del magistrato che in essa teneva udienza: in pratica una piazza coperta, costruita per ospitare molte persone e con funzioni prevalentemente, anche se non esclusivamente, di edificio giudiziario.

Le modifiche apportate al modello furono poche, ma sostanziali. L'ingresso venne spostato su uno dei lati corti. Su questo lato come sul lato lungo le esedre vennero abolite così che ne rimase una sola, proprio dirimpetto all'ingresso. Qui venne collocato il *presbiterio*, il luogo riservato al sacerdote e destinato alla celebrazione dell'Eucarestia; il resto dello spazio venne destinato ai fedeli. L'edificio assumeva in tal modo un netta caratterizzazione assiale, dall'ingresso verso la mensa eucaristica, inquadrata dalla conca dell'esedra superstite, o *abside*, come venne chiamata, che da un lato dava risalto (grazie anche ad alcuni accorgimenti ben presto adottati, come la sopraelevazione del presbiterio di qualche gradino o la costruzione di un *ciborio*, cioè di un baldacchino in muratura, sopra l'altare) al rito fondamentale della cerimonia religiosa e dall'altro lo metteva sotto gli occhi dell'assemblea dei fedeli radunata di fronte al celebrante. La struttura, a semplici muri o colonne con copertura a capriate lignee, era facile da eseguire, poco costosa e adatta a ospitare, sulle sue ampie pareti piane, le illustrazioni didascaliche – dipinti o mosaici – che dovevano spiegare ai fedeli convenuti gli episodi salienti della nuova religione.

A questa struttura fondamentale si aggiunsero via via una serie di accorgimenti o di soluzioni di contorno: l'orientamento verso est dell'abside, non obbligatorio ma di adozione quasi generale; la suddivisione della chiesa in tre, o più raramente in cinque navate separate da colonne, così da ospitare un maggior numero di fedeli; la costruzione, davanti alla basilica, di un quadriportico, cioè di un ampio cortile porticato, spesso con un pozzo o una fontana al centro, per accogliere i catecumeni (i fedeli non ancora battezzati) e le cerimonie non strettamente legate al culto. Erano innovazioni importanti sul piano costruttivo, simbolico o liturgico, ma non modificavano sostanzialmente il senso della chiesa cristiana: luogo di adunanza – *ecclesìa*, da cui derivò la parola "chiesa" – della comunità religiosa, riunita per assistere coralmente al rito eucaristico. Proprio per non intaccare o sminuire sia pure involontariamente tale significato di sede di adunanza rituale vennero spostate fuori dalla chiesa, in altri edifici appositi, le funzioni religiose diverse dall'assemblea eucaristica. Sorsero così, accanto alla basilica, i battisteri per il battesimo dei fedeli, e talvolta i *martyria*, i tempietti per il culto dei martiri o dei santi locali.

4. *Contrafforti e bifore ogivali disegnano le fronti della costruzione ottagonale – un battistero – che Piero Lorenzetti (1280-1348) immagina oltre le mura urbane nell'episodio* Entrata di Gesù in Gerusalemme. *Assisi, S. Francesco.*

5. *Elementi architettonici bizantini – edificio centrale a croce, cupole – emergono dall'affresco di Cimabue (1240-1302). Assisi, S. Francesco.*

Tale schema durò per secoli, con variazioni relativamente marginali. La più diffusa fu la comparsa, in età altomedievale, della *cripta*, cioè di una piccola chiesa semisotterranea sotto il presbiterio, destinata a ospitare le reliquie dei santi di cui la chiesa era entrata in possesso. Una seconda innovazione, il *westwerk* (letteralmente, "opera occidentale", in pratica una tribuna sopra l'ingresso riservata all'imperatore o alle alte autorità civili), riguardò solo i paesi nordici (Francia nordorientale, Germania centro-occidentale) e non ebbe riscontri significativi in Italia.

Le deviazioni, cioè le tipologie difformi dallo schema basilicale, furo-

INNOVAZIONE NELLA CONTINUITÀ

L'EVOLUZIONE DELL'EDIFICIO DI CULTO

no pochissime e sostanzialmente riducibili a due tipi di edifici: quelli destinati alla funzione di cappella imperiale e quelli eretti a imitazione o memoria del Santo Sepolcro. Le costruzioni appartenenti al primo tipo si possono contare sulle dita di una mano, ma sono tutte di immenso valore architettonico e storico. La loro capostipite è il S. Lorenzo di Milano, forse cattedrale ariana, ma molto più probabilmente nata come chiesa di corte (Milano era allora capitale dell'impero romano d'Occidente). Essa richiama chiaramente, nel suo impianto quadriconco con ambulacro interno, le complesse soluzioni spaziali legate alle costruzioni civili imperiali, come le aule della villa Adriana a Tivoli o del palazzo di Diocleziano a Spalato. C'è in questo caso un evidente tentativo da parte dell'architetto di collegarsi a forme che tradizionalmente erano legate alla dignità imperiale, così da denunciare immediatamente la funzione della chiesa. Questo schema centrale venne poi ripreso, sia pure con altro spirito, nelle chiese imperiali dell'epoca di Giustiniano (SS. Sergio e Bacco

6. *L'ideale architettonico dell'Umanesimo è sintetizzato nel dipinto di Raffaello (1483-1520)* Lo sposalizio della Vergine. *Milano, Pinacoteca di Brera.*

7. *Nell'episodio* L'arrivo degli ambasciatori *del ciclo* Storie di S. Orsola, *Carpaccio (1460-1526) inventa una costruzione di ispirazione rinascimentale contaminata da elementi orientaleggianti. Venezia, Accademia.*

e S. Sofia a Costantinopoli, S. Vitale a Ravenna, sede allora dell'esarca bizantino, cioè del rappresentante imperiale in Italia). A queste, e in particolare a S. Vitale, si rifece a sua volta la Cappella Palatina costruita per Carlo Magno ad Aquisgrana: quasi un proclama politico del nuovo imperatore Sacro Romano Impero, che programmaticamente faceva erigere la chiesa di corte nelle forme riservate all'imperatore bizantino, con cui rivendicava una pari dignità.
Gli edifici ispirati al Santo Sepolcro riprendono invece l'impianto circolare della originaria chiesa eretta secondo la tradizione da Costantino sul luogo della sepoltura di Cristo. In questo caso il valore simbolico legato all'intitolazione ha prevalso sulla logica funzionale. Con il passare del tempo, pur mantenendo il tradizionale schema basilicale, le chiese furono costruite con spirito profondamente diverso, che denunciava una notevole modifica nella concezione del rito sacro. Già l'adozione della cripta aveva fortemente sopraelevato il presbiterio, staccandolo nettamente dallo spazio riservato

all'adunanza dei fedeli. Ma a cavallo del nuovo millennio diventa sempre più evidente una progressiva "ritirata" del luogo eucaristico verso l'abside, cioè un sempre maggiore allontanamento dai fedeli, progressivamente trasformati da protagonisti del rito a comprimari sempre meno attivi. La creazione di grandi cori, e quindi il progressivo allungamento del presbiterio, fin quasi ad assumere le caratteristiche di una "seconda chiesa" interna, allontanò ancora di più la mensa eucaristica e accentuò questo fenomeno. E quando, secondo un modello che aveva avuto le sue origini in Francia, si cominciò a erigere tra lo spazio destinato ai fedeli e quello riservato ai religiosi un pontile, o *jubé*, secondo la dizione d'Oltralpe (derivata dall'esortazione liturgica *iube Dominum laudare* pronunciata alla francese), cioè un diaframma murario a tribuna, con piccole e scarse aperture tra il presbiterio e la parte della chiesa destinata ai fedeli, la separazione tra le due componenti, inizialmente paritetiche, della cerimonia religiosa, e la sostanziale estraniazione dei fedeli dal rito eucaristico, divenne un fatto compiuto. Le cerimonie erano diventate sempre più complesse, lunghe, raffinate, con movimenti stilizzati e ieratici, canti altamente suggestivi, sottili allusioni simboliche. Ma lo spirito originario era andato in buona parte perduto.

A questa situazione contribuirono anche alcune innovazioni apparentemente funzionali, ma significative di una realtà liturgica molto diversa: per esempio la comparsa, prima nelle grandi chiese di pellegrinaggio, poi in molte cattedrali, infine in quasi tutte le chiese importanti e in quelle gestite da ordini monastici, di cappelle secondarie (generalmente disposte radialmente lungo l'abside) per la celebrazione delle messe. Certo si trattava di una necessità, derivante da una parte dal grande numero di religiosi gravitanti intorno alla chiesa e dall'altra dalla diminuzione, se non dalla virtuale scomparsa, della concelebrazione a favore della messa individuale. Ma la presenza di queste cappelle (alle quali si aggiunsero poi, in età gotica, anche cappelle nobiliari o dedicate a singoli santi, disposte lungo le navate) "frantumava" l'iniziale unità del rito, facendo sostanzialmente della messa non una cerimonia comunitaria ma un atto privato del celebrante, a cui il fedele non "partecipava" ma "assisteva".

Anche la struttura architettonica dell'edificio era andata articolandosi in maniera sempre più complessa. È vero che la scomparsa del quadriportico, via via sostituito da un *nartece*, cioè da un porticato addossato alla facciata, e poi da un semplice *protiro*, vale a dire da un tettuccio, generalmente retto da due colonne, sopra

il portale principale, aveva semplificato l'insieme cultuale, ridotto sostanzialmente alla chiesa vera e propria: ma questa andava progressivamente assumendo una spazialità molto più articolata. L'adozione sempre più frequente del transetto, cioè di due corpi di fabbrica intestati sul corpo principale, così da conferire alla chiesa una pianta a croce, aveva certamente un profondo significato simbolico, e sul piano pratrico dava all'edificio maggiore capienza, ma rompeva la rigida assialità della basilica paleocristiana. E l'uso, invalso in età romanica, cioè appena dopo il Mille, di coprire la costruzione con volte di pietra, sia per limitare gli effetti devastanti dei frequenti incendi sia per la volontà di emulare architettonica-

L'EVOLUZIONE DELL'EDIFICIO DI CULTO

8. *Nell'affresco del Perugino (1445-1523) raffigurante* La consegna delle chiavi *è richiamata la sagoma della cupola del Duomo di Firenze, ultimata da Brunelleschi nel 1461. Roma, Cappella Sistina.*

mente le maestose costruzioni del passato, portava a una scansione cadenzata delle membrature che era quanto mai lontana dalla infilata prospettica di colonne delle basiliche antiche.

Per sostenere il notevole peso delle volte e per contenere le spinte orizzontali da esse generate occorreva infatti una complessa serie di membrature – navatelle minori e matronei, anch'essi coperti a volta, per generare spinte di contenimento, contrafforti esterni per contenere le spinte residue, grossi pilastri polistili per sorreggere le volte della navata maggiore e accoglierne, accompagnandoli a terra, i costoloni, pilastri intermedi più piccoli per sostenere le volte delle navatelle – che davano alla chiesa romanica il ritmo complesso e ieratico di un canto gregoriano e una struttura gerarchicamente concatenata in tutte le sue parti che ben rifletteva la rigida, stratificata organizzazione sociale dell'epoca. Il perfezionamento strutturale attuato in epoca gotica, con la sostituzione delle più leggere e versatili volte ogivali alle crociere a tutto sesto tipiche del romanico, la concentrazione degli sforzi sullo scheletro delle strutture (costoloni, pilastri, archi rampanti, contrafforti) e la conseguente sostituzione di ampie, luminose vetrate colorate alle massicce pareti delle costruzioni romaniche, cambiò certo profondamente l'aspetto delle chiese, ma non ne diminuì – al contrario, ne accentuò talvolta fino al parossismo – la ieratica complessità.

Una robusta correzione a questo indirizzo, con il palese tentativo di riportare l'edificio religioso alla sua essenzialità originaria, fu effettuato tra Duecento e Trecento dagli ordini mendicanti dei Francescani, Domenicani e Agostiniani. Nati non da un aristocratico bisogno di isolamento dalla società bensì al contrario dalla volontà di portare la parola e l'esempio cristiani tra le diseredate masse cittadine, questi nuovi ordini mettevano al centro della loro missione la Parola, cioè la predicazione. E infatti il fulcro delle loro chiese era il pulpito posto a metà della navata, così che la voce del predicatore potesse agevolmente raggiungere tutti i fedeli. Ma questa esigenza, e il rinnovato desiderio di ricollegarsi alle origini evangeliche del Cristianesimo, comportò anche una profonda revisione dell'intero organismo dell'edificio religioso, ora concepito sostanzialmente come un grande contenitore per i fedeli che "ascoltavano" la messa. Le volte vennero abolite a favore di coperture piane, il cui minor peso poteva essere sostenuto da pochi e distanziati pilastri, così da rendere facilmente visibile e udibile da ogni parte della chiesa il predicatore. Ciò permetteva inoltre di semplificare e rendere più economica, come succedeva in epoca paleocristiana, la struttura della chiesa, ripristinandone l'originaria asciuttezza e riportandola alla sua funzione essenziale di luogo di adunanza comunitaria.

Anche questa riforma (frutto e specchio della riforma morale, la maggiore fino a quel momento subita dal Cristianesimo, di cui questi ordini furono gli strumenti) mantenne tuttavia la presenza delle cappelle laterali (la cui presenza venne generalizzata sui transetti, ai due lati dell'altare maggiore) e di quelle nobiliari. Ed era logico, perché per questi riformatori non era l'Eucarestia, ma la liturgia della Parola la principale ragion d'essere del luogo di culto. Il pulpito, non l'altare, era il vero fulcro dell'edificio.

Fino a quel momento, peraltro, le variazioni formali e d'impianto delle chiese erano sempre stato frutto di corrispondenti variazioni nel modo di intendere il rito. Il Rinascimento per contro introdusse per la prima volta nelle costruzioni ecclesiastiche una serie di profonde, a volte sostanziali, modifiche derivanti da concetti estranei alla liturgia e dipendenti invece da considerazioni filosofiche o estetiche. I suoi architetti prediligevano impianti centrali, a croce greca o addirittura circolari, coerenti con la loro concezione estetica basata sulla prospettiva e sulla simmetria, e poco importa che tale struttura fosse liturgicamente scomoda: ovunque potevano, ne perseguivano la realizzazione. "Erigerò il Pantheon sulla basilica di Costantino", si dice abbia asserito Bramante accingendosi a progettare la nuova basilica di S. Pietro a Roma. L'affermazione non era un semplice aforisma architettonico ma, a tutti gli effetti, l'enunciazione di un programma filosofico: la sostituzione dei valori medievali, intrisi di religiosità istintiva, con quelli dell'Umanesimo, basati sulla logica, sul recupero delle forme e degli ideali dell'antichità, sull'affermazione orgogliosa dell'uomo come centro e motore della storia e della creazione artistica.

Si trattava tuttavia di uno "sbandamento" più concettuale che reale, che investì un numero limitato di chiese, sia pure di altissimo valore, e che comunque era in breve destinato a "rientrare". La nuova basilica di S. Pietro nacque sì come grande edificio a croce greca; ma alla fine, dopo quasi un secolo di discussioni, progetti, variazioni, modifiche, si stabilizzò come chiesa a croce latina, liturgicamente molto più funzionale. E fu proprio con gli strumenti del Rinascimento maturo che la Chiesa diede vita, nell'ambito della Controriforma, al suo nuovo modello di edificio religioso, adatto a ospitare le cerimonie della fede cattolica rinnovata e purificata dal gigantesco travaglio cui la Riforma protestante l'aveva sottoposta.

L'edificio di culto nato dal Concilio di Trento e giunto sostanzialmente sino a noi (solo il Concilio Vaticano II, negli anni Sessanta, vi introdusse significative variazioni) fu il frutto di un radicale ripensamento funzionale, liturgico ed estetico: il maggiore attuato dalla Chiesa dai tempi di Costantino. Esso si "incarnò" nella tradizionale e caratteristica chiesa della Controriforma, di cui la chiesa del Gesù a Roma è forse l'espressione più tipica: una chiesa a navata unica con profonde cappelle laterali, coperta a botte e con soffitto riccamente affrescato. Ma andava ben al di là di una concezione formale, per quanto caratterizzata e significativa, come è evidente dalla profusione di edifici diversissimi l'uno dall'altro offerta dal barocco: chiese ellittiche, circolari, a stella, a croce latina ondulata, persino a forma di lettera dell'alfabeto. La forma dell'edificio poteva infatti cambiare. Quello che doveva rimanere stabile era il messaggio da esso trasmesso.

9. È ispirata ai tempietti romani la costruzione a pianta centrale che Domenico Beccafumi (1486-1551) immagina come sfondo per Il Sacrificio di Codro re d'Atene. Siena, Palazzo Pubblico.

Consolidatasi come risposta alle richieste di libertà interpretativa delle Scritture avanzate dal Protestantesimo, la dottrina della Controriforma era tutta costruita intorno al magistero della Chiesa come unica e indiscutibile interprete della parola divina. La meditazione del fedele sulle implicazioni della sua fede non andava incoraggiata (al contrario). Ciò che andava invece perseguita era la sua totale, convinta "adesione" ai dogmi della Fede. La Riforma poneva l'accento sull'individuo e sulla sua "gestione" personale della Rivelazione. Il Cattolicesimo accentuò invece l'aspetto fideistico ed emotivo dell'esperienza religiosa. Non per nulla uno dei simboli dell'epoca furono le grandi estasi mistiche.

Nella rinnovata liturgia tridentina il celebrante non si rivolgeva quasi mai verso i fedeli, né cercava di stabilire con loro un dialogo. Al contrario, parlava a bassa voce in una lingua a essi gene-

10. *Le forme rinascimentali della Scuola di S. Marco si affiancano alla grandiosa mole gotica della chiesa domenicana dei SS. Giovanni e Paolo nel dipinto di Francesco Guardi (1712-1793). Parigi, Louvre.*

ralmente sconosciuta. L'altare su cui agiva era sistemato sul fondo della chiesa, dal cui corpo era separato da una balaustra invalicabile per i fedeli, ed era circondato da un elaborato "apparato" scenico, che faceva della cerimonia una solenne, mistica "rappresentazione". Architettura, pittura e scultura – a cui si aggiunse la musica sacra, che ebbe grande sviluppo – si fondevano in un unico, scenografico insieme il cui compito era di suggestionare il fedele, di travolgerne i sensi e trasmettergli il senso mistico del divino. Tutta la chiesa divenne insomma una grande "macchina teatrale" nella quale si rappresentava la gloria – e l'ineffabile grandezza – dell'esperienza divina.

In questo processo le singole forme avevano poca importanza, e si adeguavano facilmente ai gusti e alle esigenze dei luoghi o delle varie società: lisce e aristocraticamente eleganti nei paesi germanici, ornate e sovraccariche nei territori coloniali spagnoli, scenograficamente grandiose in Italia o in Francia e così via. Ciò che contava era l'immutabilità della liturgia, rigorosamente uguale dal Paraguay alla Lituania, e il senso di "appartenenza", di emotiva adesione suscitata nel fedele, trasformato in sognante e commosso "spettatore", sia pure essenziale e ineliminabile, della sacra rappresentazione.

Questa rigida, minuziosa codificazione ha resistito graniticamente identica per quattro secoli, consentendo agli architetti di creare intorno a essa edifici diversissimi, dalle geometrie luminose di Guarini alle compassate rievocazioni archeologiche dell'età neoclassica alle accademiche, eclettiche rievocazioni stilistiche del Romanticismo: una discrasia tra sostanza liturgica e forma architettonica sconosciuta nelle epoche precedenti, e che solo nella nostra epoca, dopo i cambiamenti apportati dal Concilio Vaticano II – messa in lingua volgare, altare rivolto verso i fedeli, ricerca di una rinnovata unione tra assemblea e celebrante – si è cercato di colmare. Non è facile, per un'architettura come quella moderna di così radicate radici laiche. Ritrovare la comunione con il divino, sentire o far risentire nelle nostre costruzioni, per dirla con Pablo Neruda, "la pervadente presenza del Dio perduto", è tuttavia l'esaltante scommessa che ci sta di fronte. I tentativi fatti finora hanno forse prefigurato alcune parziali risposte; non hanno ancora individuato né una tipologia riconosciuta e riconoscibile né una serie convergente di soluzioni liturgiche (anche per il numero, sostanzialmente ristretto, di edifici costruiti). Manca ancora, insomma, una nuova sintesi. Ma non c'è dubbio che ci si giungerà. Una tradizione bimillenaria è lì a dimostrarcelo.

Flavio Conti

LA FEDE TRIONFANTE
Le chiese paleocristiane e altomedievali

Probabilmente nessuna decisione in materia di architettura ebbe mai così ampie e durature conseguenze come quella presa nel corso del IV secolo, quando si affermò la basilica cristiana, il cui schema doveva essere replicato fino ai nostri giorni con costante efficacia. E tuttavia essa è ben lungi dall'esaurire il ventaglio di scelte, soluzioni, tentativi che occupano il primo millennio della nostra era. La nuova fede, trionfante prima sulle rovine del vecchio mondo pagano poi sulle dirompenti orde barbariche che avevano invaso il territorio dell'Impero, fu meravigliosamente creativa. Accanto al dominante schema basilicale vennero sperimentati impianti a croce greca, circolari, ottagonali, ad absidi contrapposte, a spazi concrescenti come S. Sofia di Costantinopoli, perfino irregolarmente stellari come S. Sofia di Benevento.

Ma anche la stessa pianta basilicale mostra numerose varianti: a navata unica, a tre o a cinque navate, con absidi poligonali, quadrate, semicircolari, in spessore di muro o accusate all'esterno, con quadriportico, con nartece o senza nulla davanti all'ingresso. Ci sono basiliche gemine, cioè raddoppiate una accanto all'altra, e ampie basiliche estive accostate a più piccole basiliche iemali, adatte cioè alle gelide giornate invernali: basiliche con cripta e senza cripta: con torri in facciata e con torri absidali. Molte, a partire dal VII e VIII secolo si dotarono della nuova mirabile invenzione proveniente dalla Campania (e detta perciò "campanile"), che da allora avrebbe permesso alla Chiesa di scandire le giornate e la vita degli uomini attraverso l'annuncio sonoro delle proprie funzioni liturgiche.

1. *Particolare di un mosaico raffigurante le gerarchie celesti nel Duomo di Cefalù. Pareti, volte e abside della cattedrale eretta nel 1131 sono coperte da un ciclo di mosaici su fondo oro, opera di artigiani bizantini (1148).*

2. *Nella basilica di S. Clemente a Roma, definita da tre navate, il presbiterio è sopraelevato e separato da balaustre. Toni Nicolini, 1969.*

Al di là delle forme, tuttavia, la vera, grande rivoluzione architettonica attuata dal Cristianesimo fu l'idea di un luogo di culto in cui le cerimonie si svolgevano all'interno dell'edificio, e non all'esterno. In tutti i culti dell'antichità, quasi senza eccezione, le cerimonie pubbliche avvenivano fuori dal tempio, riservato invece al dio e ai suoi sacerdoti. L'idea di una divinità che aprisse la sua casa ai fedeli, che li accogliesse all'interno per la celebrazione del culto, fu stupefacente, e cambiò in modo radicale l'idea di luogo sacro. Questa situazione a sua volta influenzò immensamente anche l'arte decorativa legata agli edifici sacri. In un tempio pagano, lo spazio a disposizione degli artisti era limitato: il timpano, il fregio, talvolta i portali. E si trattava sempre di parti scultoree. In una chiesa cristiana invece si spalancavano a pittori e mosaicisti immense superfici disponibili per raccontare gli episodi della Bibbia, le storie dei santi, la vita e le fattezze dei committenti dell'edificio o delle sue parti. I concetti e le arti legate alla casa – caratterizzazione e ricchezza degli spazi interni, valorizzazione della decorazione parietale – entravano nelle costruzioni religiose.

Tutto ciò doveva lasciare un segno indelebile nell'arte occidentale. Mancavano ancora alcuni secoli alle grandi costruzione romaniche, gotiche, barocche, con la loro ricerca di spazi ricchi e significativi, e agli splendidi cicli decorativi di Lorenzetti, Giotto, Masaccio, Michelangelo, Tiziano. Ma il seme era già stato piantato.

◻ LA FEDE TRIONFANTE ◻

S. Costanza a Roma
TRA ANTICO E NUOVO

La costruzione, maestosa, sorse intorno al 330 come mausoleo imperiale dedicato alla figlia di Costantino, Costanza. E del mausoleo ha i principali caratteri, a cominciare dalla pianta circolare, usuale in tutto il mondo antico per questo tipo di costruzione. Tuttavia essa è pervasa da uno spirito nuovo, frutto della religione che si stava affermando, tanto da essere definita da alcuni studiosi "basilica circolare": definizione suggestiva, che tenta di cogliere l'aspetto saliente della costruzione, una sorta di "snodo" tra la grande architettura imperiale romana, di cui conserva i modi, e la nascente architettura paleocristiana, di cui condivide lo spirito. La concezione è semplice ma grandiosa: un grande spazio centrale colonnato coperto da una cupola e circondato da un ambulacro circolare, sulla cui parete esterna si aprono nicchie di vario profilo. All'esterno, un altro colonnato racchiude il tutto, dando al complesso una ricchezza visiva che le ordinarie basiliche non posseggono. L'ingresso è segnato da un nartece

◻ **Dove si trova**
Bisogna cercarlo il mausoleo, nascosto come è dalla basilica di S. Agnese fuori le Mura. Ed è proprio questa chiesa il riferimento obbligato per chi da porta Pia – il punto di partenza migliore per raggiungerlo – percorre la Via Nomentana. Quando sulla sinistra, dopo i giardini di Villa Torlonia, si scorge un campanile romanico, si è arrivati. Poi, basta scendere come se si dovesse entrare nella basilica.

a forcipe, a sua volta aperto su un percorso tangenziale racchiuso da muri. Le colonne corinzie dell'anello centrale sono binate e sormontate da un'architrave con sovrapposto un pulvino, di modo che il giro di sostegni guadagna uno slancio verticale del tutto insolito in un edificio romano. Nell'insieme è una creazione fortemente originale, che può essere considerata la matrice di altri esempi illustri, dal S. Lorenzo di Milano al S. Vitale di Ravenna alla Cappella Palatina di Aquisgrana. La suggestione è rafforzata dagli stupendi mosaici che coprono la volta a botte dell'ambulacro: un ciclo musivo tra i più antichi pervenutici, che affianca ai caratteri tipici dei mosaici romani, come il fondo bianco su cui collocare le figure o i ricorrenti riquadri geometrici, raffigurazioni ispirate alla nuova religione, come le simboliche scene di vendemmia o i mosaici delle piccole absidi laterali dell'ambulacro, dove compaiono temi come *La Consegna delle chiavi* o il *Redentore che porta la pace*.
Il grande e suggestivo spazio assunse ben presto le funzioni di battistero, alle quali la sua pianta si prestava bene. Molto più tardi, nel 1254, fu trasformato in chiesa: una chiesa eccezionale, nella quale si avverte, forte, il ricordo della maestosità

◻ 1. *La facciata della chiesa, da cui emerge l'alto tamburo centrale con le finestre centinate tipiche della tradizione costruttiva tardoantica. L'edificio, nato come mausoleo imperiale, conserva molti caratteri tipici dell'architettura romana, come la pianta circolare, associata alla funzione funebre. Solo nel medioevo avanzato venne infatti trasformato in chiesa.*

imperiale, e alla quale forse si ispirò, pur nella diversità di situazioni e di dimensioni, Bramante quando progettò S. Pietro in Montorio: così che è possibile far derivare la più alta espressione della nuova architettura rinascimentale da uno dei vertici di quella antica.

◻ *2. La navata circolare è avvolta dall'ambulacro con colonne binate. Al di sopra un anello di finestre centinate corona il tamburo della cupola.*

◻ *3. Particolare dei mosaici che ornano l'interno. Il grande ciclo decorativo è tra i più antichi tramandatici integri dall'antichità, e conserva ancora le caratteristiche dell'arte musiva romana, sia pure integrate (soprattutto a livello simbolico) con il repertorio figurativo della religione cristiana.*

LA FEDE TRIONFANTE

S. MARIA MAGGIORE A ROMA
IL SAPORE DELLE ORIGINI

Troneggia sull'Esquilino, isolata e maestosa, come un gigantesco scoglio architettonico. E, non fosse per il campanile romanico che spunta fuori delle alte mura che la avvolgono, sembrerebbe una creazione barocca: un ennesimo, gigantesco frutto del movimento artistico che caratterizza il volto dell'Urbe.
È invece una delle più antiche chiese romane. Fu iniziata nel 432 da papa Sisto III per celebrare il dogma, stabilito l'anno prima nel Concilio di Efeso, che riconosceva Maria come madre di Dio, e non solo genitrice di Cristo. Sorse nei pressi di una basilica costruita quasi ottant'anni prima, sempre in onore della Vergine, da papa Liberio,

> **□ Dove si trova**
> *La fitta urbanizzazione a palazzi umbertini, che sul colle Esquilino ha cancellato ville e giardini, ha circondato da ogni lato questa basilica, le cui due cupole sono ben visibili già dalla piazza della stazione Termini. All'obelisco che ne introduce il prospetto posteriore su piazza dell'Esquilino fa da 'pendant' una colonna corinzia, ad anticipare la facciata settecentesca.*

dal quale ereditò il nome, con cui tuttora è definita, di "basilica liberiana".
L'impianto originario era tipicamente paleocristiano, a tre navate con abside centrale ampiamente illuminata da cinque grandi finestroni. Una lunga teoria di colonne ioniche architravate, in prezioso marmo dell'Imetto, sosteneva le pareti della navata centrale, arricchite da vivaci mosaici. Un nartece colonnato fungeva da ingresso.
Con i secoli questo nucleo si è arricchito di numerose aggiunte: un raffinato pavimento cosmatesco e un alto campanile cuspidato in età romanica; un'abside completamente nuova, spostata all'indietro, in epoca gotica; due possenti cappelle a croce greca ai lati, a formare un ricco transetto, nel Rinascimento; un completo rifacimento del volto esterno in epoca barocca.
Bernini rifece, sotto forma di grandioso fronte palazzato al culmine di una monumentale scalinata, la parte absidale. Ferdinando Fuga eresse una scenografica facciata, completa di colossale loggia per le benedizioni, davanti a quella originale.
L'interno venne rifatto dal Fuga, da Flaminio Ponzio, da Domenico Fontana e da una schiera di altri artisti, tra il Seicento

□ 1. *Il grande mosaico absidale illustra l'incoronazione di Maria Vergine, cui la chiesa è dedicata. È una splendida opera di Jacopo Torriti, che la eseguì intorno al 1295, riprendendo volutamente, nel disegno e nella simbologia, l'antica tradizione paleocristiana.*

e il Settecento. Eppure, soprattutto all'interno, è ancora ben riscontrabile l'antica impronta, il segno della Cristianità iniziale, sia pure avvolto nell'oro della Cristianità trionfante. È forse questo a dare alla basilica il suo fascino struggente e sottile. Qui, più che altrove, si sente il passaggio dalla Roma imperiale a quella cristiana: l'inizio di un mondo che ha creato il nostro.

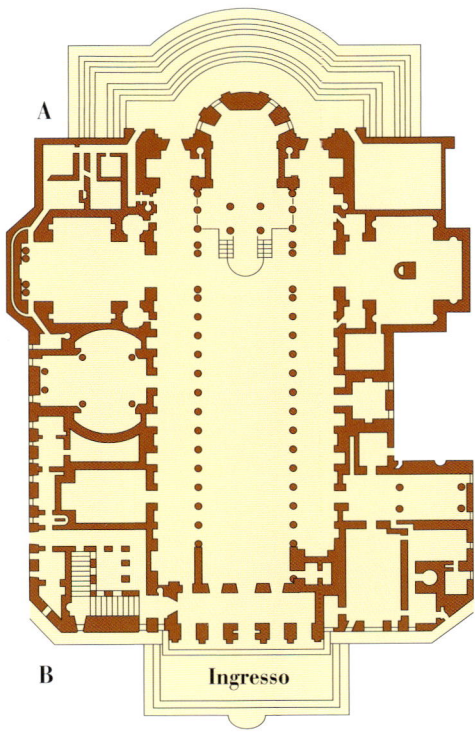

A Facciata di Gianlorenzo Bernini
B Facciata di Ferdinando Fuga

◉ *La pianta attuale del complesso. Al nucleo centrale basilicale sono state aggiunte tra medioevo ed età barocca numerose nuove parti, che hanno completamente trasformato l'impianto del complesso.*

◉ *2. Nell'interno è riconoscibile l'impianto originale paleocristiano, a tre navate.*

◉ *3. La facciata meridionale, opera di Ferdinando Fuga, e il campanile della basilica. Le strutture paleocristiane sono state con il tempo coperte dalle costruzioni di età posteriore.*

S. LORENZO A MILANO
NEL RICORDO DI ROMA

Nella storia dell'architettura, S. Lorenzo è una costruzione cardine, che funge da snodo e passaggio fondamentale per un'intera linea di sviluppo. Non è solo la più antica delle chiese milanesi – la sua fondazione risale forse al 355, ben prima che S. Ambrogio prendesse le redini della diocesi cui doveva legare il proprio nome – ma anche la più inconsueta e complessa: due quadrati quadrilobati concentrici, con torri accantonate, preceduti da un quadriportico e contornati da tre costruzioni minori a pianta ottagonale verso l'esterno. La forma, in sé, non è inedita: la sua derivazione dalle grandi sale termali romane o dalle aule imperiali, come quella di Villa Adriana, è evidente. Resta l'interrogativo perché si sia adottato per una chiesa uno schema così complesso e costoso (e così poco adatto alla liturgia cristiana degli inizi, tipicamente assembleare) invece del più economico e pratico impianto basilicale. La risposta, probabilmente, sta nella posizione dell'edificio, appena fuori delle mura ma vicino al palazzo imperiale di quella che era, allora, la capitale dell'Impero. È quindi probabile che la basilica fosse la chiesa di corte, se non addirittura la cappella palatina, degli imperatori che risiedevano a Milano. Ciò spiegherebbe sia l'eccezionalità

> ☐ **Dove si trova**
> *Le colonne romane, la statua dell'imperatore Costantino, gli arconi della porta medievale. Quello della basilica di S. Lorenzo Maggiore è uno degli scenari più conosciuti del caratteristico quartiere Ticinese, nel punto in cui corso di Porta Ticinese incontra la vecchia cerchia dei navigli, oggi interrati. La parte absidale si staglia suggestiva nel verde della vicina piazza Vetra, uno dei luoghi storici della città.*

dell'opera, sia la sua derivazione dalla tipologia delle aule imperiali. A conferma di ciò sta il fatto che da allora la chiesa a pianta centrale con deambulatorio anulare schermato da colonne (l'impianto di S. Lorenzo) venne stabilmente associata alla dignità imperiale, dando vita a una catena di costruzioni modellate su quella tipologia, dalle chiese dei SS. Sergio e Bacco e di S. Sofia di Costantinopoli al S. Vitale di Ravenna alla Cappella Palatina di Aquisgrana.
Nella sua impostazione generale, il complesso non è mai cambiato. Ma ben poco dell'edificio romano è giunto sino a noi. Il quadriportico, per esempio, è andato in gran parte distrutto. Ne restano solo le sedici colonne della parte frontale, con l'architrave (ricostruita, ma aderente all'originale) caratterizzata al centro da un arco siriaco. Il corpo della basilica ha subìto due devastanti incendi nel 1071 e nel 1075, un rovinoso crollo della copertura e dei muri che la sostenevano nel 1103, un inopinato cedimento del tiburio nella seconda metà del Cinquecento. Le murature romane sono così sopravvissute solo nelle fondamenta e (per alcune zone) nella parte inferiore dell'alzato. Il resto delle strutture è di epoca romanica o del tardo Cinquecento, epoca in cui l'architetto Martino Bassi ricostruì la copertura con la grande cupola attuale, e contestualmente rifece in maniera pressoché totale l'interno della

☐ 1. *Il grande vano circolare cinto da un deambulatorio è – come in S. Vitale a Ravenna – derivato dalle aule imperiali di età romana, ma fu rimaneggiato nel Cinquecento da Martino Bassi il quale, tuttavia, non alterò l'impianto originario.*

☐ 2. *Dal Parco delle Basiliche è meglio leggibile l'organismo architettonico originario, costituito da un nucleo centrale intorno a cui si dispongono tre cappelle e quattro torri poste agli angoli. Del Cinquecento è la cupola, interamente ricostruita da Martino Bassi.*

chiesa, dandole l'aspetto severo, tipicamente manierista, che essa ostenta oggi.
Se la pianta è mutata di poco, il volto dell'architettura è molto diverso da quello che S. Lorenzo doveva avere in origine: gli stucchi, i mosaici, i marmi che rilucevano sotto i penetranti raggi sono stati sostituiti dalla nuda e scabra pietra grigia e da una meditativa penombra; le torri che sostenevano le spinte laterali della copertura sono

LA FEDE TRIONFANTE

oggi forate da passaggi e praticamente inavvertibili per chi sta all'interno della chiesa; e la copertura stessa, forse un tempo a crociera, oggi vede la presenza di un'alta cupola.

Eppure lo spirito degli antichi tempi è avvertibile, come nella cappella di S. Aquilino, probabile mausoleo imperiale annesso alla chiesa, caratterizzato da una pianta ottagonale a nicchie alternate e con delicato atrio a forcipe, nel raffinatissimo portale d'età romana, nei resti di mosaici tardoantichi. Oppure nelle colonne – le celeberrime colonne di S. Lorenzo, che costituiscono una delle vedute più famose di Milano – del quadriportico. E, soprattutto, l'articolato movimento della chiesa e delle cappelle viste dal Parco delle Basiliche, cioè dal gran prato ricavato nel secondo dopoguerra rimuovendo le abitazioni che da secoli si erano addossate alle vecchie murature e che i bombardamenti avevano in gran parte distrutto. Questa vista, bellissima, è storicamente inattuale, perché inesistente da secoli, forse fin quasi dall'epoca in cui sorse il complesso basilicale. Ma consente di capire e apprezzare l'articolazione della grande architettura e la sua evoluzione nel tempo. E ci restituisce, oggi, il fascino di una delle maggiori creazioni dell'età paleocristiana.

◻ *3. L'ingresso alla cappella di S. Aquilino, risalente al IV secolo. A pianta ottagonale e cinta da un matroneo, è scavata da nicchie.*

◻ *4-5 e 6. Particolari del mosaico L'Ascensione di Elia (IV secolo) che decora una delle nicchie della cappella di S. Aquilino.*

◻ *7. Il mosaico Giuda riconosce Tamar davanti ai gemelli (IV secolo) nella cappella di S. Aquilino. Qui è conservato anche un sarcofago del V secolo, mentre nel sotterraneo sono stati ritrovati i blocchi di un edificio romano del II secolo.*

◻ *8 e 9. È sempre del IV secolo il mosaico Cristo circondato dagli Apostoli che decora le pareti di un'altra nicchia della cappella di S. Aquilino. Del IV secolo è ancora la Cappella di S. Ippolito, a croce greca, posta dietro l'altar maggiore, mentre del V secolo è quella di S. Sisto sul fianco sinistro della chiesa.*

S. VITALE A RAVENNA
CHIESA IMPERIALE

Il termine "basilica" con cui S. Vitale è definita ha un significato liturgico, non architettonico. L'edificio ravennate è infatti lontanissimo dal tradizionale impianto basilicale, a navate parallele, tipico delle chiese paleocristiane d'Occidente. Al contrario, ha una complessa e articolata pianta centrale: un doppio ottagono formato da un corpo centrale cupolato, sorretto da pilastri, e da un ambulacro esterno su due piani. Una serie di arcate colonnate su doppio ordine, curvate a semicerchio, separano l'uno dall'altro. Su un lato dell'ottagono si apre una profonda abside poligonale, cui sono addossati due piccoli corpi circolari di servizio. L'ingresso non è in asse con l'abside, ma avviene su due lati contigui, cui si accede attraverso un nartece a forcipe (un'*ardica*, come si chiama a Ravenna) che tocca la chiesa solo di spigolo e che era a sua volta preceduto da un quadriportico quadrato (oggi scomparso).
Spazialmente, si tratta di uno tra gli esempi più complessi dell'intera storia dell'architettura. Ravenna conosceva bene la tipologia basilicale, come dimostrano le altre grandi chiese della città coeve a S. Vitale, S. Apollinare Nuovo o S. Apollinare in Classe. Ma le funzioni cui doveva assolvere S. Vitale richiedevano un'architettura speciale. L'edificio, eretto a partire dal 526 sull'area delle *domus augustae*, cioè dei palazzi imperiali, era infatti destinato a svolgere la funzione di chiesa palatina, cioè, in pratica, di cappella imperiale. O, almeno, esarcale, vale a dire del rappresentante in Italia dell'*autokrator* bizantino. L'impianto centrale ad ambulacro era da sempre collegato alle funzioni imperiali: lo avevano le *aulae* di villa Adriana, come pure la basilica di S. Lorenzo a Milano, anch'essa sorta, con ogni probabilità, come chiesa palatina. Lo avrebbero avuto la chiesa imperiale dei SS. Sergio e Bacco a Costantinopoli, iniziata nel 527, un solo anno dopo S. Vitale, e la chiesa palatina per eccellenza del mondo bizantino, S. Sofia, la cui costruzione sarebbe iniziata nel 532.
Tutte queste costruzioni sono legate dall'uso non solo della pianta centrale, ma anche di altri elementi che si "trasmettono" dall'una all'altra: i matronei, i diaframmi a triplice arcata tra i pilastri, il nartece preceduto da quadriportico, la grande complessità interna cui corrispondeva un esterno spoglio e severo, caratterizzato dalla nuda articolazione volumetrica. Costituivano insomma una classe a sé, nell'ambito delle costruzioni ecclesiastiche, anche per la forte carica simbolica. Tanto è vero che alcuni

> ◻ **Dove si trova**
> *La sua caratteristica cupola a pianta ottagonale è visibile in buona parte del centro storico. Non bastasse tale riferimento, il gran numero di segnalazioni – come si conviene a un monumento nazionale – permette di raggiungere la basilica senza alcuna difficoltà. Il cammino dalla centrale piazza del Popolo richiede non più di 10 minuti.*

◻ 1. *L'esterno di S. Vitale. Come è tipico delle chiese bizantine, le murature esterne sono spoglie ed essenziali, in forte contrasto con la ricchezza e il colore della decorazione interna.*

◻ 2. *L'interno del cosiddetto Mausoleo di Galla Placidia, piccolo sacello che fa parte del complesso di S. Vitale. La decorazione musiva, di straordinaria vivezza, è uno dei capolavori dell'arte internazionale.*

◻ 3. *Uno dei chiostri adiacenti alla chiesa, intorno a cui è cresciuto il monastero, grande complesso architettonico religioso, ricco di opere artistiche di varie epoche.*

S. VITALE A RAVENNA

secoli dopo Carlo Magno, neoimperatore in cerca di legittimazione, fece costruire la propria cappella palatina di Aquisgrana in forme volutamente simili a quelle di S. Vitale, seppure più rozze, tanto forte e persistente era il simbolismo a esse collegato. A questa eccezionalità d'impianto la chiesa ravennate aggiunge un altrettanto eccezionale apparato decorativo, affidato a un rutilante "tappeto" di mosaici realizzato da una serie di artisti che si sono avvicendati a più riprese, nel corso del VI secolo, sulle pareti del complesso. Gli storici dell'arte vi hanno rintracciato almeno due distinte scuole artistiche.

Ma ciò che soprattutto conta è lo straordinario, affascinante effetto unitario da essi ottenuto. La profusione dei colori, tutti "giocati" nelle gamme dell'oro e del verde, lo scintillio luminoso delle tessere, lo snodarsi delle innumerevoli figure – stupende quelle ieratiche dei due celebri cortei dell'abside, raffiguranti l'imperatore Giustiniano e l'imperatrice Teodora con il loro seguito – creano un interno fiabesco che, sommandosi alla complessità spaziale dell'edificio, fa dell'insieme una creazione di immensa, soggiogante suggestione.
Questa "colata" scintillante riveste una struttura muraria quanto mai povera, in laterizio legato da larghi strati di calce senza sabbia. La stessa cupola è di materiali poverissimi, anche se

4. *Visione generale dell'esterno dalla parte absidale e pianta della chiesa, basata su uno scenografico schema a doppio anello ottagonale con ambulacro a setti colonnati curvi. L'accesso avviene, in maniera assai insolita, attraverso un'ardica (cioè un atrio a forcipe) disposto in diagonale rispetto all'asse della chiesa.*

◻ LA FEDE TRIONFANTE ◻

◻ 5. *L'imperatrice Teodora e la sua corte, mirabilmente ritratte in uno dei mosaici interni. Nelle decorazione a mosaico, così come nella complessa articolazione spaziale, S. Vitale è un eccellente esempio della nascente arte bizantina, formatasi intorno alla corte di Costantinopoli.*

usati in maniera raffinata: una serie di tubi di terracotta inseriti "a siringa", come coni di gelato, uno dentro l'altro: un artificio utilizzato soprattutto per ragioni di peso, per gravare il meno possibile sui muri di sostegno, e di costo, per risparmiare sulla complessa centinatura necessaria a costruire la volta della cupola. Anche l'esterno è nudo, senza ornamenti, di assoluta austerità. L'interno invece è una caverna delle meraviglie, una stupefacente e complessa "macchina" per affascinare e stupire lo spettatore, per indurlo a prostrarsi davanti alla fede e ai suoi rappresentanti sulla terra: qual era, senza dubbio, lo scopo della costruzione.

◻ 6. *L'abside, con le grandi finestre centinate che illuminano le pareti totalmente decorate a mosaico. La luce e i colori brillanti dei mosaici sono usati per creare uno spazio mistico, di grande suggestione.*

◻ 7. *Veduta trasversale dell'interno. Lo schema di S. Vitale, con la sua grande complessità spaziale, venne volutamente ripreso da Carlomagno per la sua cappella di corte nel palazzo imperiale di Aquisgrana.*

□ LA FEDE TRIONFANTE □

S. Eufemia a Grado
guardando a oriente

□ **Dove si trova**
Se gli eleganti alberghi allineati lungo il lido di Grado furono costruiti per la buona società mitteleuropea, richiamano inevitabilmente Venezia le calli e i campielli alle spalle di lungomare Nazario Sauro. Un piccolo dedalo raccolto intorno alla cattedrale di S. Eufemia: costruita – proprio come il capoluogo veneto – dagli abitanti di Aquileia, rifugiatisi in laguna per sfuggire alla furia dei barbari.

Grado è una piccola città dalla grande storia. Il suo *castrum*, il recinto difensivo ricavato sull'isola che ospita la città, fu il temporaneo rifugio degli abitanti e delle autorità civili e religiose di Aquileia durante la paurosa invasione di Attila, nel 452, e poi il loro stabile, seppure insidiato, ricovero durante gli anni dell'alluvione longobarda, nella seconda metà del VI secolo. Grazie alla protezione fornita dal braccio di mare che separava l'isolotto dalla terraferma, invalicabile dai barbari,

□ 1-2. *L'interno della navata centrale, con l'ampia, luminosa abside e il raffinatissimo ambone posto sulla sinistra della navata stessa. La base è formata da colonne romane di spoglio, i rilievi della parte centrale sono probabilmente dell'XI secolo, la parte superiore con il cupolino e la serie di archi lanceolati risale verosimilmente al Trecento.*

□ 3. *Lo splendido mosaico pavimentale fu eseguito nel VI secolo secondo tecniche che si rifanno ancora alla grande tradizione romana.*

parte della popolazione e delle strutture organizzative della città romana e del patriarcato cristiano poterono sopravvivere e mantenere una loro continuità. Le chiese – in particolare la cattedrale di S. Eufemia, dove i patriarchi in fuga trasportarono la loro sede – furono il perno intorno a cui si organizzò la nuova vita dei superstiti. Esse funsero così da essenziale elemento di collegamento tra l'antica organizzazione tardoimperiale, di cui erano l'estremo prodotto, e il nuovo mondo altomedievale, di cui furono i cardini.

S. Eufemia è l'emblema di questo processo. A darle veste compiuta fu, tra il 571 e il 587, l'energico vescovo Elia, la figura intorno alla quale si consolidò la diaspora aquileiese. Le forme erano ancora quelle, semplicissime, della tradizione paleocristiana: un impianto basilicale a triplice navata, sorretto da colonne e coperto a capriate. Come era di regola per le chiese paleocristiane, aveva davanti alla facciata un quadriportico, oggi scomparso (ne sono state messe in luce le fondamenta, il cui tracciato è visibile sul sagrato). Anche i materiali erano in grande parte di provenienza romana, elementi di recupero e di spoglio provenienti da antiche costruzioni (tra cui una precedente basilica risalente verosimilmente al IV-V secolo).

In questa continuità compaiono però vari elementi che dimostrano l'influenza del mondo bizantino sulla città, estrema, ma non abbandonata, propaggine di Bisanzio. La grande abside della basilica ha un andamento semicircolare all'interno e poligonale all'esterno, proprio come succedeva per le chiese bizantine e lo stesso motivo compare nell'abside del battistero ottagonale, che sorge a lato del duomo.

La piccola chiesa vicina, S. Maria delle Grazie – che, insieme a S. Eufemia e al Battistero, costituisce il complesso ecclesiale gradese – è ancora più influenzata dai modi costruttivi delle chiese orientali, di cui riprende la lunghezza contratta (solo sei intercolumni, contro gli undici di S. Eufemia) e la rigida chiusura di tutte le sue articolazioni all'interno di un rettangolo di pianta, a costo, per rispettare tale severa geometria, di dar vita a una intercapedine tra l'abside e la parete di fondo: uno spazio totalmente inutile, ma necessario per inglobare la sporgenza absidale.

Si tratta di caratteri che sono comuni non solo a Grado, ma a tutta la serie di basiliche costruite in quel tempo nell'alto Adriatico, da quella di Torcello, nella laguna veneziana, a quella di Parenzo in Istria, e che continuarono ad apparire per secoli nelle costruzioni della zona, come nella chiesa di S. Martino a S. Lorenzo di Pesenatico, sempre in Istria, o a Caorle: costruzioni ambedue dell'XI secolo avanzato, e che dimostrano come la tradizione costruttiva tardoromana, con influenze bizantine, sia continuata quasi inalterata nei secoli dell'altomedioevo e sia giunta sino alle soglie del romanico, con cui si fonde. Così che possiamo rintracciare, sulle coste dell'Adriatico, un tenue ma persistente filo di continuità che lega il passato romano al filone costruttivo medievale e fa della chiesa di Grado una delle testimonianze non minori della nostra storia architettonica ed ecclesiastica.

4. *Il campanile della basilica svetta sui tetti del centro storico e domina il mare Adriatico. Grado è l'abitato più antico del grande complesso di insediamenti che formavano la civiltà lagunare, generatrice di una architettura ben caratterizzata e derivata da quella paleocristiana.*

◻ LA FEDE TRIONFANTE ◻

S. Maria Assunta e S. Fosca a Torcello
Cattedrale del silenzio

L'isola di Torcello è ora un angolo di silente, verde poesia, appartato dal mondo. Ma vi sorgeva, un tempo, una fiorente città, erede lagunare del *municipium* romano di Altino. La tradizione secondo cui i primi nuclei di abitatori del luogo sono stati i cittadini altinati in fuga dall'invasione di Attila del 452 è molto probabilmente una leggenda semplificatrice: in realtà il processo di spostamento delle popolazioni costiere verso le isole lagunari fu più lungo e complesso. Materialmente, il nucleo originario di Torcello fu costruito utilizzando in gran copia materiali provenienti dalla vecchia città, progressivamente abbandonata in favore del nuovo insediamento. Amministrativamente, vi si trasferirono sia il vescovo sia le magistrature municipali (non a caso il responsabile politico dell'abitato portava il nome evocativo di tribuno). Torcello fu, insomma, per Altino, tra VII e X secolo, ciò che poi Venezia sarebbe stata per lei: l'erede della storia, della tradizione, delle attività commerciali e politiche, delle potestà religiose. Una Venezia sorta prima di Venezia (e decaduta poi, in seguito all'affermarsi della città nata intorno a Rialto). La cattedrale di S. Maria Assunta era a sua volta il centro dell'abitato lagunare. Notevolmente antica – era stata fondata nel 639 per

◻ **Dove si trova**
Dove la laguna stempera la sua dimensione marina per incontrare la terra, nel cuore di barene e paludi, sorgeva un tempo il più importante centro lagunare. Qui ebbe origine la civiltà veneziana, ma oggi restano solo, tra broli e vigneti, la cattedrale di S. Maria Assunta e pochi resti di edifici monumentali disposti a formare la piazza di una città che non esiste più. Per raggiungere l'isola, discosta e silenziosa, 40 minuti di vaporetto da Murano.

◻ *1-2. Torcello dalla laguna (sopra) e, a lato, la chiesa a pianta centrale di S. Fosca. L'importanza del centro religioso di Torcello durò per secoli anche dopo che il potere politico ed economico si fu spostato sulle isole intorno a Rialto.*

iniziativa da un esarca di Ravenna – mostra oggi strutture più tarde, risalenti in gran parte alla quasi totale ricostruzione effettuata subito dopo il Mille dal vescovo Orso Orseolo, figlio del grande doge Pietro II. L'impianto, nonostante l'epoca romanica ormai alle porte, era ancora di tipo paleocristiano: una grande basilica a tre navate, con una duplice teoria di colonne reggenti arcate a tutto sesto e, sul fondo, tre absidi semicircolari. Davanti alla chiesa, in asse con

◻ *3. Particolare del mosaico con il Giudizio Universale e l'Apoteosi di Cristo nella basilica di S. Maria Assunta. La composizione, risalente al XII-XIII secolo, è un eccellente esempio della grande scuola musiva fiorente nella laguna.*

◻ *5. Particolare del pavimento in mosaico marmoreo della basilica. Benché posteriore al Mille, è una tecnica che affonda le sue radici nell'arte e nell'architettura romane.*

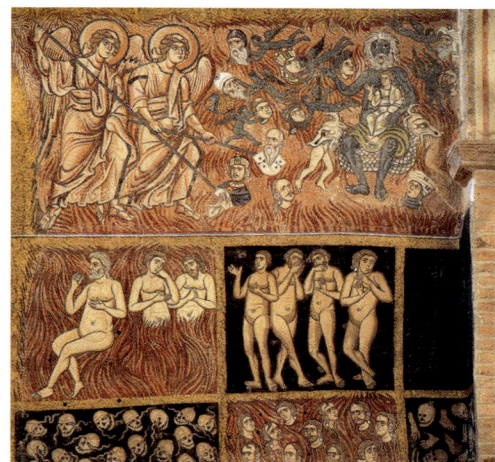

l'ingresso, sorgeva il battistero, che sostituiva la consueta forma ottagonale con l'assai meno usata pianta circolare. Più tardi, all'inizio del XII secolo, a lato della chiesa e del battistero e allineata con quest'ultimo, venne eretta la chiesa di S. Fosca, che derivava forse la sua pianta centrale dall'esistenza sul luogo di un antico *martyrion*, innalzato intorno al VII secolo. A collegare le varie costruzioni fu costruita intorno al Trecento (ma parzialmente sulle tracce di costruzioni precedenti) una specie di "strada interna" che, inglobando il primitivo nartece della chiesa, raccordava in un tutto unico i vari elementi del complesso, che veniva così ad assumere una veste monumentale degna del suo modello di riferimento, la chiesa di S. Vitale di Ravenna. Il centro religioso della comunità lagunare, che estendeva ormai i suoi domini su tutto l'Adriatico, veniva in tal modo a sostituirsi, anche simbolicamente, all'antico centro del potere esarcale, di cui ereditava il ruolo imperiale. L'interno rafforzava tale ambizione, soprattutto per la sontuosità dei mosaici, dal superbo *Giudizio Universale* della controfacciata alla maestosa *Madonna con il Bambino* troneggiante sull'abside ai numerosi, eccellenti cicli che ricoprivano buona parte delle pareti. La prestigiosa scuola musiva veneta, splendida derivazione della grande tradizione bizantina, ebbe qui il suo centro di sviluppo.

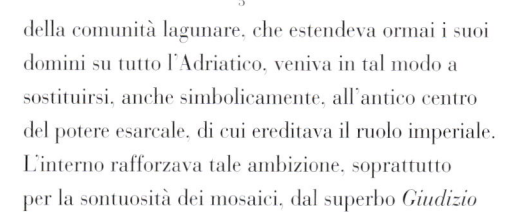

Purtroppo, mentre il complesso religioso si arricchiva, raggiungendo alla fine dell'età gotica all'incirca la configurazione attuale, la città intorno si depauperava, perdendo

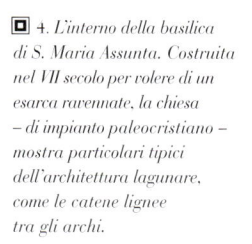

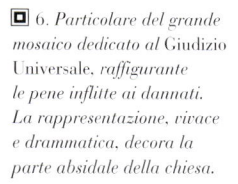

◻ *4. L'interno della basilica di S. Maria Assunta. Costruita nel VII secolo per volere di un esarca ravennate, la chiesa – di impianto paleocristiano – mostra particolari tipici dell'architettura lagunare, come le catene lignee tra gli archi.*

◻ *6. Particolare del grande mosaico dedicato al Giudizio Universale, raffigurante le pene inflitte ai dannati. La rappresentazione, vivace e drammatica, decora la parte absidale della chiesa.*

abitanti in favore del nuovo centro più esterno, l'attuale Venezia. A Torcello rimasero a lungo i simboli e il prestigio dell'antica importanza; ma svanirono gradualmente il controllo politico, la supremazia religiosa, i fondaci dei mercanti, le stesse case degli abitanti. Oggi, dove un tempo si apriva la piazza della città si stende un prato verdeggiante, su cui spicca, superba testimonianza della passata gloria, il complesso religioso: una bellissima cattedrale del silenzio.

UN CANDIDO MANTELLO DI CHIESE
Gli edifici del romanico

Dopo il Mille – così scrisse un cronista con una frase rimasta famosa – "l'Europa si coprì di un candido mantello di chiese". Fu un fenomeno imponente, il maggiore, per diffusione e numero di realizzazioni, mai visto fino a quel momento nel nostro continente. Ma, soprattutto, fu un movimento di immensa, dirompente forza creativa. Queste chiese non erano solo di recente esecuzione. Possedevano forme nuove, ed erano il frutto di uno spirito diverso, ben più audace e versatile di quello delle epoche precedenti.

Il termine che oggi le definisce, "romaniche", allude a una loro, sia pur lontana, ispirazione alle antiche costruzioni romane, di cui si volevano imitare i risultati monumentali, se non le forme e le tecniche costruttive. Ma sotto questa etichetta è racchiuso di tutto: chiese con copertura a crociera, a botte, a carena di nave, a cupole, a capriate; edifici di pietra, di mattoni, misti; facciate a capanna, a salienti interrotti, a vento, con torri, con loggette sovrapposte, scolpite, a marmi intarsiati. È evidente che si tratta di una caratterizzazione di comodo per indicare un periodo di cui si intuisce l'unità concettuale ma che mostra una sbalorditiva diversificazione formale.

Alcuni elementi sembrano unificare questo variegatissimo panorama: l'uso frequente della decorazione ad archetti ciechi, il gusto per architetture ritmate, scandite secondo un ritmo lento e solenne, che concatena via via gli elementi strutturali e quelli decorativi; l'impiego frequente di coperture voltate in pietra, le cui necessità statiche condizionano tutto l'organismo architettonico; la presenza di una ricca decorazione scultorea, dalla ispirazione spesso barbarica ma di immensa forza creativa; la predilezione per pareti e strutture massicce e scabre, immerse in una suggestiva penombra rotta da poche e strette aperture. Dominante è l'immensa, straripante varietà di forme e di soluzioni, sia pure nell'ambito di uno spirito comune definibile a fatica ma riconoscibile con facilità.

In effetti, proprio questa prorompente varietà è il vero elemento distintivo e unificante del romanico. Spesso ogni paese, regione o città ha dato vita a una scuola architettonica autonoma, con soluzioni piantistiche, strutturali, decorative, stilistiche proprie, ben caratterizzate e immediatamente riconoscibili: la coerenza strutturale del romanico lombardo, l'eleganza di sapore classico delle chiese fiorentine dove impera la bicromia biancoverde, il virtuosismo architettonico delle costruzioni pisano-lucchesi a loggette sovrapposte, la monumentale severità delle cattedrali pugliesi, il leggiadro, disinvolto sincretismo latino-bizantino-arabo delle realizzazioni siciliane.

Questa adesione al gusto, allo spirito, vien da dire all'umore del territorio e dell'ambiente, caratterizza e fa la grandezza del romanico. La gran parte delle città italiane ha al proprio centro una cattedrale romanica, e in essa si riconosce e si identifica: di nessun'altra epoca si può dire altrettanto.

1. Veduta della volta a crociera della navata centrale del Duomo di Modena, con le logge del matroneo.

2. Il portale della Vergine, uno dei tre del Battistero di Parma adiacente al Duomo. I rilievi delle lunette, come pure quelli delle fasce e le statue nelle nicchie, sono opera di Benedetto Antelami, grande interprete del romanico. Guido Baviera, 1999.

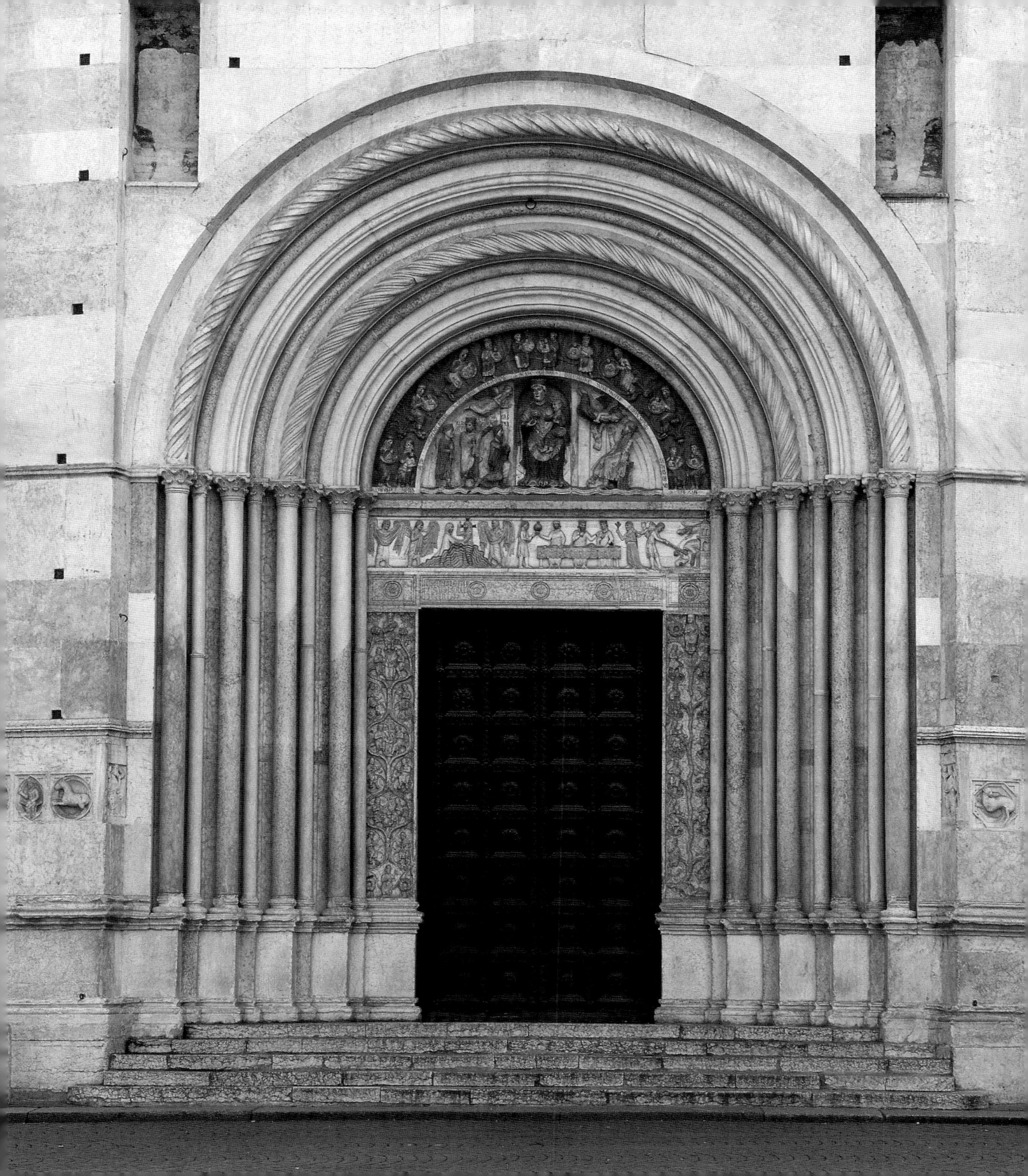

◻ UN CANDIDO MANTELLO DI CHIESE ◻

S. AMBROGIO A MILANO
CUORE DI LOMBARDIA

Ai Milanesi poco importa che S. Ambrogio sia il più importante monumento romanico d'Italia, e uno dei capisaldi assoluti del romanico europeo. Importa ancora meno che vi siano stati incoronati diciotto re d'Italia, che vi siano passati imperatori e sovrani, santi vescovi e orgogliosi abati, che vi abbiano lavorato abili artisti come Bramante, Richini, Tiepolo. Importa persino poco che la grande basilica sia, come lasciò detto un suo ispirato narratore, "un vero duplice sacrario della storia e dell'arte": descrizione verissima, anzi al di sotto della realtà, ma priva di emozione.
Ciò che veramente conta per i cittadini, che non per nulla si chiamano orgogliosamente "ambrosiani", è che le rosse mura di mattoni che si innalzano a fianco di una grande piazza irregolare, al centro di un complesso monumentale di immensa varietà e ricchezza architettonica, sono il cuore e l'anima della città, l'elemento di identificazione e la costruzione più cara, amata, familiare, coinvolgente, della metropoli lombarda: più del Duomo, del Castello, più del Broletto, del Cenacolo, persino più della

◻ **Dove si trova**
A due passi dell'Università Cattolica del Sacro Cuore, la basilica di S. Ambrogio, uno dei monumenti milanesi più carichi di storia, sorge nel cuore dell'elegante quartiere Magenta, dove un tempo si concentrava un alto numero di complessi conventuali. L'ampia piazza S. Ambrogio e le belle vie attorno si affollano di bancarelle il 7 dicembre per la tradizionale Fiera degli Oh bej! Oh bej, dedicata al santo patrono della città.

Scala, che pure è il blasone che Milano ostenta al mondo. Non è un caso che, nella frenetica e turbinosa calca che satura le vie della città, il complesso di S. Ambrogio, pur centrale (sono passati i tempi in cui Giuseppe Giusti poteva parlarne come di quel luogo "vecchio, là fuori di mano"), sia un'oasi di serenità. Basta scendere i pochi gradini che immettono nel quadriportico ed entrare in quello spazioso, monumentale cortile all'aperto che prolunga la chiesa perché il tempo sembri rallentare, e si respiri l'aria dei secoli passati. Di secoli, in effetti, ne sono passati molti su quei mattoni. Correva l'anno 379 quando Ambrogio – funzionario imperiale di origine renana chiamato cinque anni prima dalla popolazione milanese alla dignità vescovile su quella che si considerava già allora una Chiesa di diretta derivazione apostolica, con dignità pari a quella di Roma – fondò, non lontano dal palazzo imperiale accanto al sacello del martire san Vittore, la *basilica Martyrum*, una delle quattro grandi chiese con cui l'energico prelato

◻ *3-4. La facciata a capanna della chiesa (a lato) e un dettaglio degli archetti ciechi del quadriportico. La soluzione attuata per la facciata con il nartece su due ordini, assolutamente unica e di grande originalità, non venne più replicata in altre costruzioni romaniche.*

◻ *1-2. La facciata della basilica vista attraverso il portone d'ingresso del quadriportico (sopra) e un particolare del portone della chiesa. La presenza del quadriportico, tipico delle chiese paleocristiane, rimanda alle origini della basilica, fondata nel IV secolo da sant'Ambrogio.*

◻ *5. La parte absidale della grande basilica, con la tribuna ad archi, tipica delle costruzioni romaniche, e il tiburio ottagonale che racchiude la cupola innalzata sul presbiterio. La presenza del tiburio doveva diventare canonico per le chiese lombarde.*

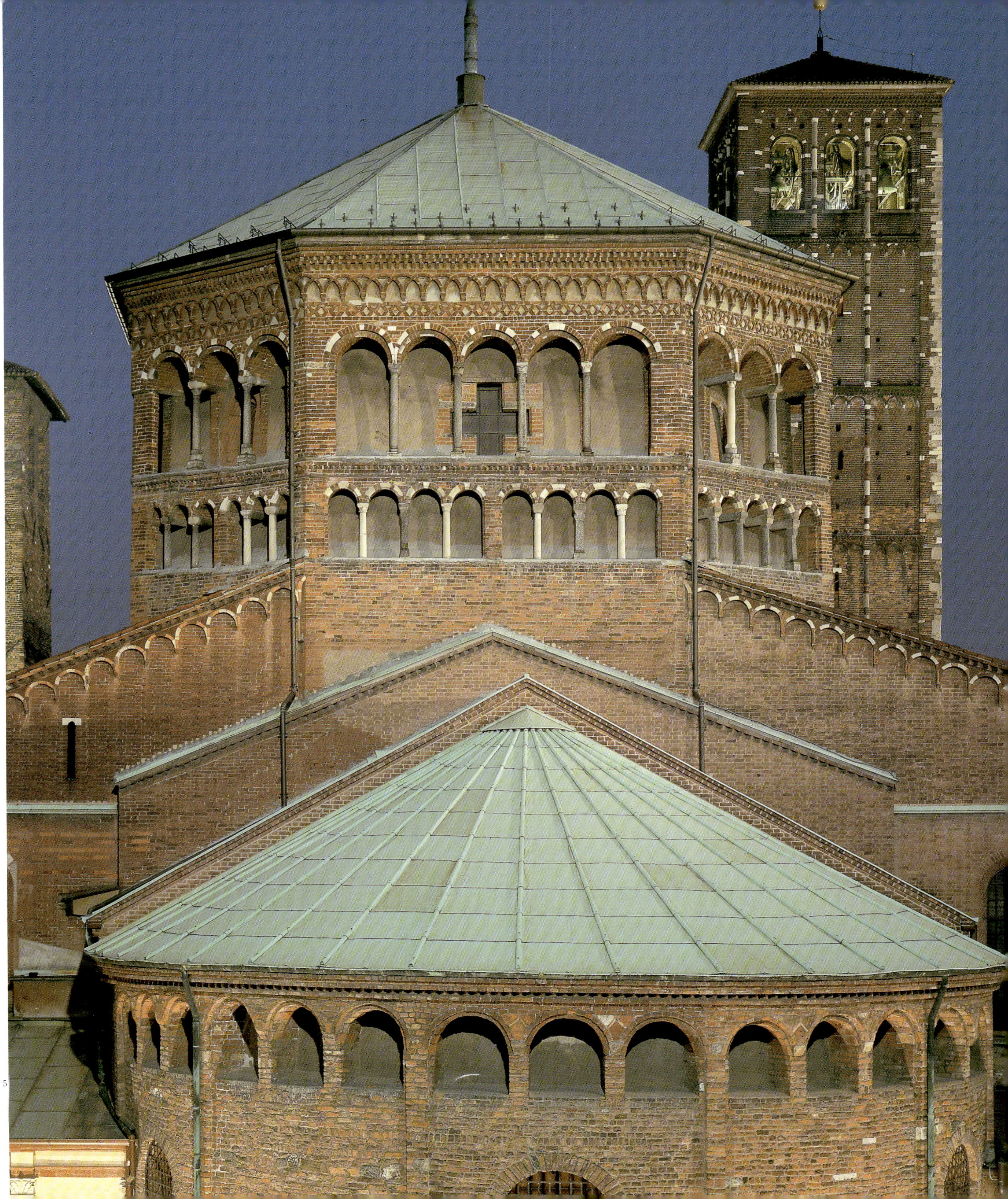

S. Ambrogio a Milano

- tiburio ottagonale e cupola
- campanile dei Canonici
- campanile dei Monaci
- portico della Canonica
- coro
- facciata
- nartece
- S. Sigismondo
- oratorio della Passione

Sezione trasversale

- cortile dei Canonici
- cupola
- ciborio e altare d'oro
- sepolcro di S. Ambrogio, S. Gervaso e S. Protaso
- arco della navata centrale
- arco absidale
- matronei
- portico della Canonica
- navate laterali
- cappella del Sacro Cuore

SEZIONE LONGITUDINALE

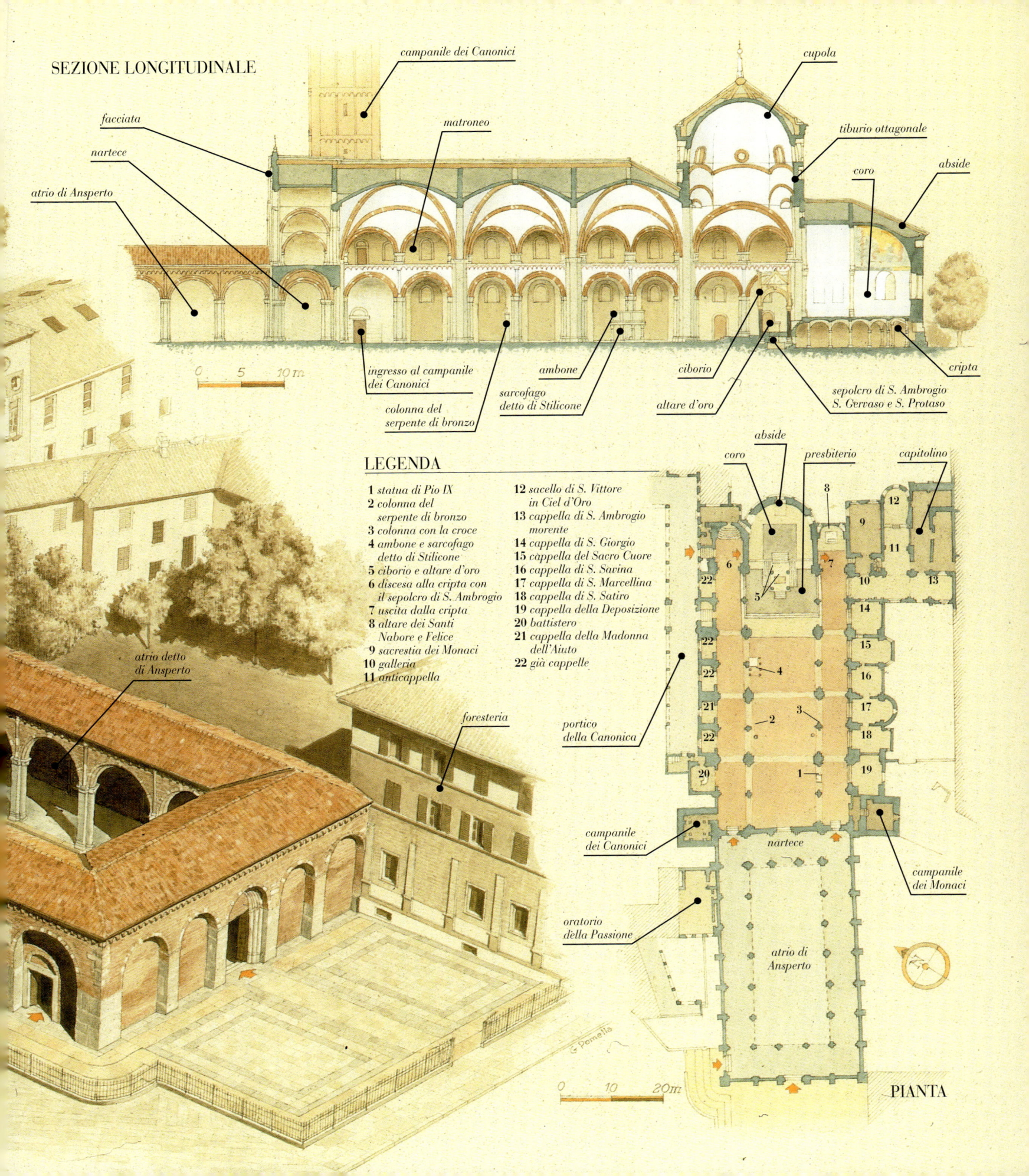

Labels:
- facciata
- nartece
- atrio di Ansperto
- campanile dei Canonici
- matroneo
- cupola
- tiburio ottagonale
- coro
- abside
- ingresso al campanile dei Canonici
- colonna del serpente di bronzo
- ambone
- sarcofago detto di Stilicone
- ciborio
- altare d'oro
- sepolcro di S. Ambrogio S. Gervaso e S. Protaso
- cripta

LEGENDA

1. statua di Pio IX
2. colonna del serpente di bronzo
3. colonna con la croce
4. ambone e sarcofago detto di Stilicone
5. ciborio e altare d'oro
6. discesa alla cripta con il sepolcro di S. Ambrogio
7. uscita dalla cripta
8. altare dei Santi Nabore e Felice
9. sacrestia dei Monaci
10. galleria
11. anticappella
12. sacello di S. Vittore in Ciel d'Oro
13. cappella di S. Ambrogio morente
14. cappella di S. Giorgio
15. cappella del Sacro Cuore
16. cappella di S. Savina
17. cappella di S. Marcellina
18. cappella di S. Satiro
19. cappella della Deposizione
20. battistero
21. cappella della Madonna dell'Aiuto
22. già cappelle

Other labels:
- atrio detto di Ansperto
- foresteria
- portico della Canonica
- coro
- abside
- presbiterio
- capitolino
- campanile dei Canonici
- nartece
- campanile dei Monaci
- oratorio della Passione
- atrio di Ansperto

PIANTA

UN CANDIDO MANTELLO DI CHIESE

6. *Uno dei capitelli romanici del quadriportico. Pur non essendo la cattedrale, S. Ambrogio è sempre stata la chiesa forse più cara e amata dalla cittadinanza milanese.*

"abbracciò" la città, ponendo a ogni punto cardinale una cittadella della fede cristiana. L'edificio era semplice nell'impostazione, anche se grandioso nelle dimensioni: una costruzione a tre navate, con ampia abside al termine della navata maggiore, decorato con dipinti di soggetti biblici le cui didascalie erano state composte dallo stesso Ambrogio.
Qui il grande vescovo volle seppellire le spoglie dei martiri Gervaso e Protaso in Pomella, fondatori della comunità ecclesiale milanese, e qui egli stesso venne sepolto nel 397: una scelta che fece della chiesa (ben presto a lui dedicata) la più sacra delle basiliche cittadine. Quattro secoli dopo, nel 784, l'allora vescovo Pietro chiamò dalla Francia un gruppo di monaci benedettini per fondare un monastero accanto alla chiesa. Con
i secoli ai Benedettini si sostituirono i Cistercensi: ma da quel momento fino ai tempi recenti accanto alla basilica ambrosiana fiorì un grande complesso claustrale, i cui cortili (ricostruiti a scala gigantesca in età rinascimentale e barocca e ora sede dell'Università Cattolica) costituiscono una vera e propria "città nella città", dedicata prima alla fede e ora alla cultura. All'inizio del IX secolo l'imperatore Carlo Magno stabilì che accanto al monastero si insediasse anche un gruppo di canonici: da allora ebbero inizio le rivalità tra le due comunità religiose, una a destra e una a sinistra della chiesa condivisa da ambedue, di cui sono "specchio" architettonico i due campanili (quello basso e più antico, detto "dei Monaci", e quello alto, più recente, chiamato "dei Canonici") che fiancheggiano la facciata.
Nonostante la rivalità, le due comunità – e l'intera città – collaborarono con entusiasmo al rifacimento, iniziato nell'806 e portato avanti per tre secoli, della basilica, ormai vetusta e precaria nelle sue strutture. Mantenendo ferma la pianta basilicale, l'intera costruzione venne via via rifatta: prima l'abside, poi la cripta e il presbiterio, quindi il grande quadriportico (curiosa reminiscenza paleocristiana eretta in età altomedievale e ricostruita in epoca romanica), infine le strutture portanti delle navate. L'edificio che uscì da questa lunga serie di interventi fu, nonostante la molteplicità delle maestranze coinvolte, incredibilmente unitario, di grande originalità e di stringente, matematica coerenza. La sua struttura ha il ritmo calibrato di una lenta danza gerarchica e assorbe via via le possenti spinte laterali delle grandi volte a crociera della navata principale attraverso le volte minori delle navatelle e del matroneo, poi con la spessa struttura muraria, infine con i contrafforti laterali. Questa gerarchia di strutture concatenate, volta a reggere le spinte di sfiancamento, è resa evidente dall'alternanza dei sostegni maggiori

e quelle secondarie, dagli arconi che modulano le volte, dalle costolonature che ne segnano gli spigoli. È un vero e proprio "teorema" strutturale che esemplifica al meglio il sistema costruttivo dell'architettura romanica.
Nessuno, dopo di allora, si sentì di alterare questo miracolo di logica strutturale, anche se molti vi applicarono decorazioni e mascheramenti secondo la moda delle rispettive epoche (la veste "romanica" del complesso attuale deriva in realtà dai restauri dell'Ottocento e del Novecento). Ma il Rinascimento e l'età barocca lasciarono ampie tracce a sinistra della basilica, con il chiostro, mai terminato, dei Canonici, progettato da Bramante, e con gli immensi quadrilateri dei cortili, progettati anch'essi da Bramante e completati da Francesco Maria Richini. A sua volta l'epoca moderna vi ha aggiunto, nella parte absidale, il grande monumento ai Caduti e la sostanziale ristrutturazione dei cortili bramanteschi e richiniani per sistemarvi l'Università Cattolica. Ancora una volta, le aggiunte e trasformazioni non hanno fatto altro che "rivitalizzare" l'insieme, portandovi nuove funzioni che si aggiungono al fascino delle vecchie mura. Ma non hanno intaccato il nucleo della basilica. Che è, tuttora, l'anima di Milano: anzi, la custode dei suoi destini. Dice infatti la tradizione popolare che allorché il serpente di bronzo, donato nel 1007 dall'imperatore bizantino Basilio II all'arcivescovo milanese Arnolfo II, scenderà dalla colonna, accanto al quarto pilastro della navata mediana, su cui è collocato, Milano perirà, concludendo la sua più che bimillenaria storia. E i cittadini ambrosiani, scettici ma previdenti, l'hanno collocato sotto lo sguardo del loro santo protettore ed eponimo.

◧ 7. *L'interno della chiesa. La scansione delle strutture della basilica è un archetipo del sistema costruttivo tipico del romanico.*

◧ 8. *Il lato anteriore del prezioso paliotto aureo dell'altare maggiore, capolavoro dell'oreficeria altomedievale, legato al nome del grande artista Volvinio.*

S. MICHELE A PAVIA
SOVRANA MAESTOSITÀ

◻ **Dove si trova**
Un tesoro nascosto: la basilica si trova infatti in posizione un po' defilata rispetto agli altri monumenti dell'antica «Ticinum», che fu capitale del Regno italico. Per arrivarci è però sufficiente percorrere Strada Nuova, che taglia il centro storico da nord a sud come una sorta di decumano, in direzione del Ticino e del Ponte coperto, per poi svoltare in corso Garibaldi.

La cattedrale pavese di S. Michele era da poco compiuta quando, nel 1155, meno di una quarantina d'anni dopo la posa della prima pietra, vi venne incoronato l'imperatore Federico Barbarossa, che qui doveva iniziare quel rapporto di amore-odio che da allora per decenni lo avrebbe legato alle terre lombarde. La cerimonia ribadiva sia il ruolo regale della città, legata ai ricordi dei re d'Italia longobardi, sia quello della chiesa, eretta sul luogo di una precedente costruzione anch'essa dedicata all'arcangelo prediletto dei Longobardi e posta a poca distanza dall'antico *palatium* regio. E in effetti l'edificio era stato innalzato con maestosità di forme, che esaltavano l'originalità dell'invenzione. Apparentemente si tratta infatti di una classica chiesa romanica a croce latina, con profondo coro absidato. In realtà l'organismo, costruito subito dopo la disastrosa serie di terremoti culminati nel sisma del 1117, e dunque in un'epoca di grande fervore costruttivo e di feconde sperimentazioni architettoniche, è assai più complesso di quanto sembri a prima vista. Grande era l'audacia strutturale. Le tre navate del piedicroce prevedevano due sole, smisurate campate, ai limiti delle possibilità costruttive dell'epoca: l'attuale ripartizione in quattro campate è frutto di un intervento posteriore, effettuato alla fine del Quattrocento. Il peso delle volte, e soprattutto

◻ 1. *La facciata della basilica – con l'andamento a capanna, la loggetta superiore, le finestre in sostituzione del rosone – è tipica del romanico lombardo della prima maniera. Le fasce scultoree sono oggi pesantemente deteriorate.*

la loro spinta laterale, richiedeva il classico apparato di grandi pilastri cruciformi, navatelle voltate, matronei e contrafforti, tipico delle costruzioni romaniche. In secondo luogo, a sorpresa, tutto questo articolato sistema si interrompe bruscamente: il transetto non segue l'andamento delle navate, né nelle dimensioni né nella copertura, a botte invece che a crociera. A sua volta la parte absidale ha propri ritmi, proprie dimensioni murarie, una sua precisa autonomia. Infine, davanti alla chiesa s'innalza una facciata a capanna del tutto svincolata dall'organismo retrostante e configurantesi come una sorta di grande narrazione in pietra, formata da una serie di registri scultorei sovrapposti, tutti di arenaria e oggi purtroppo fortemente deteriorati, al punto di essere quasi totalmente illeggibili. Ci sarebbero tutte le premesse per dare vita a un insieme slegato e disomogeneo: e invece ci si trova di fronte a un organismo fortemente unitario, sapientemente bilanciato persino negli elementi minori. Per esempio nelle sculture dei capitelli dove, man mano che si procede dalla facciata verso il presbiterio, i temi profani lasciano il posto a scene bibliche: una gradazione non casuale che rivela un'attenta programmazione del cantiere.

L'unitarietà dell'organismo è tale da aver resistito anche alle modifiche introdottevi nei secoli. Della maggiore, la modifica delle coperture della navata operata nel XV secolo da Jacopo da Candia, abbiamo già parlato. Ma non fu l'unica: gli accessi laterali vennero chiusi, il pavimento rialzato a causa dell'umidità (alterando tutte le proporzioni dell'interno), l'accesso al presbiterio modificato, le finestre dell'abside alterate nella forma. Fu persino intonacato l'interno, che pure traeva gran parte del suo fascino dal cromatismo dei materiali lasciati in vista. Molte di queste modifiche furono eliminate nel corso dei restauri ottocenteschi e di quelli effettuati tra gli anni Quaranta e gli anni Sessanta del Novecento: e ora S. Michele si presenta in forme molto simili a quelle iniziali. Per contro si è parzialmente modificato l'esterno, con l'abbattimento di parte degli edifici che un tempo rinserravano la chiesa e rendevano più evidente, con i loro spazi ristretti che obbligavano a guardare l'edificio sempre di scorcio, la maestosità della costruzione. L'effetto concepito dagli antichi costruttori è tuttavia ancora ben evidente. E i risultati tuttora splendidi.

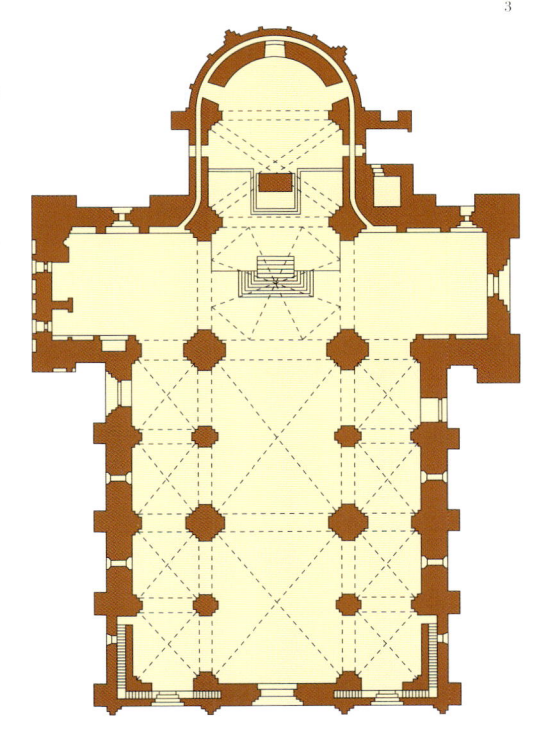

2-3. La rappresentazione, alla sommità del portale, dell'arcangelo Michele, cui la chiesa è intitolata, nell'atto di schiacciare il drago del male, e a lato, un particolare dei rilievi che decorano il portale di destra.

La pianta dell'edificio. La copertura originaria della navata era affidata a due sole, gigantesche campate coperte con volta a crociera, poi sostituite da quattro crociere di dimensione minore.

□ UN CANDIDO MANTELLO DI CHIESE □

IL DUOMO DI MODENA
VOLUMI SOTTO LA LUCE

Come molte costruzioni sacre il Duomo di Modena sorse sulle fondamenta di un precedente edificio religioso: in questo caso una chiesa costruita nel V secolo attorno alla tomba del primo vescovo cittadino, Geminiano. Ma, al pari di molte altre cattedrali, le ragioni della sua costruzione vanno ben al di là della prosaica necessità di sostituire un edificio di culto fatiscente. La nuova casa divina, della cui progettazione venne incaricato l'architetto lombardo Lanfranco – *ingenio claro, doctus et aptus*, dotto, capace e di notevole ingegno, come lo definisce la lapide murata nell'abside della cattedrale, nella quale si legge anche la data d'inizio dell'edificio, 9 giugno 1099 – fu fortemente voluta dalla cittadinanza modenese, dal suo vescovo e dalla contessa Matilde di Canossa, la "figlia prediletta della Chiesa" che governava con mano ferrea le terre emiliane, per essere l'imperituro monumento, la celebrazione in pietra della potenza e del fervore religioso delle città padane e della grande feudataria, le cui forze unite avevano umiliato l'Impero.
L'opera di Lanfranco ottemperò al meglio a questa necessità. È una solida, scattante, eccitante, "preghiera di pietra", in cui vive con forza lo spirito del medioevo. La pianta è semplice, basilicale con tre navate absidate. Anche l'articolazione delle

□ **Dove si trova**
All'ombra della Ghirlandina: la celebre torre (alta ben 88 m), simbolo per antonomasia della città emiliana, altro non è infatti che il campanile della Cattedrale. A conferire ulteriore fascino alla basilica ecco aprirsi sul suo fianco destro la piazza Grande, dominata – oltre che dalle absidi del Duomo – dall'austera sagoma del Palazzo comunale.

navate è tradizionale, con la navata maggiore coperta da quattro grandi crociere contraffortate dalle crociere più piccole delle navatelle e dei soprastanti matronei e con sostegni alternati (una colonna per le campate delle navatelle e un grande pilastro polistilo per le campate della navata principale). Ma è il modo con cui questo schema è attuato a fare la differenza. All'interno la navata principale si innalza parecchio rispetto a quelle laterali, fino a lasciare spazio a un intero ordine di finestre, un "claristorio", mostra uno slancio ascensionale che anticipa le soluzioni gotiche. All'esterno la ritmata teoria di loggette che corre lungo tutte le pareti della chiesa le conferisce un forte valore plastico, che tra XII e XIII secolo i maestri campionesi chiamati a rifinire l'edificio accentuarono fortemente con l'aggiunta di robuste lesene rastremate, di un monumentale rosone "scavato" nella facciata, forse dell'originale protiro a due piani poggiante su leoni stilofori d'età romana. Sul retro le masse delle absidi e dei transetti, cui più tardi si aggiunsero i "torricini" sulla testata della navata e l'altissimo campanile cuspidato, la "Ghirlandina", formano un serrato insieme architettonico, di grandissimo effetto.
Eccezionale è poi la decorazione plastica del complesso, dovuta al grande Wiligelmo (non solo scultore, ma pure assistente e collaboratore di Lanfranco, e forse a volte suo ispiratore, anche se, come spesso accade, la *Relatio translationis corporis Sancti Geminiani*, la relazione ufficiale della costruzione della cattedrale, ne sfuma la figura concentrando l'interesse sul progettista principale) e continuata poi dai maestri campionesi.

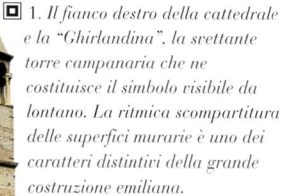

□ *1. Il fianco destro della cattedrale e la "Ghirlandina", la svettante torre campanaria che ne costituisce il simbolo visibile da lontano. La ritmica scompartitura delle superfici murarie è uno dei caratteri distintivi della grande costruzione emiliana.*

IL DUOMO DI MODENA

autori tra l'altro del bellissimo pontile interno. Tutta questa somma di interventi, che durarono per oltre tre secoli (con aggiunte e trasformazioni nei secoli successivi, oggi in parte eliminate dai restauri di inizio Novecento) si fonde in modo esemplare, dando origine a un complesso unitario e fortemente caratterizzato, che ha un posto tutto suo – e di primo piano – tra le grandi cattedrali italiane: una chiesa che ricorda irresistibilmente la definizione di architettura data a suo tempo da Le Corbusier, "il gioco corretto, sapiente e magnifico dei volumi raccolti sotto la luce". E che trasmette con forza l'emozione del divino.

◻ *2. L'interno del Battistero, parte integrante del complesso della cattedrale. La raffinatezza della struttura gotica si unisce alla sontuosità della decorazione figurativa per dar vita a un insieme di grande suggestione.*

◻ *3-4. Due particolari del portale maggiore. Il grandioso ciclo scultoreo di Wiligelmo (non solo artista plastico ma anche collaboratore nella realizzazione architettonica) è uno dei vanti della cattedrale. È da annoverare tra i capolavori assoluti dell'arte medievale.*

5. *Scene bibliche del ciclo di sculture realizzate da Wiligelmo per decorare la facciata. La forza e l'immediatezza della rappresentazione ne fanno un esempio superbo di plastica romanica.*

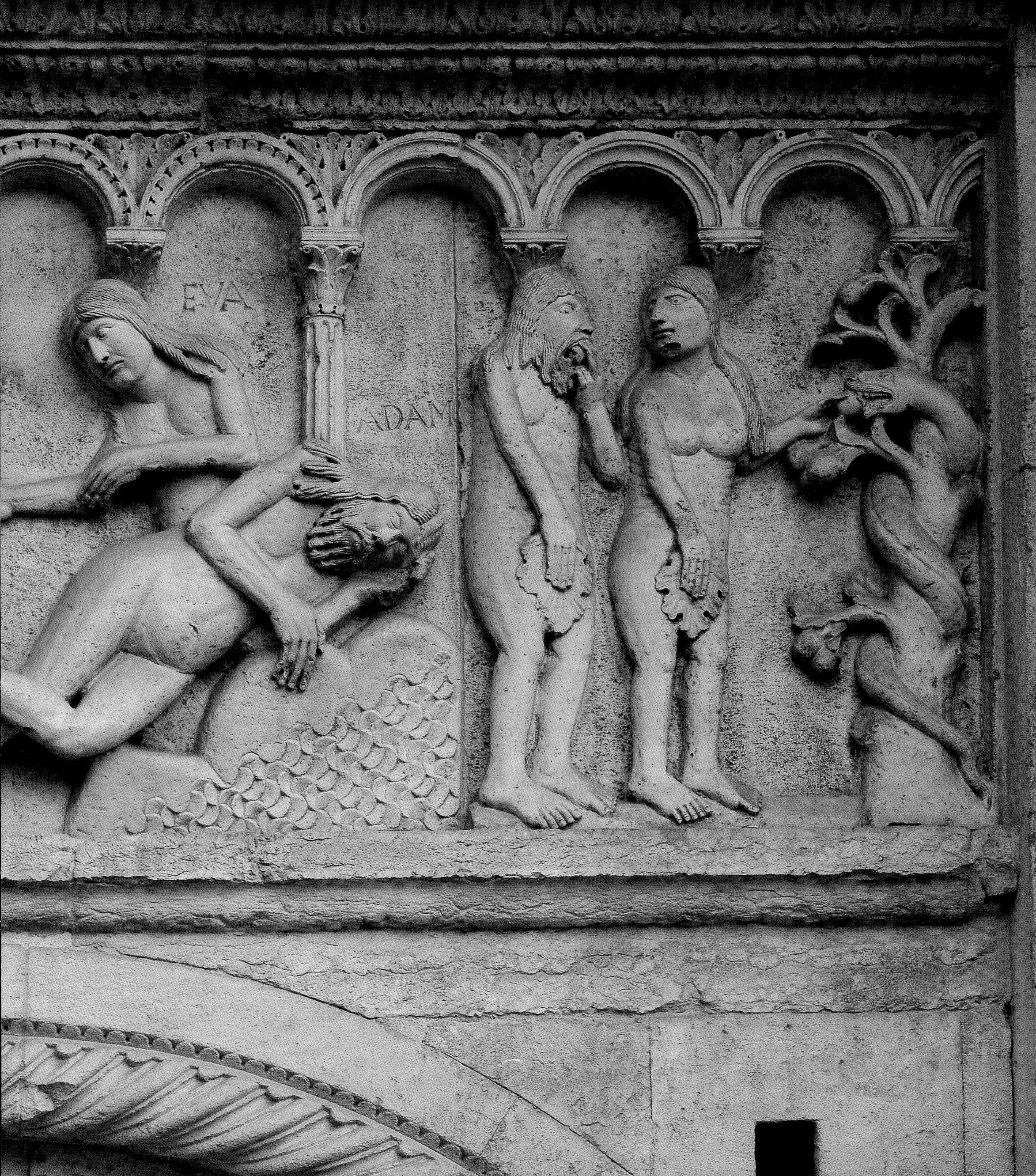
EVA
ADAM

UN CANDIDO MANTELLO DI CHIESE

IL COMPLESSO DI S. STEFANO A BOLOGNA
A IMMAGINE DEL GOLGOTA

È la sede antica e profonda della spiritualità bolognese, il luogo più sacro della città, un venerabile concentrato di fede, arte e storia. A fondare S. Stefano fu lo stesso san Petronio, vescovo eponimo della Bologna paleocristiana: che eresse la costruzione sulle fondamenta di un tempio pagano dedicato a Iside, un *témenos*, o recinto sacro, che racchiudeva una fonte – simbolo di vita essenziale per il culto della dea egizia – circondata da un anello di colonne. Intorno alla fonte pagana Petronio eresse un battistero per gli adepti della nuova fede: una costruzione circolare, con ambulacro perimetrale, che riprendeva la forma, e in parte utilizzava le strutture (alcune delle colonne in marmo cipollino originarie sono giunte sino a noi, integrate nelle murature dell'attuale chiesa del S. Sepolcro) dell'antico tempio. L'acqua simbolo di Iside divenne così il fluido vitale che segnava l'inizio della vita cristiana. Accanto al battistero fu eretta anche un piccola chiesa, dedicata a S. Vitale.
Ma non si trattava solo di recuperare alla nuova fede uno dei luoghi principali dell'antica religione, dandogli nuove funzioni e significati. L'idea era quella di riprodurre, in terra emiliana, i sacri luoghi del Golgota: di creare una "nuova Gerusalemme" che simboleggiasse quella originale e ne replicasse il messaggio di fede e spiritualità, radicandolo nella città.
Quando, all'inizio dell'VIII secolo, i Longobardi conquistarono Bologna, il complesso era ormai entrato stabilmente nella vita religiosa bolognese, e non risentì delle novità politiche. Anzi, i nuovi venuti ne fecero uno dei loro massimi centri religiosi e culturali. Chiamarono una comunità di monaci a stabilirvisi – dando così inizio a una tradizione millenaria e ponendo le basi del monastero che tuttora occupa parte dell'insieme monumentale

> ☐ **Dove si trova**
> *Si tratta in realtà di tre chiese, dedicate rispettivamente al Crocifisso, al S. Sepolcro (o Calvario) e ai Ss. Vitale e Agricola. Per arrivarci, basta seguire via S. Stefano, che inizia a destra della torre degli Asinelli: forse una tra le strade più sorprendenti del capoluogo emiliano, che qui rivela un volto intimo in netta contrapposizione con la magnificenza monumentale della non lontana piazza Maggiore.*

IL COMPLESSO DI S. STEFANO A BOLOGNA

ed eressero, accanto al battistero, una seconda chiesa dedicata a san Giovanni Battista. Sulla strada tracciata dai fondatori si mossero i successori. Il monastero, prima officiato dai Benedettini poi, a partire dalla fine del Quattrocento, dai Celestini, si ampliò intorno al primitivo cortile e al chiostro di origine longobarda. La chiesa di S. Giovanni (ribattezzata del Crocifisso, dopo essere stata detta "del Cenacolo"), fu ampliata e trasformata, con la costruzione di un immenso tiburio e di una loggetta per le benedizioni in facciata che doveva diventare un po' la sua "sigla". L'antico battistero venne ricostruito, tra XI e XII secolo, come chiesa del S. Sepolcro, mantenendo la pianta circolare, che si rifaceva simbolicamente a quella del S. Sepolcro di Gerusalemme. Il *sacellum* sul fondo del cortile prese la veste definitiva di chiesa della Trinità, custode di un preziosissimo pezzo della Croce. Ma tutto questo non era che la veste esterna, lo scrigno artistico di qualcosa di più prezioso, che vale di più della somma, pur rilevante, delle sue parti. Intorno alla tomba di san Petronio posta al centro della basilica del S. Sepolcro, si identifica e si riconosce la cristianità bolognese. Il complesso è l'áncora cristiana della città, il suo "santuario", come viene spesso definito. L'architettura, rispetto alle grandi cattedrali, può apparire modesta. Il suo significato è immenso.

◘ 1. *L'interno della basilica del S. Sepolcro, il nucleo più vecchio e caratteristico del complesso bolognese. La sua origine è antichissima, risale addirittura a un tempio pagano dedicato a Iside, su cui è stata inizialmente ricalcata la forma tonda della costruzione (e alcune colonne del tempio antico sono state inglobate nell'edificio cristiano).*

◘ 2. *Il cortile interno del complesso, anch'esso nato dall'antico* témenos *classico, poi diventato disimpegno delle varie chiese che gli sono sorte intorno.*

◘ 3-4. *Particolare di un capitello nel chiostro e il pozzo al centro del recinto claustrale. Si tratta dell'area relativamente più recente del complesso, risalente comunque anch'essa a un originario stanziamento monastico altomedievale.*

UN CANDIDO MANTELLO DI CHIESE

S. ZENO MAGGIORE A VERONA
GARBATA SERENITÀ

◻ **Dove si trova**
Ignorare le indicazioni per il centro storico. La chiesa di S. Zeno Maggiore – da non confondersi con la piccola S. Zeno in Oratorio a fianco del Castelvecchio – si trova infatti 'dall'altra parte' della città rispetto al cuore antico dei commerci e del potere di Verona. E se da Piazza Brà non se ne riconosce l'alto campanile, dal Castelvecchio già solo il nome del viale che risale il fiume Adige (regaste S. Zeno) indica la direzione.

La chiesa di S. Zeno di Verona – come la torinese Superga, la bolognese S. Luca, l'aquilana S. Maria di Collemaggio – appartiene al numero, relativamente ristretto, delle "chiese più care" al cuore di una città ma esterne alla città stessa. Sorgeva infatti fuori del perimetro cittadino, al centro di un sobborgo accanto all'Adige che da essa prendeva il nome. Era il luogo di culto di un antico monastero benedettino del quale oggi restano un massiccio torrione a sinistra della chiesa (anche i conventi, in tempi di incerta sicurezza, avevano spesso strutture difensive) e l'elegante chiostro a colonnine binate addossato, abbastanza inconsuetamente, al lato settentrionale della chiesa invece che a quello meridionale, com'era uso comune nei monasteri medievali.

Questa collocazione periferica non le ha impedito di essere, da sempre, il cuore della religiosità veronese, alle cui origini è indissolubilmente legata. Il nucleo originario del complesso fu infatti una piccola basilica eretta, ancora in età paleocristiana, intorno alla tomba di san Zeno, morto negli ultimi decenni del IV secolo. L'edificio subì gravi danni durante l'invasione longobarda, venne riattato (o forse sostanzialmente ricostruito) in epoca franca, quindi di nuovo diroccato durante le invasioni ungare del X secolo. Nel frattempo però era diventato il cuore

◻ 1. *Particolare della celebre* Pala di S. Zeno *dipinta da Andrea Mantegna tra il 1457 e il 1459. Ispirata ai canoni del Rinascimento fiorentino, l'opera è una realizzazione fondamentale per la diffusione dell'arte rinascimentale in Italia.*

di una numerosa comunità benedettina, che la relativa tranquillità e la crescente prosperità dell'XI secolo resero fiorente e influente, e che fu perciò in grado di impostare, a cavallo tra XI e XII secolo, una totale ricostruzione del complesso, dalla quale nacque la chiesa attuale.
Risalgono a questo periodo l'impianto basilicale a tre navate e la parte inferiore della snella torre campanaria, iniziata nel 1045. L'edificio era, tuttavia, all'epoca meno lungo e meno alto di quello attuale. Le sue dimensioni definitive derivano da una ulteriore campagna di interventi, iniziata nella seconda metà del XII secolo e nel corso della quale furono prolungati il corpo della chiesa, sopralzate le pareti, edificata la parte superiore del campanile e, infine, già ormai a cavallo del XIII secolo, modificata la facciata. Una terza fase, tra XIII e XIV secolo, portò a un pressoché completo rifacimento del complesso claustrale, fino a quel momento rimasto ancora, nelle sue linee generali, aderente all'impianto originario, anteriore al Mille. Infine un'ultima serie di interventi, attuata tra il 1386 e il 1389, attuò il rifacimento dell'abside in forme gotiche e la sostituzione del tetto a capriate lignee con un soffitto molto più elaborato, a carena di nave trilobata.

◻ 2. *La navata centrale, separata dalle due laterali da un sistema alternato di pilastri e colonne, è coperta da una volta a carena, costruita nel 1386.*

◻ 3. *L'esterno della chiesa visto dal grande piazzale antistante. La facciata a salienti interrotti, dominata dal grande protiro e dall'elaborato rosone e caratterizzata dal colore delicato dei marmi, costituisce una versione raffinata e decorativa, tipicamente veneta, dell'austera architettura romanica.*

Il complesso che uscì da questi tre secoli di intensa attività edificatoria si poneva, con l'eccezione del castello scaligero e dell'Arena romana, come la maggior presenza architettonica di Verona. E, senz'altro, come il suo edificio artisticamente più significativo. Per ornarlo non si erano infatti lesinati sforzi o spese. Alcuni "pezzi" decorativi – come l'antico, stupendo portale bronzeo a formelle (ventiquattro per battente, incorniciate da cordonature traforate saldate agli angoli da teste umane o animali) o le antiche statue in marmo di Verona, forse provenienti da un edificio romano, che sorreggono le colonnine del protiro e rappresentano i simboli araldici di due degli Evangelisti (il leone per S. Marco, l'aquila per S. Giovanni) – sono di eccelso valore. Tra il 1456 e il 1459 Andrea Mantegna dipinse per l'altare maggiore la stupenda *Pala di S. Zeno*, incorniciata in legno dorato, che è tra i capolavori assoluti dell'arte rinascimentale. Il soffitto a carena di nave (un partito tipico del gotico veronese), ornato di stelle a otto punte d'argento e d'oro, è forse la più affascinante realizzazione del genere visibile in Italia. La facciata infine, con il delicato gioco di colori derivanti dall'uso alternato di tufo e di marmi colorati, la loggetta a strette arcatelle, la fitta scompartitura di lunghissime e quasi filiforme lesene, la leggiadra eleganza del rosone e del protiro

◻ 4. *Particolare dei rilievi del portale, capolavoro di mastro Nicolò e della sua bottega, che lo eseguirono, secondo una scritta murata nella fiancata della basilica, intorno al 1138.*

◻ 5. *Adiacente alla navata sinistra è il chiostro, eretto tra il XII e il XIV secolo.*

(opera di Niccolò e Gugliemo da Ferrara, formatisi, almeno il primo, alla scuola di Wiligelmo), sono un inarrivabile esempio di garbata, soave serenità, che stacca l'esempio veronese dalle altre creazioni del romanico italiano. La sua forma finale, pur essendo il risultato di numerose e complesse vicende, come pure di montaggi e rimontaggi di parti, trasmette

S. ZENO MAGGIORE A VERONA

◩ *6. Il protiro e il portale maggiore, con la splendida decorazione scultorea e le porte arricchite da formelle di bronzo, costituivano la parte artisticamente più impegnativa della facciata, per il resto tutta impostata su garbati motivi decorativi realizzati nel marmo venato dei colli veneti.*

◩ *7. Le bellissime formelle di bronzo che ornano il portone di S. Zeno. Opera probabilmente di artisti diversi, sulla cui provenienza la critica è discorde, sono fissate mediante chiodatura alla struttura lignea del portone.*

un'impressione di unitarietà e di sovrana armonia. Tuttavia l'importanza del luogo non derivava dalle sue, pur rilevantissime, qualità artistiche. Era anzi vero il contrario: essa era una diretta derivazione del ruolo, via via sempre più preminente, che S. Zeno aveva assunto nella vita della città. Intorno a essa era sorto il più importante sobborgo di Verona. Al suo interno era conservato il Carroccio della Lega Veronese, qui si celebravano le grandi ricorrenze e gli avvenimenti della comunità, qui la città si riconosceva nella sua unità. Insomma, S. Zeno non era, né è mai stata, la cattedrale di Verona. Ma ne ha svolto, nei secoli, il ruolo.

◻ UN CANDIDO MANTELLO DI CHIESE ◻

S. MARCO A VENEZIA
L'ANCORA DELLA REPUBBLICA

Per secoli il centro della comunità lagunare veneta fu Torcello, isola più vicina alla terraferma, sostituita poi dal rione di Castello. Solo successivamente il potere si spostò verso Rialto, dando origine alla Venezia che conosciamo. La basilica di S. Marco fu il prodotto e lo specchio di questo processo, e al tempo stesso la poderosa áncora architettonica che diede stabilità e irreversibilità al potere veneziano.
Il santo stesso in onore del quale fu costruita era una novità rispetto alla tradizione. In origine il protettore della laguna era san Teodoro, cui si deve la diffusione sulle isole veneziane del caratteristico nome Todaro, deformazione dialettale del nome greco. A lui era

◻ **Dove si trova**
Simbolo assoluto della vita religiosa e pubblica della Repubblica, la maggiore basilica veneziana domina la vasta piazza, tappa irrinunciabile nella visita di Venezia. Ideale fulcro dell'omonimo sestiere è una sorta di "calamita" alla quale è difficile sottrarsi: in ogni angolo della città si trovano indicazioni per raggiungerla a piedi, mentre tutte le linee di vaporetti attraccano al molo di S. Marco o a quello di S. Zaccaria, nella vicina riva degli Schiavoni.

Mediterraneo e del Mar Nero, e il grido di guerra che fino alla fine echeggiò ovunque vi fossero marinai o soldati della Serenissima fu: *Ti con nu, nu con ti,* tu con noi, noi con te.
A sua volta la chiesa era la rappresentazione fisica di questo strettissimo e simbolico rapporto tra potere civile e potere religioso che Venezia aveva ereditato da Bisanzio. Basilica e palazzo ducale erano parte di un unico, grande complesso in cui si svolgevano tutti i riti del potere, a cominciare dall'elezione del doge, che prevedeva il ringraziamento e la consacrazione in S. Marco prima ancora della comunicazione dei risultati al popolo. Le stesse mura della chiesa erano considerate proprietà statali: i procuratori di S. Marco, cioè i fabbricieri della basilica, erano tra i più alti magistrati della Repubblica. La primitiva basilica di S. Marco, costruita nel IX secolo dal doge Giovanni I Partecipazio, fu distrutta da un incendio nel 976, e venne ricostruita dedicata la prima chiesa sorta sul luogo ove ora si innalza la basilica. Nel IX secolo, secondo quanto tramanda la storia, due audaci mercanti veneziani trafugarono da Alessandria d'Egitto – nascondendole tra involti di carne di porco, immonda e intoccabile per i mussulmani – le reliquie dell'evangelista san Marco che sostituì nel cuore dei suoi abitanti il più pacifico Teodoro. Così lo Stato veneziano prese il nome di Repubblica di san Marco: il leone dell'evangelista divenne il vessillo che i capitani veneziani facevano sventolare sulle coste del

◻ 1. *La facciata, scavata da cinque grandi portali a cui si sovrappone un secondo ordine di arcate, possiede coronamento gotico con guglie.*

◻ 2. *Particolare della porta di S. Alipio. Mosaici, marmi, rilievi e fasce decorate di ispirazione bizantina costituiscono la trama splendente della facciata.*

◻ 3. *Uno dei mosaici della lunetta di un portale. La decorazione musiva, di varie epoche e ispirazioni, è uno degli elementi unificanti della costruzione.*

S. MARCO A VENEZIA

4-5. *La terminazione cuspidata della facciata e la decorazione scultorea di uno dei portali. A fianco, la pianta cruciforme, a bracci uguali, rimanda al mondo bizantino, cui si ispirarono gli artisti veneziani.*

per volontà del doge Pietro Orseolo. Nel 1063 il doge Domenico Contarini pose a sua volta la prima pietra di una terza fabbrica, nucleo della costruzione attuale. Le versioni iniziali, ispirate verosimilmente alla chiesa dei SS. Apostoli di Costantinopoli, avevano pianta basilicale a tre navate con abside centrale. La ricostruzione dell'XI secolo mantenne il nucleo originale, ancora oggi leggibile, ma vi aggiunse, oltre al grande nartece che risvolta sui lati della navata, due ampie braccia laterali che riconducevano alla croce greca: sensazione potenziata dalla

6. *La basilica di S. Marco è cerniera della grande piazza S. Marco, chiusa dalle Procuratie Vecchie e Nuove, e dalla Piazzetta che, con Palazzo Ducale, apre al Bacino di S. Marco.*

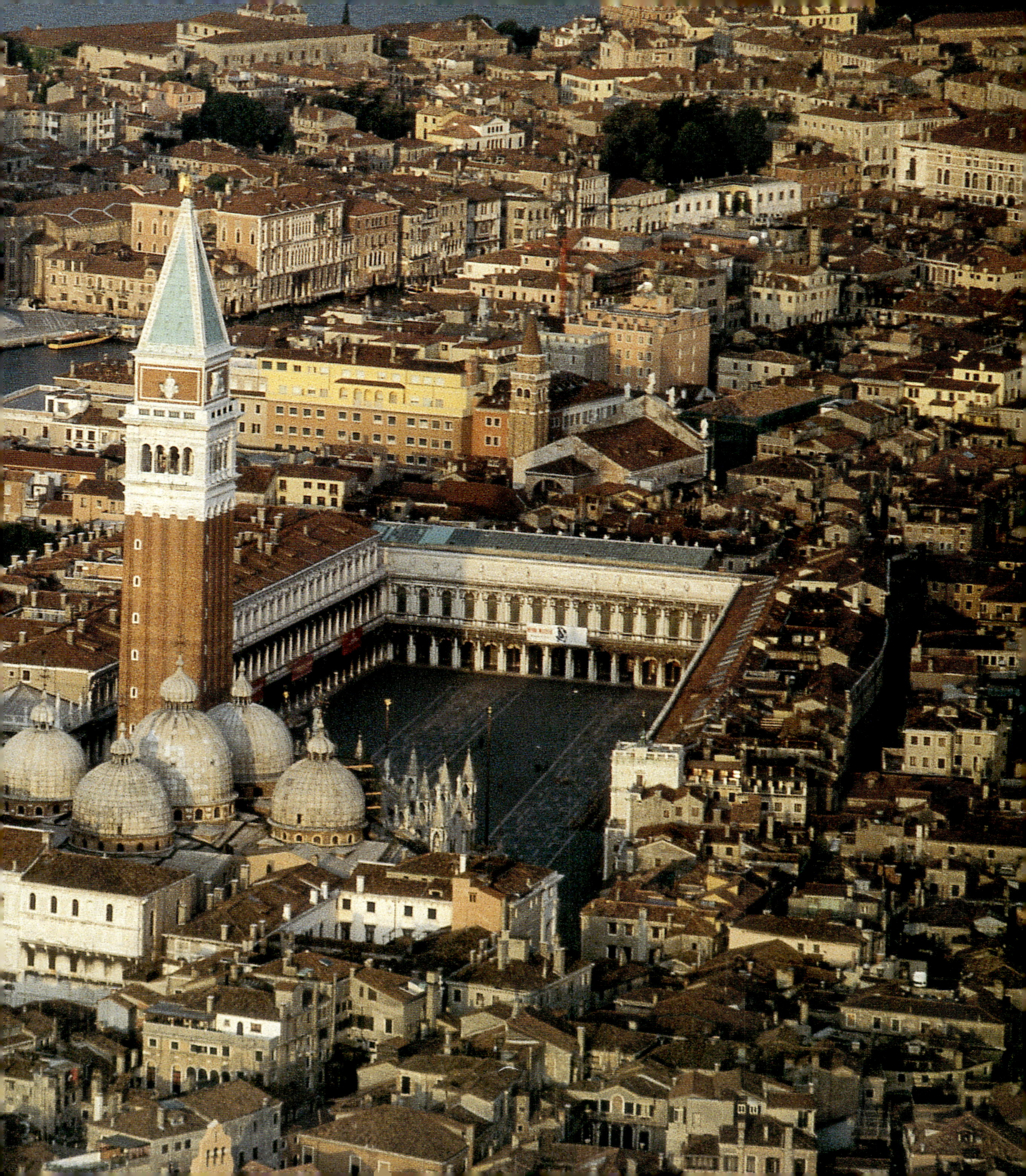

UN CANDIDO MANTELLO DI CHIESE

copertura a cinque cupole disposte a croce. Di queste due – quelle della navata centrale e del presbiterio – sono maggiori delle altre tre, così da mantenere alla costruzione una certa assialità: la differenza è poco percepibile, mentre è ben visibile l'articolazione a grandi volumi cupolati, che rimanda immediatamente all'architettura bizantina. S. Marco è forse l'erede più diretta, nonostante le diversità tipologiche, di S. Sofia di Costantinopoli, e l'unica che possa gareggiare con il modello in maestosità e splendore. Anche l'ambiente intorno alla grande chiesa mutò via via. Un tempo l'odierna Piazzetta non esisteva, e la laguna lambiva il fianco meridionale della basilica, fiancheggiato dal rio di Palazzo, il corso d'acqua che separava S. Marco dal castello ducale, allora completamente circondato dalla laguna. Un altro corso d'acqua, il rio Batario, correva a metà di quella che oggi è la piazza, dividendo il sagrato della basilica dal "brolo", cioè dall'orto, delle monache di S. Zaccaria. Poco alla volta il castello fu sostituito dal fiabesco palazzo attuale, il brolo fu annesso alla piazza e questa fu circondata dai porticati delle Procuratie, che divennero l'immenso quadriportico della chiesa. L'originaria darsena venne sostituita dalla Piazzetta su cui si rizzano orgogliose le due colonne dedicate ai santi patroni della Repubblica, Teodoro e Marco.
La ricchezza della Repubblica e della società veneziane si riflettono negli apparati decorativi della basilica, che subì modifiche e abbellimenti ininterrottamente. La sopralevazione delle cupole, le colonne marmoree davanti al nartece, le cuspidi e gli elaborati coronamenti nella parte alta della facciata costruirono gradualmente l'immagine che i vedutisti veneziani, da Bellini a Canaletto, hanno immortalato decine di volte e che le cartoline odierne hanno addirittura logorato: un'immagine, forse, fin troppo nota e scontata. Ma alla quale si contrappone, intatto nel suo fascino, l'immateriale, dorato tappeto dei mosaici interni, vastissimo e ammaliante lascito di otto secoli di attività artistica: forse, la più vera e suggestiva creazione dell'orgogliosa Repubblica che in essi si rispecchiava.

7-8. Particolare di uno dei mosaici che decorano le superfici interne di S. Marco (sopra) e dettaglio raffigurante il Cristo Pantocratore della Pala d'Oro, il più grande gioiello esistente al mondo. Costruita a Bisanzio nel 1105 per volere del doge Falier, fu rifatta nel 1343-45 sotto il dogado di Andrea Dandolo che volle ricomporre i gioielli e gli smalti bizantini in una nuova cornice gotica, che è un capolavoro dell'arte orafa veneziana.

9. L'interno della basilica, immerso nella luce dorata riflessa dai mosaici che ricoprono quasi tutte le superfici. L'impostazione generale deriva dalle grandi chiese imperiali bizantine, di cui la basilica veneziana tramanda con vivezza lo spirito.

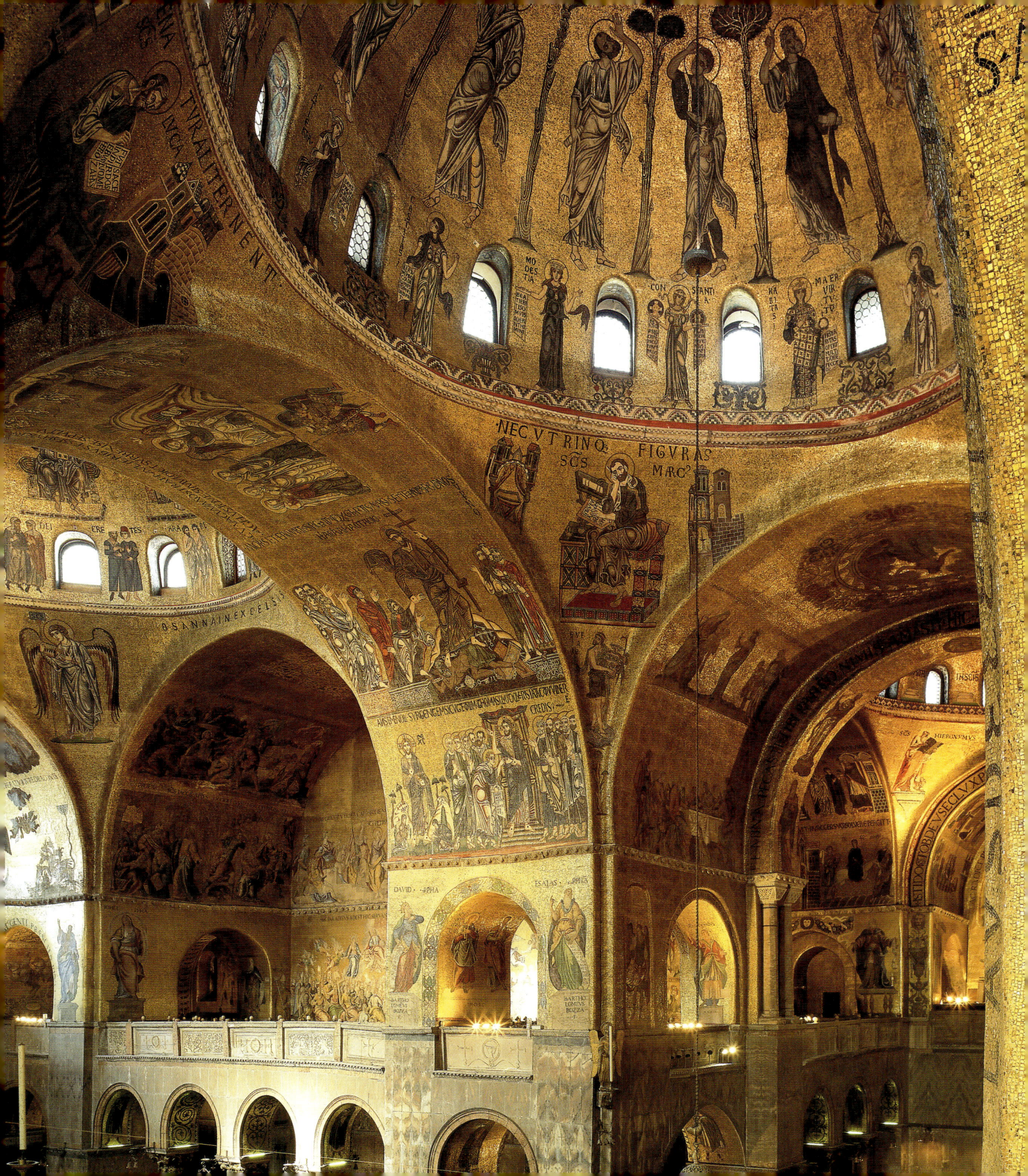
NEC UTRINQ FIGURAS
SCS MARC

UN CANDIDO MANTELLO DI CHIESE

IL DUOMO DI PISA
ECLETTICA GRANDIOSITÀ

Il grande tappeto erboso ai margini dell'abitato pisano, su cui sono posati come bianchi gioielli la cattedrale, il battistero, il campanile pendente, il cimitero, è un tale capolavoro di armonia architettonica da essersi meritato il nome di Piazza dei Miracoli. Ma se si dovesse guardare all'animo con cui il mirabile complesso fu iniziato il nome più giusto sarebbe "Piazza della Gloria". Essa nacque infatti con lo scopo (comune del resto a tutte le imprese architettoniche collettive del medioevo) di glorificare la crescente prosperità e potenza della città. E non è certo un caso che, in un'epoca in cui si tramandava assai di rado il nome degli artisti (in particolare degli architetti), di coloro che hanno lavorato nel complesso pisano invece conosciamo perfettamente le generalità. Nel riconoscere la loro fama la città trovava eco alla propria.

I primi finanziamenti per la costruzione della cattedrale, iniziata nel 1064 su progetto di Buscheto proprio nel luogo su cui sorgeva un tempo la chiesa d'origine bizantina di S. Reparata, furono forniti dal bottino del sacco di Palermo, cui l'anno prima la repubblica marinara aveva partecipato insieme con i Normanni. Alla prosecuzione dei lavori, terminati dopo il 1120 da mastro Rainaldo, contribuirono invece le crescenti "rimesse" dei fondachi che i Pisani stavano assicurandosi in tutto il Mediterraneo. Il contributo non fu solo finanziario. Nella chiesa si trovano influenze culturali più o meno esplicite di paesi e territori conosciuti e frequentati dalla talassocrazia pisana: elementi e suggestioni islamici, lombardi, bizantini, normanni, persino armeni.

La costruzione è enorme: una gigantesca basilica a cinque navate cu cui si intestano due basiliche minori a triplice navata, anch'esse absidate, così da tracciare sul terreno una grande croce latina. La copertura è lignea, per non provocare lo sfiancamento dei muri relativamente sottili che la reggono. L'intera costruzione è rivestita in marmo bianco, con inserti di altri colori. Ma ciò che la caratterizza in maniera inconfondibile è la selva di colonne marmoree, collegate da archi variamente centinati, che sorreggono le pareti interne e scandiscono tutte quelle esterne. Nella parte superiore della facciata le colonnine si staccano dalla parete di fondo e danno origine a un quadruplice ordine di loggiati, di grande effetto chiaroscurale e scenografico. Il motivo diventa la cifra caratterizzante di tutto il complesso, reiterato nel battistero e nella Torre Pendente di cui costituisce l'elemento architettonico pressoché esclusivo. Questa è un miracolo all'interno del miracolo. L'idea di base, concepita da Bonanno Pisano, era di riprendere il tradizionale campanile cilindrico, sul tipo di quelli di Ravenna, con la variante della "fasciatura" continua a loggiati. Ma i lavori, iniziati nel 1173, furono sospesi quando, completato il terzo ordine di logge, si manifestò un brusco cedimento del terreno. La ragione avrebbe imposto la demolizione

□ **Dove si trova**
La torre pendente è certamente il riferimento più sicuro per arrivare a piazza del Duomo. Perché il Campo dei Miracoli non corrisponde al centro geografico della città. Anzi, è ben lontano dal cuore politico della Pisa del passato e di oggi, visto che si trova nel margine nord-ovest del nucleo storico, a ridosso delle mura. Là dove si stendeva il camposanto.

□ 1. *Il Battistero, la Cattedrale, la Torre Pendente: la più classica delle immagini pisane, che mette in evidenza l'armonia e la grandiosità che hanno valso al luogo il nome di Piazza dei Miracoli.*

maturo: eppure l'opera finita risulta armoniosa, e si accompagna agli altri edifici della piazza. Lo stesso successo con il Cimitero, ultima e raffinatissima costruzione eretta in piena epoca gotica per completare l'insieme. Concepito come una basilica a tre navate, di cui la maggiore a cielo aperto, è un miracolo di levità e grazia, deliziosamente affrescato da Andrea di Bonaiuto, Antonio da Venezia, Taddeo Gaddi, Benozzo Gozzoli.
Iniziato nell'XI secolo, il grande complesso di Piazza dei Miracoli venne terminato a Quattrocento inoltrato, quando ormai non solo il dominio marittimo pisano, ma la stessa libertà della città erano svaniti per sempre. Ma erano bastati per erigere una simile, magniloquente opera: la vera, imperitura gloria, al di là di quella effimera della conquista e dei commerci, della città sull'Arno.

◘ 2. *Il Sacrificio di Abramo*, opera del Sodoma, orna l'interno del Duomo. Benché tipicamente romanica nelle strutture e nelle decorazioni principali, la chiesa è arricchita ma numerose opere d'arte d'epoca successiva.

◘ 3-4. *Particolare e veduta d'insieme del raffinatissimo ambone della cattedrale, capolavoro di Giovanni Pisano che anticipa, per certi versi, l'eleganza della scultura rinascimentale.*

e la ricostruzione su un terreno adeguato o consolidato. Invece, dopo un secolo di sospensione dei lavori, l'edificio venne ultimato, sotto la direzione di Giovanni di Simone prima e di Tommaso Pisano poi, inclinando i restanti piani dalla parte opposta rispetto al cedimento, così da fornire un empirico "bilanciamento" che, nonostante terremoti, alluvioni, bombardamenti e variazioni della falda freatica, ha garantito sino a oggi la stabilità della torre.
Nel frattempo era iniziata la costruzione del battistero, immenso al pari della cattedrale: una vera chiesa circolare di grandi dimensioni, i cui lavori si protrassero per due secoli abbondanti, dalla metà del XII secolo alla seconda metà del XIV. Il progetto di Diotisalvi fu più volte variato, le forme romaniche cedettero il posto alle forme nervose e merlettate del gotico

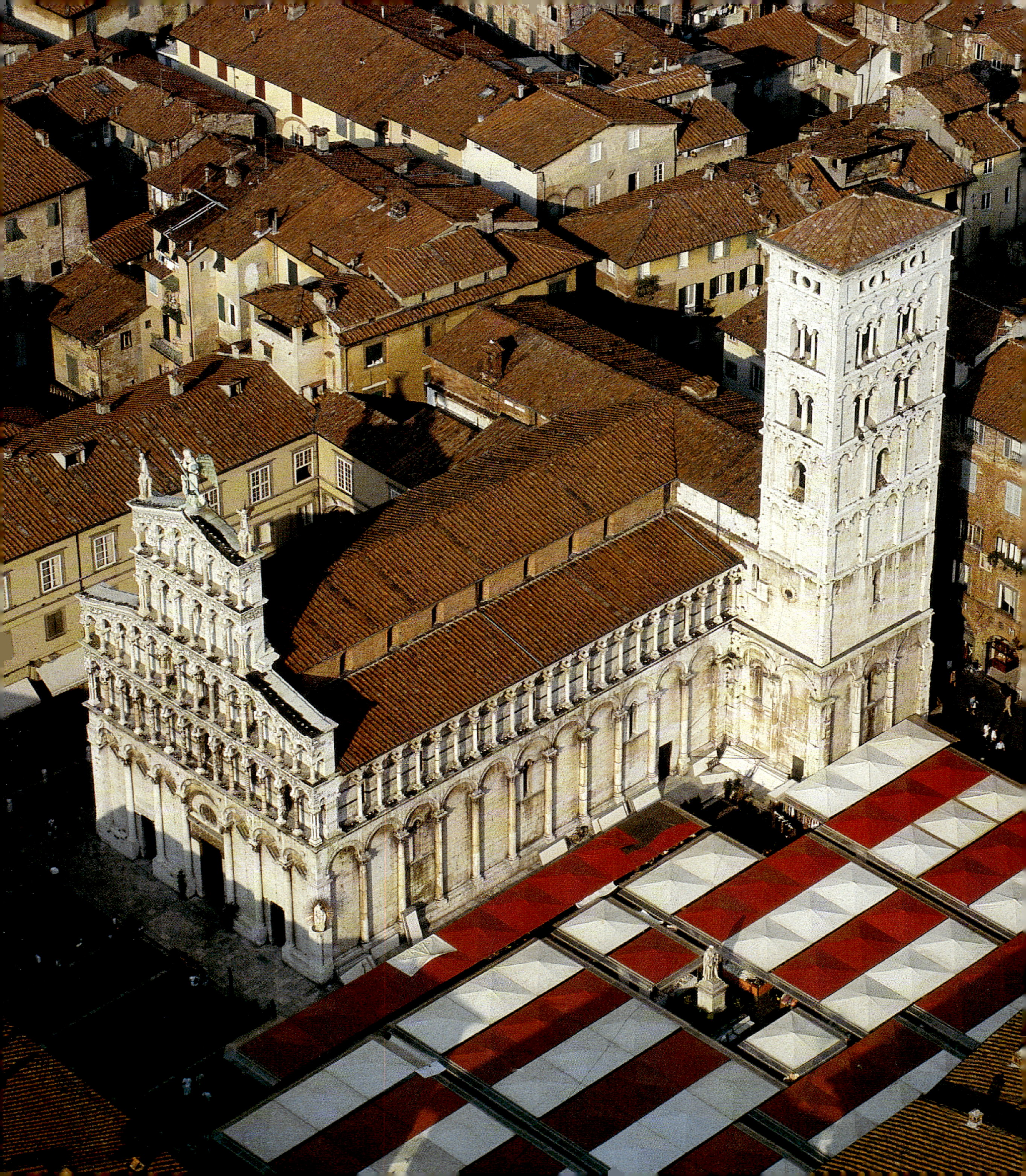

◻ UN CANDIDO MANTELLO DI CHIESE ◻

S. MICHELE IN FORO A LUCCA
ASCESA VERSO IL PARADISO

La chiesa è importante, ben degna di occupare, come dice il suo nome – S. Michele "in Foro" – l'antico centro della città romana. Ma è la facciata a impressionare. Stretta e alta, slanciatissima, con quattro vertiginosi ordini di loggette che si innalzano su un alto zoccolo marmoreo ad arcate cieche, nel quale si aprono le porte delle tre navate, domina, anzi schiaccia visivamente la piazza che le sta intorno. Colpisce soprattutto la sua altezza rispetto a quella del corpo della chiesa, il cui colmo arriva a malapena al secondo ordine; tutto il resto della facciata è un'immensa "vela" che si libra nel vuoto, una maestosa scultura a scala architettonica. In realtà la smisurata facciata è un "relitto" architettonico, la traccia di un ambizioso programma edilizio che prevedeva una sopraelevazione della

◻ **Dove si trova**
Impianto urbano in tutto e per tutto medievale nel centro storico di Lucca, abbracciato da una cerchia di mura che non servirono mai a scopi difensivi. Grandi baluardi la muniscono e sei porte vi si aprono: da quella dedicata a San Pietro, basta percorrere via Vittorio Veneto per arrivare alla chiesa di S. Michele in Foro.

chiesa, mai attuata. Ma il visitatore non è obbligato a saperlo, e ne coglie invece l'aspetto trascendente, l'inebriante scalata al cielo che invoca l'ascesa al paradiso, annunciato dalla statua dell'arcangelo Michele sulla cuspide. E alla fine è forse un bene che l'originario programma non sia stato completato. Il programma era partito nei primi decenni del XII secolo (1143 è la data riportata sul pilone sinistro dell'arco trionfale della chiesa, che fornisce un termine *ante quem*). Nelle forme il progetto si ispirava ai vicini modelli pisani. L'abside della chiesa è così vicina, nella concezione, al disegno base della piazza dei Miracoli che vari storici ne hanno attribuito il progetto a Diotisalvi, l'architetto del battistero pisano. Tuttavia, man mano che la costruzione cresceva, si palesavano le differenze, soprattutto il gusto per una maggiore plasticità delle forme. Nel momento in cui sorse la facciata, al principio del XIII secolo, la tendenza divenne evidente.

Le colonne che inquadrano le arcate cieche del basamento sono quasi a tutto tondo; gli archi hanno una ghiera a rilievi a differenza del duomo pisano, dove è liscia; le colonnine delle loggette sono diverse l'una dall'altra, e con disegni che esaltano i chiaroscuri: incrostazioni marmoree policrome, sculture di mostri e animali, motivi geometrici. È evidente che Lucca, molto più di Pisa, era influenzata dal gusto lombardo, diffuso dagli artisti nordici che lavoravano in città, come Guidetto da Como, attivo nella fronte del Duomo. Anche le proporzioni generali sono più slanciate, meno pacate di quelle di Pisa. Lucca rivela, anche nell'arte, il

◻ *1. Veduta aerea della cattedrale. Il grande edificio sorge sull'area un tempo occupata dal foro romano della città.*

◻ *2. Particolare della pala di Filippo Lippi raffigurante i santi Rocco, Sebastiano, Girolamo ed Elena.*

◻ *3. Particolare delle loggette terminali dei due ordini superiori. L'insistita decorazione sia delle colonnine sia delle superfici è tipica di Lucca, e tradisce l'influenza lombarda che la città accettava molto più della vicina Pisa.*

carattere di città-cerniera, a cavallo tra il mondo padano e quello toscano. Ma ciò interessava ben poco i cittadini. Ciò che contava – e conta, ancor oggi – è che quell'immensa facciata costituisce, da tempo e oltre le mura cittadine, il simbolo di Lucca, il trionfale segno della sua importanza. Il Duomo, con la facciata tronca appoggiata a un alto edificio, è forse più caro al cuore dei Lucchesi. Ma S. Michele è "la vetrina" della città, il fondale del suo "salotto buono", il volto che essa presenta al mondo.

UN CANDIDO MANTELLO DI CHIESE

S. MINIATO AL MONTE A FIRENZE
SERENA GEOMETRIA

L'Italia è un paese unico e stupefacente dove bastano pochi chilometri perché varino completamente l'ambiente, le costruzioni architettoniche, il clima artistico e culturale.
S. Miniato ne è una palese dimostrazione: di stile romanico, ha però caratteri inconfondibilmente fiorentini, che la differenziano da altri modelli romanici di regioni o aree vicine.
Pochi chilometri più a nord, nelle città della pianura padana al di là dell'Appennino, fioriva un romanico massiccio e corposo, dominato dai segni di forti membrature e dai grandi giochi chiaroscurali, che rivelavano l'obiettivo e lo sforzo di erigere ampie volte in muratura e di contraffortarle con strutture secondarie che ne reggessero le spinte e ne garantissero la stabilità. A Firenze, sul colle che domina l'Arno dove ai tempi dell'imperatore Decio fu decapitato san Miniato, unico martire della prima Chiesa fiorentina delle origini, sorge invece una costruzione di lieve e geometrica serenità: un elegante, garbato gioco intellettuale di pareti intarsiate a motivi geometrici bianchi e verdi. Oltre l'Appennino domina un'architettura drammatica e sanguigna, di primitiva forza espressiva; sui colli di Firenze si entra invece in un mondo di calibrata, aristocratica levità: altrettanto coinvolgente, ma con un registro del tutto diverso.
In realtà i modi costruttivi dell'architettura lombarda erano ben presenti ai costruttori fiorentini, che li replicarono anche nella chiesa sul Monte. La pianta, per esempio, è di esemplare semplicità, direttamente derivata dagli esempi tardoantichi: un rettangolo a tre navate, con una unica grande abside centrale e copertura a capriate, così da non richiedere murature di forte spessore, contrafforti o altri accorgimenti statici. Tuttavia i sostegni non sono tutti uguali: la teoria di colonne della navata è interrotta da due pilastri polistili, su cui posano gli arconi trasversali, di modo che visivamente la chiesa è divisa in tre grandi campate, ognuna composta di tre arcate: un gusto della scansione che ricorda da vicino gli esempi lombardi. La parte terminale della navata è occupata da una grande cripta, che sopraeleva fortemente il presbiterio, altro elemento tipicamente romanico. Sotto il timpano di facciata corre una teoria di arcatelle cieche, elemento caratteristico del romanico padano, qui disegnato dai marmi bicolori.
Ma questi elementi sono messi in secondo piano

◻ **Dove si trova**
Inevitabile il ricorso all'automobile o ai mezzi pubblici – a meno di non voler affrontare un'ora di cammino – per raggiungere dal centro storico S. Miniato al Monte, posta alle pendici di una collina al di là dell'Arno. Lungo il percorso, sosta quasi obbligata al belvedere di piazzale Michelangelo, che offre un panorama non a caso molto sfruttato dal cinema italiano e straniero.

◻ 1. *La bellissima cattedra rinascimentale della basilica, realizzata anch'essa, come gran parte delle superfici murarie della chiesa, con connessure di marmi bianchi, verdi e rossi, cifra distintiva dell'architettura romanica e gotica fiorentina.*

◻ 2. *L'altare e la parte absidale, rifiniti con raffinatezza decorativa ed esecutiva. L'architettura è di estrema semplicità, anche se di grande eleganza, e si richiama dichiaratamente all'arte classica.*

◻ 3. *La decorazione del soffitto della tomba del cardinale del Portogallo, capolavoro della decorazione rinascimentale dovuto a Luca della Robbia. La classicità della composizione consente un felice accostamento tra le parti romaniche e le numerose aggiunte d'età rinascimentale.*

proprio dalla peculiare decorazione geometrica in marmo bianco delle Apuane e pietra verde di Prato, tratto distintivo degli edifici del romanico fiorentino: S. Miniato, il battistero di S. Giovanni, la Badia Fiesolana, la chiesa dei SS. Apostoli. A sua volta questa curiosa decorazione è "intelaiata" in un contesto generale che si rifà deliberatamente all'arte classica (di cui recupera non solo lo spirito, ma anche numerosi elementi costruttivi, come i capitelli posati sulle colonne). È un gusto talmente vicino a quello dell'architettura classica che gli iniziatori del Rinascimento – in primo luogo Brunelleschi – videro nei monumenti romanici non una derivazione di quelli antichi, ma addirittura edifici romani veri e propri: tanto da adottarne alcune forme, convinti che si trattasse di realizzazioni dell'antica Roma. E questo è il motivo per cui facile divenne la fusione tra il corpo romanico della basilica e i successivi interventi rinascimentali che vennero ad arricchirla. In effetti, S. Miniato dà al visitatore un mirabile senso di unità, quasi fosse stata eretta di getto. È invece il frutto di un complesso processo di costruzione assai protratto nel tempo. La prima costruzione risale all'XI secolo, allorché il vescovo Ildebrando, nell'ambito del programma di rinnovamento del monastero benedettino che ormai da tre secoli si era insediato accanto al piccolo *martyrion* che ospitava il corpo di san Miniato, decise di erigere sul modesto sacello una grande basilica. Ma occorre arrivare al XIII secolo per vedere la fine dei lavori, con il completamento del registro superiore della facciata e del timpano. Ancora più tardi è l'apparato decorativo, in parte musivo e in parte maggiore *a fresco*, portato a termine tra la fine del XIII e la prima metà del XV secolo. E notevoli per mole e valore sono le parti rinascimentali: l'elegantissimo tempietto del Crocefisso, commissionato nel 1448 da Piero de' Medici a Michelozzo, con la stupenda volta a botte decorata da Luca della Robbia; la cappella del Cardinale del Portogallo, allestita da Antonio Manetti per ospitare il sarcofago del cardinale Jacopo di Lusitania, nipote di re Alfonso del Portogallo, morto a Firenze nel 1459; il bellissimo monumento funebre del cardinale, capolavoro di Antonio Rossellino.

La continuità di ispirazione e di forme

4. La classica e conosciutissima facciata della basilica. Le campiture in marmi colorati si legano con coerenza ed eleganza all'intelaiatura degli ordini architettonici.

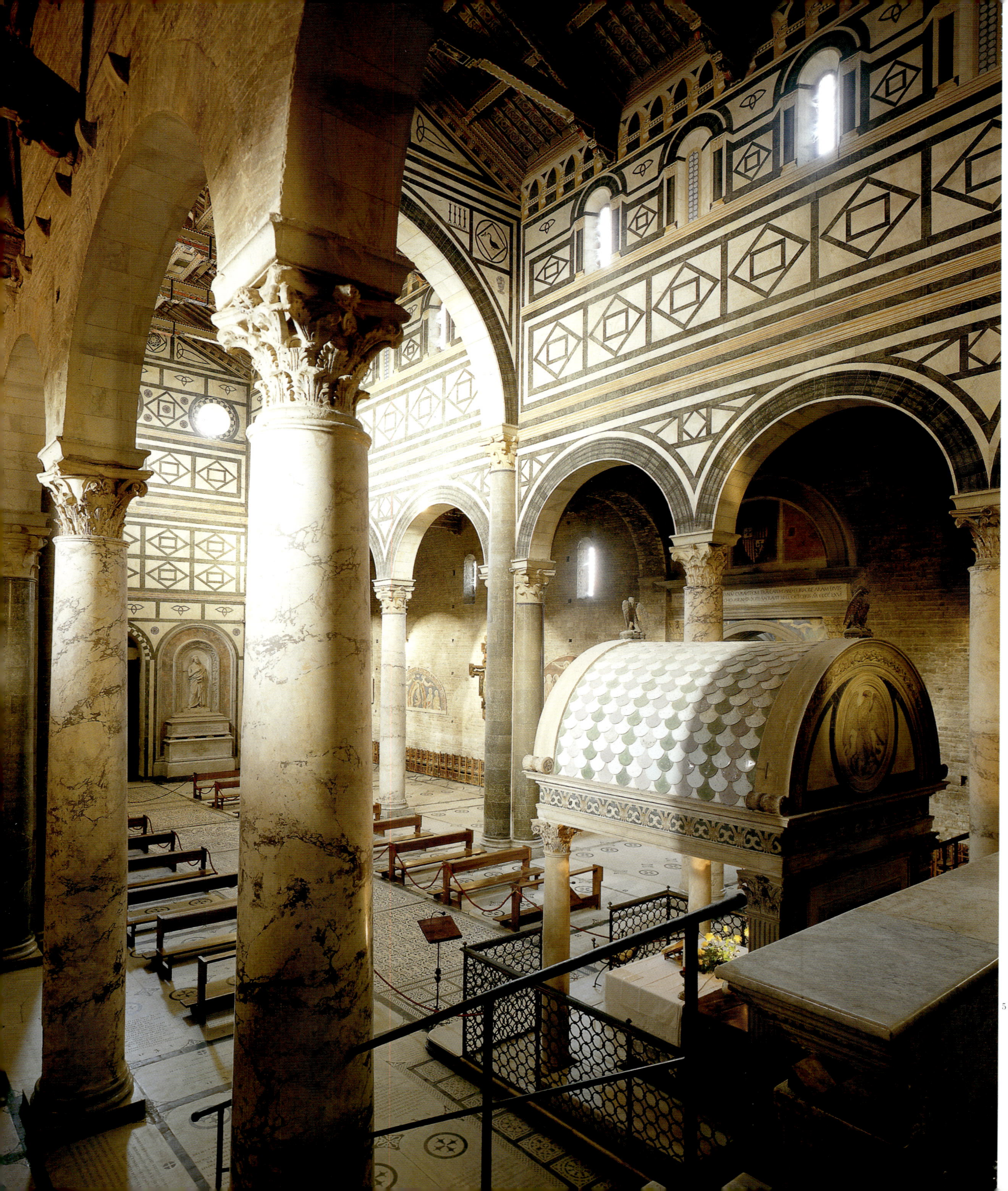

5

che lega l'arte classica a quella romanica fiorentina, e questa a quella rinascimentale, trova qui la sua massima espressione. E non è forse un caso che, dopo il Quattrocento, nessuno abbia mai tentato di inserire alcunché in S. Miniato. La sua armonia sarebbe stata irrimediabilmente compromessa. Così non è stato, e l'antica basilica troneggia tuttora, dall'alto del colle, sulla città di cui costituisce al tempo stesso uno specchio e un mirabile balcone, il luogo che ispirò a Mark Twain, per una volta dimentico della sua vena mordace, un'ammirata lode: "Dopo nove mesi di familiarità con questo ambiente io penso ancora, come al principio, che questa è l'immagine più bella del pianeta, la più incantevole a guardarsi."

◩ 5. *La navata principale della basilica. L'impianto è ancora quello basilicale tipico dell'arte paleocristiana, ma alcuni particolari, come i grandi arconi che individuano le varie campate, tradiscono l'origine romanica della costruzione.*

◩ 6. *Particolare delle* Storie di S. Benedetto *affrescate da Spinello Aretino nello scorcio del Trecento. Vi è rappresentato uno dei miracoli compiuti dal santo fondatore dell'ordine benedettino, che risana un monaco travolto da un crollo durante la costruzione del monastero di Montecassino.*

◩ 7-8. *Lo splendido ambone che combina armonicamente le forme classiche e la decorazione medievale degli scomparti e un particolare di uno dei riquadri, che mette in evidenza la perfezione esecutiva dell'opera. L'aquila che regge il leggio è l'emblema araldico dell'evangelista S. Giovanni.*

UN CANDIDO MANTELLO DI CHIESE

S. CIRIACO AD ANCONA
LA SENTINELLA DELL'ADRIATICO

Bisogna guadagnarselo, l'accesso a S. Ciriaco. Ma ne vale la pena. Per la bellezza degli scorci che la salita al promontorio che domina Ancona, e su cui sorge la basilica, via via dischiude sulla città, le fortificazioni, il porto, i colori cangianti del mare. In secondo luogo per la sorprendente bellezza della chiesa.
L'edificio è infatti tra i più originali che il romanico abbia lasciato sul suolo italiano. I critici le attribuiscono solitamente una pianta a croce greca, dimostrazione dell'influenza che ebbe la cultura bizantina nella terra che, almeno formalmente, era ancora nel XII secolo una dipendenza di Costantinopoli. Ma, se si esamina con attenzione l'impianto e la genesi del complesso, si vede che la sua presunta simmetria non è né rispondente alla realtà né derivante da un progetto unitario. È invece il frutto di una lunga vicenda costruttiva che ha gradualmente modificato un edificio esistente, per comporre un insieme di tale suggestione e bellezza da essere considerato unitario. La chiesa primitiva, costruita tra XI e XII secolo, doveva essere, secondo i documenti, di tipo basilicale, e corrispondeva verosimilmente agli attuali transetti. Quello orientale coinciderebbe quindi con l'originario presbiterio e con l'abside della costruzione iniziale. Ciò spiegherebbe come mai il transetto possiede, caso quasi unico in Italia, un pavimento sopraelevato e una sottostante cripta (che sarebbe dunque stata l'originaria cripta della basilica). A sua volta la chiesa non era la prima costruzione sul luogo, ma riprendeva l'impianto di una basilica paleocristiana a tre navate innalzata tra IV e VI secolo e destinata a ospitare i corpi dei santi Marcellino e Ciriaco. E questa posava forse sulle fondamenta di un più antico tempio pagano, eretto a specchio dell'Adriatico.
In epoca successiva l'edificio fu ampliato con un nuovo corpo di fabbrica, disposto trasversalmente al primo e avente lo stesso impianto a tre navate divise da colonne (situazione che ha spinto qualche autore a parlare di S. Ciriaco come di "una chiesa nata dall'incontro di quattro chiese disposte perpendicolarmente l'una all'altra"). Sul nuovo corpo di fabbrica venne aperto il portale d'ingresso, protetto dal celebre protiro cuspidato che è la "sigla" di S. Ciriaco, e, infine, fu costruito il coro a terminazione piatta con le due cappelle che lo affiancano. L'insieme è di grande suggestione e di profonda, affascinante complessità spaziale, derivante dal continuo gioco altimetrico e dalla varietà dei sostegni e delle coperture (lignee sui bracci della croce, a cupola nel quadrato centrale). E certamente ricorda, oltre che gli edifici romanici a cui rimandano gli elementi, le antiche costruzioni bizantine, per via dell'articolata spazialità. D'altra parte, come potrebbe essere altrimenti per una chiesa che si meritò il titolo di "sentinella dell'Adriatico"?

> **Dove si trova**
> *La facciata guarda al porto, il prospetto posteriore all'Adriatico. Ancona città di mare anche nella posizione della Cattedrale, costruita su quel colle Guasco che aveva già accolto i primi insediamenti greci e romani. Dal suo piazzale la vista spazia da gru e banchine su per le stradine e le scalette del centro storico, fino a perdersi negli ampi rettilinei che caratterizzano la città moderna.*

1. *La facciata d'ingresso, con il monumentale protiro con ghimberga poggiato sull'alta gradinata.*

◼ S. CIRIACO AD ANCONA ◼

◻ *2. La pianta dell'edificio (sotto) e l'interno (a fianco). La chiesa è derivata, concettualmente, dall'accostamento a croce di quattro corpi basilicali: un esempio pressoché unico nella storia del romanico italiano.*

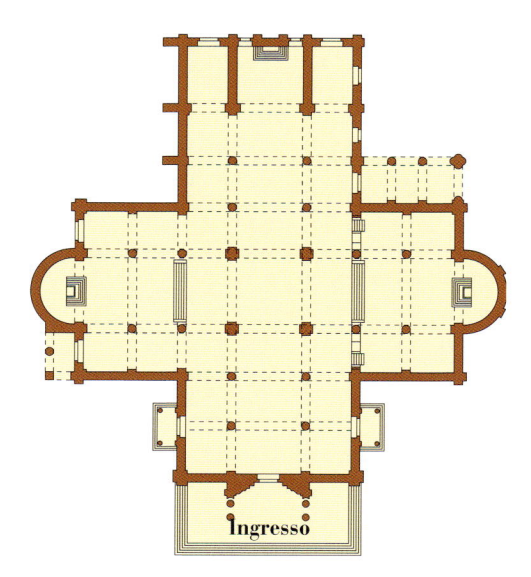

◻ *3. Il leone stiloforo del protiro, uno dei pochi elementi scultorei che ornano la grande mole, per il resto spoglia e severa.*

◻ *4. La parte alta del protiro, con le colonnine che sorreggono l'arcone decorato. Il grande protiro cuspidato costituisce la "sigla" riassuntiva della cattedrale, il suo elemento di più immediata riconoscibilità.*

UN CANDIDO MANTELLO DI CHIESE

La Cattedrale di Trani
IL CASTELLO DELLA FEDE

È una delle visioni più affascinanti della Puglia: una torreggiante chiesa bianco-dorata, sormontata da un aguzzo campanile cuspidato, che domina superba e isolata la distesa marina dell'Adriatico. Per la verità, questa scenografica posizione isolata è una forzatura storica, derivante da un "restauro" degli anni Cinquanta che ha abbattuto gli edifici che circondavano la cattedrale, facendole intorno un vuoto non previsto dai costruttori.
Ma indubbiamente l'effetto è raggiunto. Ed è un effetto di grande, intensa suggestione.
Il fascino paesistico non è però il solo pregio della realizzazione. Anche l'architettura è di altissimo livello, e presenta soluzioni inconsuete nella pur nutrita schiera delle grandi chiese romaniche di Puglia. Assolutamente originale è la cripta nella parte anteriore dell'edificio, addirittura con accesso dall'esterno: situazione che provoca l'innalzamento di tutta la facciata rispetto al piano della piazza, così che il portale d'ingresso è raggiungibile solo attraverso una duplice rampa gradonata. Ancora meno frequente era la presenza, nella parte bassa della facciata, di un portico (oggi tamponato, ma di cui resta traccia nelle otto arcate cieche che fiancheggiano a destra e a sinistra il portale) posto a sorreggere l'intera parete.
Se a queste soluzioni si aggiungono lo svettante campanile – impostato su alte volte ogivali, così da essere forato, quasi inconsistente, nella parte bassa – e il vertiginoso transetto con le tre absidi "tubolari" – che ne fanno quasi un'immensa torre accostata, più che integrata, al corpo delle navate – si ottiene un risultato di grande, affascinante novità espressiva.
Non sappiamo chi sia stato l'artefice del complesso, ammesso che sia esistito un unico progettista. Conosciamo il nome dell'autore del campanile, che non resistette alla tentazione di incidere su una cornice marcapiano la sua firma, *Nicolaus sacerdos et protomagister me fecit*, così come sappiamo il nome dell'autore che nel 1175 fuse gli squisiti battenti bronzei del portale centrale: mastro Barisano da Trani, lo stesso abilissimo artefice che lavorò alle porte del duomo di Amalfi, di Ravello, di Monreale e che nella propria città natale lasciò il suo capolavoro.
Ma non conosciamo con certezza l'identità dell'architetto che tra il 1159 e il 1186 impostò la cattedrale e ne eseguì la parte bassa. Certo era un artista molto sensibile alle suggestioni che i Normanni avevano portato nell'Italia meridionale e di cui la Puglia si mostrò la terra più ricettiva: tetti spioventi, incongrui in un paese dalle scarse piogge e dalle inesistenti nevicate, costruzione rigorosamente in pietra, facciata a salienti interrotti. Di peculiare

> ◻ **Dove si trova**
> *Come non notarlo? Dopo gli sventramenti operati negli anni '50 del '900, la chiesa si erge isolata sul lungomare, proprio dove ha inizio la diga posta a proteggere il porto. Alla sua destra il centro storico, cuore di quelle attività commerciali che nel medioevo fecero di Trani uno tra i più importanti mercati dell'Adriatico. Alla sua sinistra il Castello, struttura difensiva voluta da Federico II.*

◻ 1. *L'interno della cattedrale. Lo slancio ascensionale e la scelta inconsueta di sorreggere la copertura mediante altissime colonne binate conferiscono al vasto spazio un aspetto affascinante e insolito, in cui si mescolano suggestioni di origine molto diversa, da quelle nordiche a quelle derivanti dall'architettura classica.*

LA CATTEDRALE DI TRANI

vi aggiunse uno slancio ascensionale assai pronunciato, fortissimo soprattutto nella parte absidale, e un gusto per la costruzione compatta, austera, fortemente racchiusa in se stessa: quella che compare in tanti castelli dell'epoca, più che nelle chiese.
E forse questa era proprio l'intenzione dei costruttori di Trani: erigere, a specchio dell'Adriatico, un magico, suggestivo castello della fede.

◻ *2. Particolare dell'angolo tra la facciata e il fianco. Le arcate che fiancheggiano il portale rivelano la preesistenza di un portico. La chiesa poggia su un sistema di costruzioni interrate: la cripta di S. Nicola, l'episcopio o chiesa di S. Maria e il sottostante e più antico ipogeo di S. Leucio, preromanico.*

◻ *3. Particolare delle archeggiature cieche di uno dei fianchi. Il forte sole del Mezzogiorno dà alle membrature architettoniche di pietra dorata un particolare risalto, impensabile nei climi più freddi in cui nacquero le forme del romanico poi impiegate nella chiese pugliesi.*

◻ *4. La facciata e il campanile della cattedrale, contraddistinti dal pronunciato slancio ascensionale. Una duplice rampa gradonata porta all'ingresso della chiesa. E immediatamente al di sotto si trova la cripta.*

La Cappella Palatina a Palermo
Tre culture per un unico Dio

I Normanni sono passati alla storia – o alla leggenda della storia – come distruttori, "demoni del Nord" apparsi improvvisamente per distruggere, depredare, violentare le pacifiche genti cristiane. E c'è indubbiamente molto di vero in questa immagine. Ma esiste anche un rovescio della medaglia, brillante e positivo, opposto a quello cupo e drammatico. I Normanni sono stati, tra l'XI e il XII secolo, i reggitori dei più prosperi, avanzati, bene amministrati e tolleranti Stati dell'Europa medievale: il ducato di Normandia, il regno d'Inghilterra, il regno di Sicilia. Soprattutto nelle assolate terre del Mezzogiorno italiano, diviso da secoli tra etnie e religioni diverse – cattolica, ortodossa, islamica – questi impavidi e apparentemente rozzi guerrieri del Nord dimostrarono di avere intraprendenza politica, abilità militari e sagacia amministrativa eccezionali. Il regno da loro fondato – strappando le coste ai Bizantini, l'interno ai Franco-Longobardi, la Sicilia agli Arabi, e successivamente passato sotto il dominio di Svevi, Angioini e Borboni – fu il più longevo della penisola: terminò solo con l'annessione al Regno d'Italia nel 1861. Questo regno continua ancora oggi a rappresentare un eccezionale esempio di armonica convivenza tra fedi, culture, tradizioni diverse, unificate dalla comune lealtà al re. La capitale di questo composito dominio, Palermo, rifletteva l'affascinante e precario crogiolo di civilizzazioni. E la chiesa di corte dei sovrani, la Cappella Palatina, ne era a sua volta la massima espressione. Fondata da Ruggero II nel 1130 e consacrata nel 1143, dopo solo tredici anni di costruzione (quasi un primato per una grande chiesa medievale), aveva pianta basilicale d'ispirazione latina, colonne e capitelli di origine classica, decorazioni di puro gusto islamico, mosaici di raffinata derivazione bizantina, il tutto mescolato con sapienza per ottenere un imponente, fastoso, suggestivo "inno" architettonico che esaltasse la maestà e il ruolo centrale del sovrano. Quando si varcavano le porte di bronzo si entrava in una fantastica grotta della fede, destinata a gettare

□ **Dove si trova**
Iniziata sul mare, la lunga striscia di corso Vittorio Emanuele – principale arteria del capoluogo siciliano – termina proprio di fronte al palazzo dei Normanni, oggi sede della Regione. È un maestoso scalone a collegare il cortile con il primo piano del palazzo (rifacimento di una fortezza araba del sec. XI), dove si trova la Cappella Palatina.

□ 1-2. *Veduta d'insieme della Cattedrale e di Palazzo dei Normanni e particolare del fianco. La costruzione è un'incredibile fusione di stili, frutto della cultura cosmopolita della Palermo normanna, una delle grandi capitali del Mediterraneo.*

LA CAPPELLA PALATINA A PALERMO

in uno stato di esaltata stupefazione il visitatore. Le tre navate, rette da colonne e capitelli di spoglio provenienti da costruzioni antiche oppure da loro imitazioni, conducevano a un presbiterio sopraelevato, sormontato da una cupola su pennacchi, che risultava alto, ieraticamente lontano dallo spettatore, da cui era diviso anche per mezzo di transenne a mosaico. La decorazione del soffitto, eseguita con i cassettoni e i raffinati *muqarnas*, i pendenti a conchiglia tipici della tradizione fatimide, accentua questa sensazione di estraniamento del fedele. E l'incredibile, rutilante sequenza di mosaici su fondo oro che copre le pareti della cappella e l'intera cupola, la consolida inesorabilmente. La decorazione musiva è l'elemento dominante del complesso. Riveste pressoché tutte le superfici dell'edificio, riproducendovi tutti i grandi temi figurativi della tradizione bizantina, a cui palesemente si ispira: dal gigantesco Cristo Pantocratore della cupola alla rappresentazione della Madonna *Odigitria* e dei santi orientali, immancabili nelle chiese ortodosse, alle scene evangeliche, alle figure di profeti ed evangelisti. Esistono in Italia cicli musivi più vasti, quello di S. Marco, per esempio, ma è difficile pensare a un insieme più coinvolgente e "mirato".

Esso infatti non era fine a se stesso, o ispirato solo a pensieri di fede. Era concepito, come tutto il resto della chiesa, per esaltare, oltre alla gloria di Dio, tema comune delle tre diverse fedi rappresentate nella basilica, il ruolo dominante, semidivino del Re, il cui soglio incrostato di mosaici occupava l'inizio della navata, nella posizione centrale del complesso. I re normanni avevano creato il loro potere con la forza e l'astuzia. Ma intendevano tenerlo guadagnandosi la devozione e la devota acquiescenza dei sudditi. Si sottomettevano a Dio, a patto di poter essere riconosciuti quali ispirati rappresentanti dagli uomini. Anche la loro chiesa di corte, che mostrava in atto la fusione degli elementi vitali del loro regno, era in fondo, per essi, un *instrumentum regni*, lo strumento superbo di un regno orgoglioso.

◻ 3-4. *Il soffitto della Stanza di Ruggero a Palazzo dei Normanni (a sinistra) e un particolare delle elaboratissime colonne della chiesa. La cappella era completamente integrata, secondo l'uso delle monarchie mediterranee del medioevo, con il palazzo reale, di cui era a tutti gli effetti una parte.*

UN CANDIDO MANTELLO DI CHIESE

LA CAPPELLA PALATINA A PALERMO

5. Il grande Cristo Pantocratore che, secondo l'usanza bizantina, decora la cupola della Cappella Palatina. I mosaici, in gran parte eseguiti da maestranze bizantine nel XII secolo, sono uno dei principali motivi di attrazione del complesso.

6-7-8. Veduta d'insieme dell'interno della cappella e particolari dei mosaici. Negli elementi architettonici della chiesa, costruzione emblematica del regno normanno di Sicilia, si ritrovano tracce di tutte le culture presenti l'isola: quella islamica, evidente negli archi e nell'apparato decorativo; quella bizantina, con i preziosi mosaici; quella classica, con le colonne e i capitelli di provenienza romana; quella cattolico-latina, con l'impianto generale della basilica.

LO SPLENDORE DELLA DIVINITÀ
Le vette del gotico

Le style du Roi, lo stile del re: così, un tempo, i Francesi chiamavano il gotico, riferendosi alla nascita del grande fenomeno architettonico, propiziato dall'abate Suger come nuovo, potente strumento di glorificazione della dinastia parigina, le cui armi e la cui cultura stavano cercando di unificare la Francia. E in effetti il gotico si presta in maniera eccellente a realizzare costruzioni maestosamente grandiose, di immenso, coinvolgente fascino, adattissime a esaltare i loro costruttori. A maggior ragione si presta a proclamare e testimoniare al mondo la grandezza e la maestà del Creatore. In effetti le cattedrali gotiche sono una sorta di gigantesco, corale inno architettonico elevato dalle città medievali alla gloria di Dio.

In Italia, si dice, questo movimento non è mai stato pienamente accettato. Per certi versi è vero. È difficilissimo trovare presso di noi costruzioni che abbiano la stringente coerenza strutturale e formale tipica del gotico transalpino. Proprio come più tardi successe nei paesi nordici con il Rinascimento, il nuovo stile venne raramente compreso e utilizzato nella sua integrità. Si preferì isolarne e impiegarne gli aspetti formali più nuovi e appariscenti, spesso applicati su edifici che nella concezione e nelle modalità costruttive erano ancora una diretta derivazione di quelli romanici. Lo stesso cantiere del Duomo di Milano, il monumento italiano più simile a quelli nordici – e forse non caso, viste le aspirazioni di dominio nutrite dai Visconti sulla penisola – vide una continua sfilata di architetti francesi, germanici, boemi che venivano, guardavano l'immane costruzione e se ne andavano proclamando scandalizzati che impianto, sistemi statici, apparato decorativo erano sbagliati e illogici.

Tuttavia anche in Italia sorsero, in epoca e con forme gotiche, splendidi monumenti a gloria del Signore. Le cattedrali di alcune delle maggiori città italiane – Milano, Bologna, Firenze, Genova, Siena – risalgono ad allora. E di quel tempo sono le grandi chiese urbane dei nuovi ordini mendicanti e predicatori, Francescani e Domenicani soprattutto. In tutte queste costruzioni, con l'eccezione forse del Duomo milanese, le qualità strutturali del gotico sono impiegate per erigere edifici chiari, spaziosi, luminosi, dai sostegni diradati: costruzioni fortemente diverse dalle ombrose e mistiche foreste di pietra che sorgevano nel Nord, e tuttavia non meno di queste grandiose e affascinanti.

Grazie, anche, ai meravigliosi affreschi che, secondo la tradizione romanica, continuavano a coprire le pareti e che differenziavano nettamente le chiese italiane da quelle settentrionali, dove alla muratura si erano sostituite le vetrate colorate. Nasceva e si affermava, in queste chiese, la grande tradizione pittorica italiana (basta pensare allo stupendo ciclo di affreschi di Assisi), una tradizione che poi sarebbe stata alla base dell'esplosione rinascimentale. Le forme, come spesso capita, erano diverse. Lo scopo, e il risultato, comuni. *Ad maiorem Dei gloriam.*

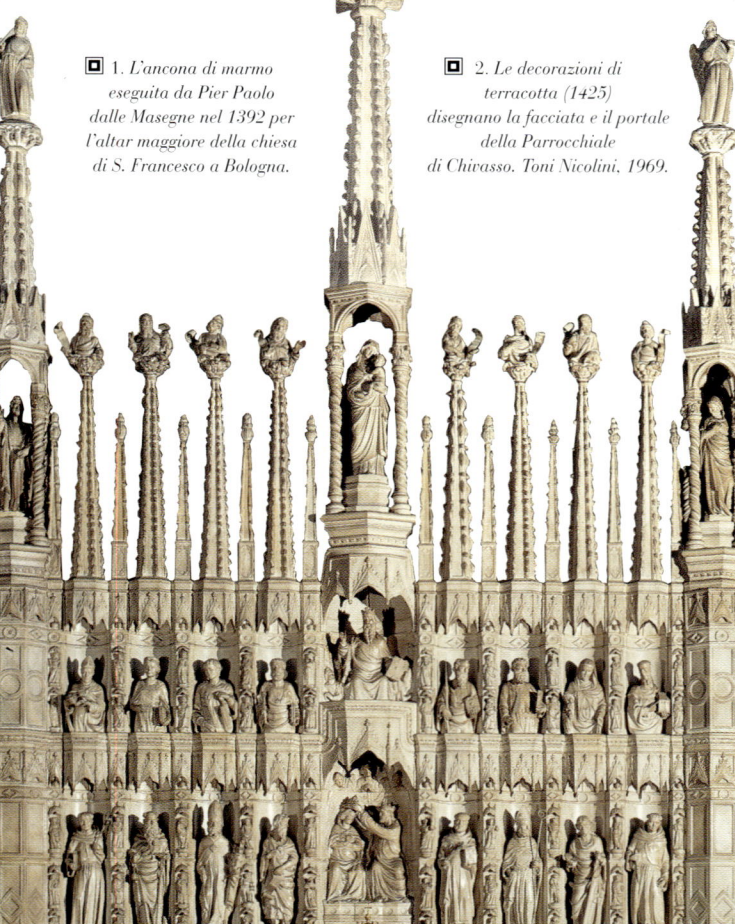

▣ *1. L'ancona di marmo eseguita da Pier Paolo dalle Masegne nel 1392 per l'altar maggiore della chiesa di S. Francesco a Bologna.*

▣ *2. Le decorazioni di terracotta (1425) disegnano la facciata e il portale della Parrocchiale di Chivasso. Toni Nicolini, 1969.*

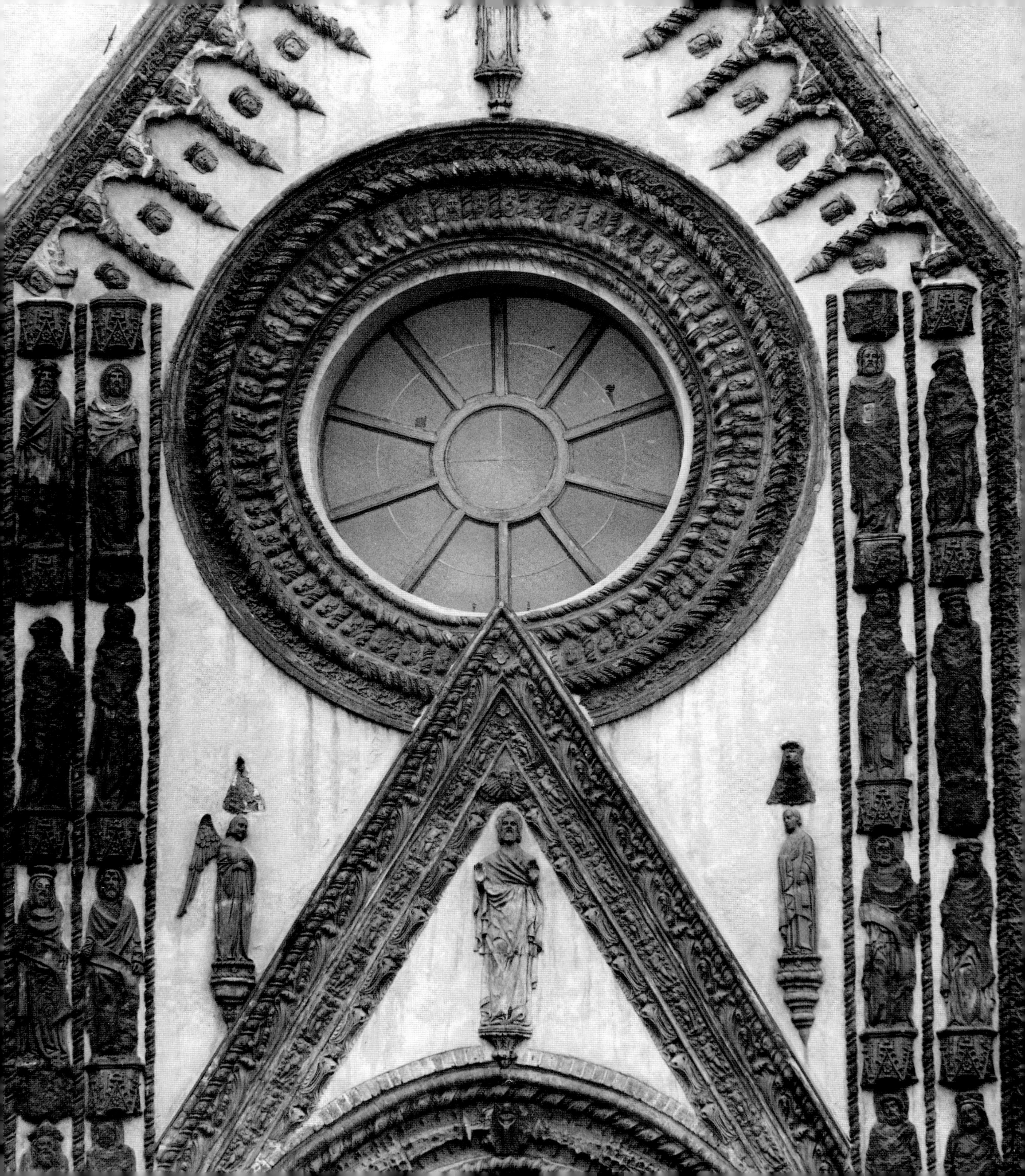

S. ANDREA A VERCELLI
GOTICO ALL'ITALIANA

Ogni città ha la sua "epoca d'oro". Vercelli la ebbe tra l'XI e il XIII secolo. L'affermarsi di una forte autorità comunale e la presenza entro le mura di alcune forti personalità religiose, di spessore europeo, le diedero un rango di primo piano tra gli abitati subalpini. Come spesso succede, questa fioritura economica, politica e culturale trovò espressione anche in un notevole programma edilizio: costruzione degli edifici destinati a ospitare lo Studio, vale a dire l'Università (che fu la prima del Piemonte), nuova cerchia di mura con inclusione dei sobborghi, costruzione di nuove chiese.
Tra queste spicca, per mole, valore artistico, significato espressivo, la grande basilica di S. Andrea,

◻ **Dove si trova**
Impossibile non trovarla, per chi arriva in città con il treno. S. Andrea, sorta come chiesa abbaziale e oggi uno dei più begli esempi di gotico in cotto, si trova infatti proprio di fronte alla stazione ferroviaria, dalla quale la separa un ampio viale (corso De Gasperi). Questo fu tracciato sul percorso dell'antica cinta muraria.

massima realizzazione religiosa e artistica cittadina. Che, tuttavia, più che espressione della comunità, fu la grande impresa di un unico uomo, il cardinale Guala Bichieri: una di quelle sorprendenti, volitive figure di prelati di cui era ricca l'epoca. Era, in effetti, un personaggio di statura continentale: eminente dignitario ecclesiastico, diplomatico finissimo incaricato delle missioni più spinose, politico pieno di risorse, raffinato cultore d'arte. Al culmine della carriera, fu legato pontificio in Inghilterra, dove incoronò re Enrico III Plantageneto: gesto che fu ripagato dal sovrano con la concessione delle rendite dell'abbazia di Chesterton.
Invece di installarsi nella sua proprietà inglese, Guala Bichieri ritornò a Vercelli. Ma si adoperò per dare trasformare la città natale in un centro di cultura e d'arte paragonabile alle grandi abbazie d'oltre Manica, di cui aveva ammirato l'organizzazione e il prestigio. Non a caso, prima ancora di cominciare i lavori, scelse l'abate destinato a reggere

◻ *1. La facciata della chiesa di S. Andrea, che unisce l'impianto a capanna tipico delle costruzioni lombarde alle torri laterali (qui di inconsueta snellezza), elemento tradizionale delle architetture gotiche transalpine. Mentre la parte inferiore è incisa dall'ombra dei grandi e profondi portali, la parte superiore è attraversata da una duplice fila di loggette che alleggeriscono il pieno di mattoni.*

◻ *2-3. Particolare del fianco e di uno dei portali. Nella concezione generale e nei particolari costruttivi l'edificio è una testimonianza del momento di passaggio tra l'arte romanica, contraddistinta da forme massicce e severe, e la nascente architettura gotica, dove la leggerezza rasenta il limite della esistenza strutturale.*

◻ *4. La copertura del presbiterio, con l'alto tiburio sorretto da elaborate trombe. Leonardo lo studiò e indicò come modello per il Duomo di Milano.*

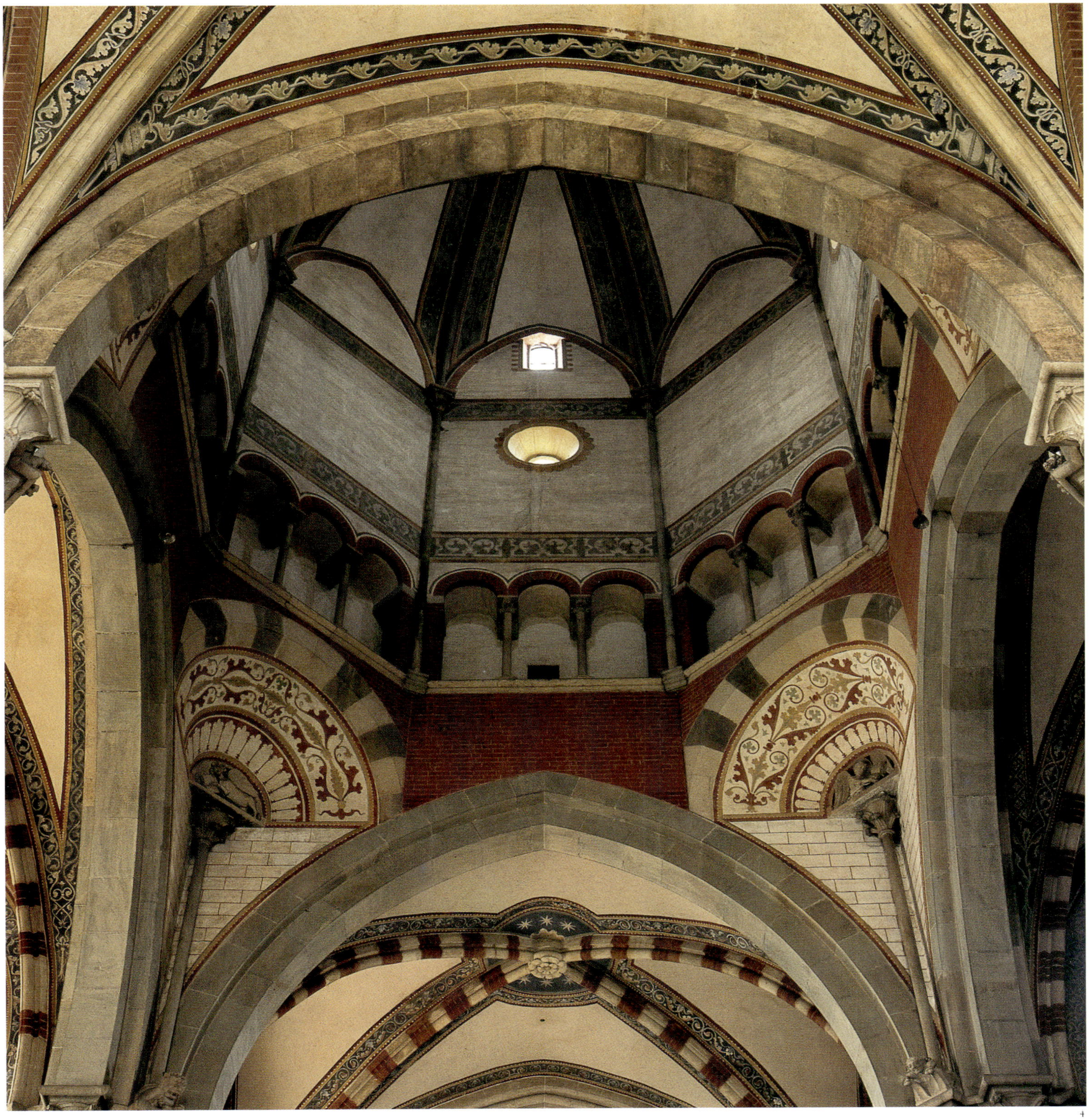

◻ LO SPLENDORE DELLA DIVINITÀ ◻

◻ 5-6. *Veduta delle volte a crociera con costoloni della navata centrale e particolare dei peducci di appoggio delle volte stesse. Il sistema costruttivo dell'edificio, nella sua parte alta, è compiutamente gotico: uno dei primi e più raffinati esempi di penetrazione delle forme gotiche transalpine nella pianura padana.*

◻ 7-8. *Due immagini d'insieme dell'interno. La razionalità e il linearismo della struttura – unite all'uso dei materiali tipici dell'architettura dell'Italia settentrionale, cotto e intonaco – compongono un eccellente e raffinato esempio di adattamento delle forme nordiche all'ambiente del mondo padano, così diverso per clima, tradizione culturale e costruttiva e gusto decorativo.*

il nuovo complesso: Tommaso, grande studioso e teologo di vaglia, alla cui scuola si formò lo stesso sant'Antonio da Padova.
Quanto all'edificio vero e proprio, Guala, e per lui Tommaso, cui fu forse conferita la delega per la supervisione sui lavori, decisero di ricalcare sia l'impianto, sia lo schema costruttivo delle grandi cattedrali abbaziali del Settentrione. Agivano però in Italia, con maestranze italiane (forse lombarde, forse, come è stato sostenuto, emiliane) e con materiali tipici della pianura padana, come il cotto. E per di più si trovarono a costruire in un'epoca di transizione, in cui le nuove forme gotiche di origine francese stavano prevalendo sulla radicata tradizione costruttiva del romanico. Il risultato finale fu perciò un affascinante "miscuglio" di influssi e tecniche edificatorie, quasi unico nel suo genere. Forme romaniche e forme gotiche si alternano con disinvoltura, archi a tutto sesto si aprono sopra o accanto ad altri a sesto acuto, raffinati intagli in pietra di gusto transalpino stanno disinvoltamente accanto a volte e pareti in mattoni di schietta derivazione padana.
Eppure, l'insieme ha una sua evidente, e raffinata, unitarietà, aiutata anche dal fatto che, caso quasi unico tra le grandi costruzioni ecclesiastiche, il complesso non ha avuto manipolazioni o sovrapposizioni in altre epoche, e si presenta perciò ancor oggi sostanzialmente nella forma dell'origine. Questa singolare unità espressiva mette in secondo piano i singoli elementi, alcuni dei quali di notevole valore artistico o storico. Pregevole è per esempio il portale, le cui lunette sono attribuite a Benedetto Antelami, o a un suo diretto seguace. Eccellente e ardito è il tiburio a doppio volume, che lo stesso Leonardo indicò come modello da imitare per l'erigendo tiburio del Duomo di Milano, per cui avanzò alcuni studi.
Tuttavia ciò che resta negli occhi è soprattutto il gioco di linee, tese e scattanti, della struttura gotica dell'interno, sottolineato dalle profilature rosse contro le superfici bianche delle pareti.
Entrare e pregare in S. Andrea, e lasciarsi avvolgere dall'atmosfera elegante e serena, dove le strutture sono delicatamente illuminate dalla luce chiara che piove dalle pareti, è un'esperienza con pochi confronti, un'immersione in un'atmosfera fatata, a cavallo tra il mistico mondo nordico e il razionale, sereno mondo mediterraneo: una visione eccellente di "gotico all'italiana".

◩ 9. *Il chiostro annesso alla chiesa. Basato su una lunga teoria di archi di notevole dimensione, sorretti ognuno da quattro colonnine, è un elemento architettonico di grande monumentalità, che ben si lega alla grandiosità della basilica.*

◩ 10. *L'alto tiburio a volumi sovrapposti che sovrasta il presbiterio della chiesa. Si tratta di un elemento tipico delle costruzioni ecclesiastiche medievali dell'Italia settentrionale (che non ricorrono praticamente mai alle cupole), sviluppato qui con forte accento monumentale.*

◼ LO SPLENDORE DELLA DIVINITÀ ◼

S. LORENZO MAGGIORE A GENOVA
IMMERSA NELLA CITTÀ

◻ **Dove si trova**
Nel dedalo dei «carruggi» che, con scorci ancora pieni di fascino, formano uno dei più vasti centri storici d'Italia, risulterebbe tutt'altro che facile trovare la Cattedrale. Se non fosse per via S. Lorenzo, che dall'800 sale dal porto alla centralissima piazza De Ferrari quasi dividendo Genova in due settori. E costeggiando il fianco sinistro della chiesa.

Sono poche le cattedrali italiane che, come quella genovese, sorgono, invece che su una piazza, sul fianco di una via, letteralmente e inestricabilmente immerse nel compatto tessuto della città. D'altra parte proprio questa identificazione con l'abitato fu la fortuna della basilica paleocristiana eretta sul luogo dove, secondo la tradizione, sostarono nel III secolo papa Sisto II e il diacono Lorenzo durante un viaggio da Roma alla Spagna. La primitiva cattedrale di Genova non era infatti S. Lorenzo, ma S. Siro: situata fuori delle mura cittadine, era scomoda da raggiungere per i cittadini e l'isolamento la rendeva esposta alle incursioni saracene, frequenti nell'alto medioevo.
S. Lorenzo, per contro, era molto più centrale e protetta. Già la traslazione, avvenuta nel IX secolo, delle spoglie del vescovo san Romolo dalla primitiva sede di *Villa Matutiana* (l'attuale Sanremo) alla chiesa laurenziana invece che nella cattedrale era stata significativa. Alcuni decenni dopo la costruzione della nuova cinta muraria – che divise l'abitato in tre zone: il *castrum*, cioè l'acropoli difensiva, la *civitas*, vale a dire il centro urbano vero e proprio, e il *burgus*, i sobborghi – diede il colpo di grazia all'antico Duomo, collocato nel *burgus*. A cavallo del Mille, S. Lorenzo si affermò irreversibilmente come la sede episcopale genovese.
La nuova destinazione provocò fatalmente una ristrutturazione dell'edificio. I frutti di questo intervento a loro volta apparvero miseri ai cittadini della ricca repubblica marinara del XII secolo, che spingeva orgogliosamente le sue navi lungo le coste del Mediterraneo e del Mar Nero: e ciò comportò una

◻ *1-2. La facciata della chiesa e (sotto) uno dei grandi leoni che la decorano. Il Duomo genovese sorge, in maniera piuttosto atipica, tangente a una strada di grande traffico, su un lato della quale si apre la piccolo piazza che lo fronteggia. Delle due torri di facciata solo una è compiuta, l'altra si è fermata a metà.*

◻ *3. L'interno, fortemente modificato in età tardorinascimentale e barocca. La veste più moderna ha in gran parte coperto quella originale, anche se alcuni elementi iniziali (come le vetrate archiacute) sono ancora individuabili.*

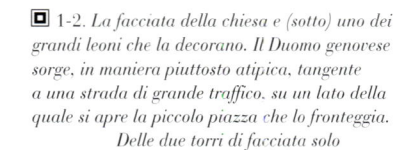

S. LORENZO MAGGIORE A GENOVA

ulteriore manipolazione, che fu in realtà un rifacimento vero e proprio. Né le cose finirono lì.
Nel 1222 un forte terremoto danneggiò la costruzione, obbligando i Genovesi a un ennesimo rifacimento: la vittima principale fu la facciata, demolita e ricostruita in posizione avanzata, così da ricavare un endonartece tra il corpo basilicale e la nuova facciata, ricostruita nelle forme gotiche allora in voga. Per innalzare la cattedrale la repubblica si rivolse ai maestri del nuovo stile, i costruttori dell'Île-de-France e della Normandia, i quali riuscirono nell'impresa, non facile, di combinare i loro stilemi tradizionali, come le profonde strombature dei portali, con il gusto, tipico dell'architettura tirrenica, delle grandi fasce alternate di marmo bianco e nero. Anche l'interno fu notevolmente rimaneggiato tra Duecento e Trecento, con un intervento di alta chirurgia statica che portò a inserire sostegni e archi di nuovo tipo nelle precedenti strutture romaniche: così che oggi la basilica – incredibile palinsesto di epoche diverse (pianta paleocristiana, murature romaniche con inserti gotici, prospetti gotici con inserti rinascimentali, copertura e parte absidale manieristico-barocca, opera di Galeazzo Alessi e di altri architetti che operarono sulla chiesa tra la seconda metà del Cinquecento e la prima metà del Seicento, Tesoro moderno, costruito nel secondo dopoguerra, con raffinata discrezione, da Franco Albini) – appare di primo acchito come una costruzione essenzialmente gotica.
Ma non è lo stile che conta. Conta l'assoluta, totale, viscerale adesione della chiesa alla città. S. Lorenzo non è solo, e nemmeno soprattutto, la cattedrale di Genova: ne è, fisicamente non meno che emotivamente, il cuore.

4-5. La parte superiore del portale maggiore, con le sue decoratissime strombature, e (a lato) particolare di uno dei pilastri terminali. La facciata è caratterizzata dal gioco di fasce alternate bianche e nere, tipico dell'architettura medievale ligure.

6. Particolare della fascia inferiore di un portale, contraddistinto dal gioco chiaroscurale della strombatura (inizio del XIII secolo) e degli intarsi marmorei.

◼ LO SPLENDORE DELLA DIVINITÀ ◼

S. MARIA DEL FIORE A FIRENZE
ALTA E SONTUOSA MAGNIFICENZA

Gli inizi delle grandi opere sono spesso modesti. Ma non certamente quelli della cattedrale fiorentina di S. Maria del Fiore, di cui la Signoria fiorentina affidò nel 1294 la progettazione ad Arnolfo di Cambio con un decreto che è un monumentale atto di ambizione artistica: «Atteso che la somma prudenza di un popolo di origine grande sia di procedere negli affari suoi di modo ché dalle operazioni esteriori si riconosca non meno il savio che magnanimo suo operare, si ordina ad Arnolfo, capomastro del nostro Comune, che faccia

◻ **Dove si trova**
Eleganti negozi accompagnano il cammino lungo via dei Calzaiuoli, tracciata a congiungere le piazze della Signoria – centro del potere politico – e del Duomo. Nessun problema per raggiungere la Cattedrale, dedicata a S. Maria del Fiore (è questo il nome riportato sulle indicazioni), anche arrivando dalla stazione di S. Maria Novella: basta infatti seguire le vie Panzani e de' Cerretani.

Pericle, nel suo celebre compianto per i morti della guerra peloponnesiaca, riuscì a rendere con tale ispirata chiarezza l'orgoglio consapevole e maturo di una grande democrazia. Arnolfo, e i progettisti che vennero dopo di lui – Giotto, che impostò il celebre campanile, Francesco Talenti, che continuò cattedrale e torre, Giovanni di Lapo Ghini, sotto la cui direzione fu definita la parte absidale – furono all'altezza delle richieste. La nuova cattedrale, che nel corso del Trecento andò a sostituirsi alla modesta fabbrica precedente intitolata a S. Reparata,

prima mantenendone il nome poi, intorno al 1380, mutandolo in quello di S. Maria "del Fiore" – in onore del giglio che è l'emblema comunale, ma soprattutto della città, di cui "Fiore" è uno dei nomi popolari – sorse in effetti grande, ricca, spettacolare: una poderosa e al tempo stesso elegante sinfonia di marmi verdi e bianchi, con qualche tocco di rosso, secondo la tradizione dell'architettura fiorentina già consolidatasi in epoca romanica.
All'immensa costruzione venne posto, nel Quattrocento, il geniale sigillo della cupola progettata da Filippo

◼ 1. *Sopra i tetti di Firenze emerge il gran corpo della chiesa, accompagnato dalla snella sagoma del campanile di Giotto e dalla superba mole della cupola del Brunelleschi, che costituisce l'emblema stesso della città.*

il modello o disegno della rinnovazione di Santa Reparata con quella più alta e sontuosa magnificenza che inventar non si possa, né maggiore né più bella dall'industria e poter degli uomini, secondoché da' più savi di questa città è stato detto e consigliato in pubblica e privata adunanza, non doversi imprendere le cose del Comune se il concetto non è di farle corrispondenti ad un cuore che viene fatto grandissimo perché composto dell'animo di più cittadini uniti insieme in un solo volere.» Forse solo

◼ 2. *Particolare del campanile di Giotto. Benché l'opera prenda nome dal grande pittore (in questo caso operante, e in maniera tutt'altro che modesta, come architetto), non è dovuta tutta a lui. Vi lavorarono anche, nella parte superiore, Andrea Pisano e Francesco Talenti.*

◼ 3. *Particolare di un fianco di S. Maria del Fiore. La chiesa riprende la classica bicromia bianco-verde delle opere romaniche toscane, reinterpretandola con la raffinata sensibilità decorativa tipica del gotico.*

S. MARIA DEL FIORE A FIRENZE

4-5. Una delle formelle della celeberrima Porta del Paradiso *del Battistero di S. Giovanni, eseguita da Lorenzo Ghiberti e il gruppo di statue che decora l'ordine superiore dello stesso Battistero. Il grande monumento romanico completa, insieme con la cattedrale e il campanile, la triade di edifici che costituiscono il cuore spirituale di Firenze.*

Brunelleschi. La sua costruzione fu un'epopea all'interno dell'epopea. Dominatrice, ampia "da coprire con la sua ombra tutti i popoli toscani", la cupola è un miracolo di ingegneria e al tempo stesso la prima grande realizzazione architettonica del Rinascimento. Per erigerla Brunelleschi dovette inventare un sistema del tutto nuovo di voltare le cupole, senza le ingombranti centine che fino a quel momento si ritenevano indispensabili e che sarebbe stato costosissimo, e probabilmente impossibile, costruire. Dovette vincere le resistenze delle corporazioni tradizionali, scandalizzate dai suoi metodi progettuali, le diffidenze dei committenti (la responsabilità per i lavori della cattedrale era stata affidata nel 1331 alla potentissima Arte della Lana) preoccupati di avventurarsi su strade mai sperimentate, le malignità dei concorrenti incapaci di adeguarsi ai suoi sistemi innovativi ma capacissimi di denigrarli. Dovette pensare a un sistema strutturale inedito, basato su una doppia calotta con un'intercapedine interna collegati da uno scheletro in muratura, così da garantire la necessaria rigidità contenendo i pesi. Dovette dirigere, da solo e senza possibilità di errori, un cantiere sospeso a oltre 50 metri di

6. Vista della parte absidale di S. Maria del Fiore, con il maestoso giro di tribune che sorregge la gigantesca cupola. È la parte più innovativa e monumentale del complesso, e fonde mirabilmente le forme medievali della parte inferiore con quelle rinascimentali della cupola.

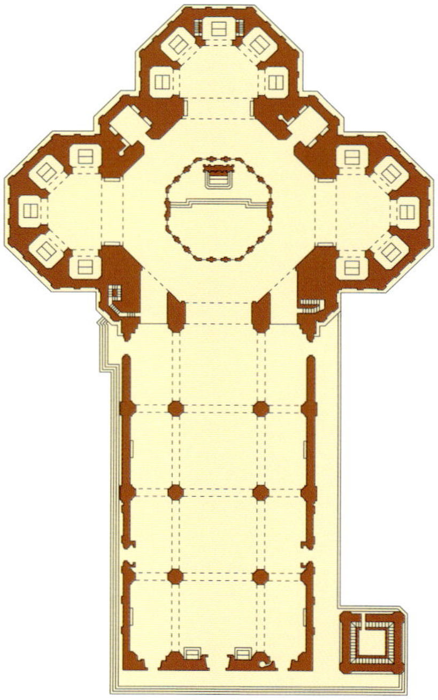

LO SPLENDORE DELLA DIVINITÀ

7-8. Dipinto allegorico raffigurante Dante Alighieri e i luoghi del suo poema, nell'affresco di Domenico di Michelino all'interno del Duomo, e una delle lunette, raffigurante la Resurrezione, eseguite in ceramica colorata da Luca della Robbia. Benché in maniera meno appariscente di altre chiese, la cattedrale è un gigantesco museo di arte rinascimentale.

al ciclo di affreschi, iniziato nel 1572 da Giorgio Vasari e terminato nel 1579 da Federico Zuccari, che copre l'interno della cupola. Opera colossale e dotata di un certo talento, ma che sembrava fuori luogo nel severo e monocromo interno della gigantesca chiesa, con le sue ampie superfici di intonaco chiaro e le sue profilature di pietra grigia. Lì potevano caso mai stare isolati capolavori come i due ritratti equestri dipinti da Paolo Uccello e Andrea del Castagno, venerate icone della prima arte rinascimentale. Potevano trovarsi a loro agio capolavori scultorei come le stupende cantorie di Donatello e di Luca della Robbia, con il loro delizioso intrecciarsi di putti e giovanetti.

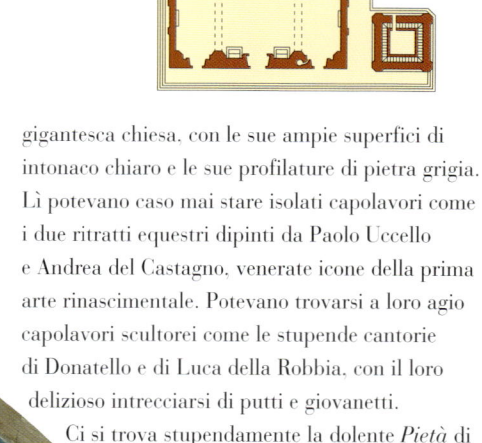

altezza e che doveva arrivare sino a 91 metri, dove gli operai lavoravano tutta la settimana senza scendere.
Ma il risultato fu degno della fatica. Solo la cupola michelangiolesca di S. Pietro può reggere il paragone. La forza del suo disegno è tale che la galleria alla base, progettata dal povero Baccio d'Agnolo, sembrò subito trita e meschina al confronto e fu abbandonata dopo che ne fu realizzato un unico lato (etichettato da Michelangelo, con sprezzante durezza, "una gabbia di grilli"), lasciando incompiuto l'attacco della cupola al tamburo. Lo stesso disprezzo fu spesso rivolto

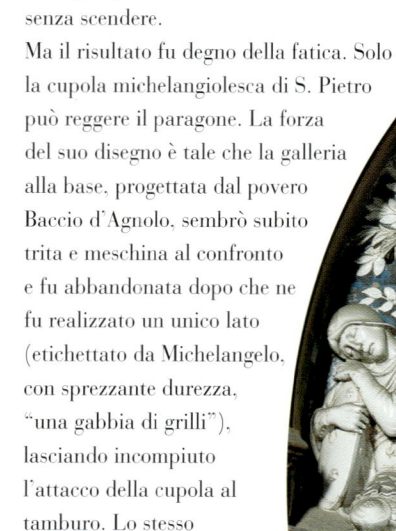

Ci si trova stupendamente la dolente *Pietà* di Michelangelo, scolpita dall'artista per la propria tomba in S. Maria Maggiore a Roma e che Tiberio Calcagni ricompose sotto la tribuna di sinistra di S. Maria del Fiore. Ma cosa aveva da spartire la colorata, declamatoria pittura manierista con la cupola del grande Brunelleschi? Oggi siamo meno severi: anche gli affreschi cinquecenteschi, restaurati di recente, possono entrare nella grandiosa sinfonia artistica della cattedrale, così come ci può entrare la facciata realizzata nella seconda metà dell'Ottocento da Emilio de Fabris: banale e poco ispirata, "degna d'una scatola di dolciumi", come fu detto. Eppure, tutto sommato, dignitosamente conclusiva dello spazio del complesso, in cui i tre grandi monumenti della comunità religiosa fiorentina – il Battistero, il Duomo, il Campanile – si confrontano.

Dà compimento a un secolare cantiere di storia e di vita civica, il testamento lasciatoci dal Comune fiorentino, la dimostrazione di cosa poteva fare "un cuore composto dell'animo di più cittadini uniti insieme in un solo volere".
Con fede, certo. Ma, soprattutto, con orgoglio di se stessi e delle proprie capacità.

◘ 10. *Forti pilastri sostengono le arcate e volte ogivali delle tre navate che culminano nella grande tribuna, con absidi poligonali, su cui si eleva la cupola.*

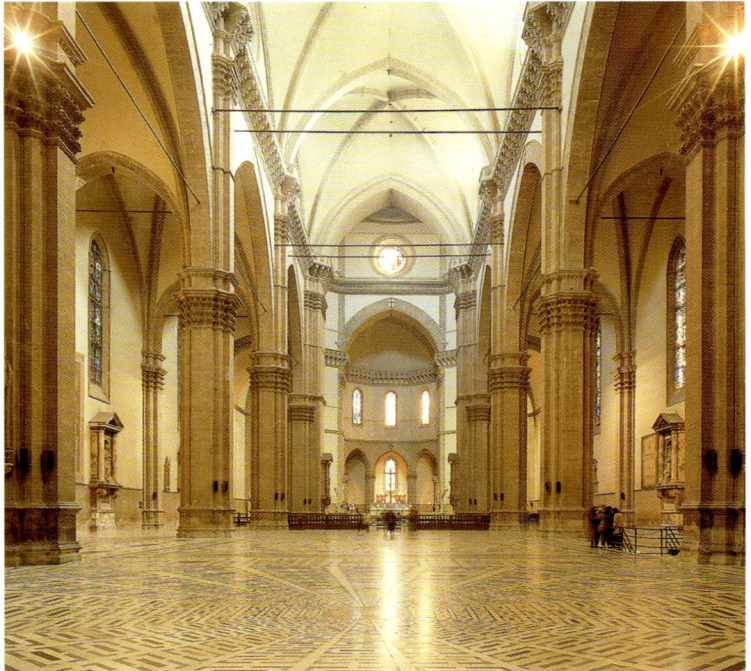

◘ 9-11. *Lo splendido monumento equestre dipinto da Andrea del Castagno in onore del condottiero Niccolò da Tolentino; e, a fianco, l'elegantissimo quadrante da orologio disegnato da Paolo Uccello.*

LO SPENDORE DELLA DIVINITÀ

S. CROCE A FIRENZE
CHIESA DEL POPOLO E CHIESA DEI GRANDI

Secondo i documenti, S. Croce fu "fondata dal popolo di Firenze". Dizione forse non del tutto corretta storicamente – la grande chiesa era una fondazione dell'ordine francescano, che ne cominciò le mura nel 1295 – ma che coglie la realtà storica dell'epoca, quando i nuovi ordini predicatori (Francescani, Domenicani, Agostiniani, Carmelitani, Serviti) innalzavano alla periferia delle città italiane ampie chiese, di tipo nuovo, adatte alla predicazione della parola di Dio e all'attività di proselitismo delle nuove corporazioni religiose. Queste, abbandonata la pratica dell'isolamento in monasteri ed eremi lontani, come facevano gli ordini tradizionali, preferivano insediare i loro conventi entro le città per immergersi nelle miserie e nelle contraddizioni della vita di ogni giorno, portando quotidianamente la parola e l'esempio religioso alle classi più disagiate della società medievale.

◻ **Dove si trova**
Non è difficile arrivare alla basilica. I cartelli che in centro danno la direzione per questa famosissima chiesa sono ovunque. Da piazza della Signoria, per esempio, basta seguire via de' Gondi e Borgo dei Greci per averla di fronte, introdotta da quella piazza di S. Croce dove nel medioevo si tenevano adunanze popolari, giochi cavallereschi e accese partite di «calcio fiorentino».

Secondo Giorgio Vasari, i Francescani affidarono la loro creazione fiorentina ad Arnolfo di Cambio, supremo architetto dei signori di Firenze che, l'anno prima, si erano rivolti a lui per la costruzione della nuova cattedrale da erigersi "con quella più alta e sontuosa magnificenza che inventar non si possa". Ma qui non si trattava di dar prova di magnificenza (scoraggiata, quando non espressamente vietata, dalle norme dell'Ordine), bensì di conferire dignità architettonica a una costruzione vastissima, da erigere con il minimo costo possibile e pensata per poter dispensare la parola di Dio al massimo numero possibile di fedeli. Il compito fu brillantemente assolto. L'edificio ha la pianta a croce commissa (cioè a "T") tipica delle chiese conventuali francescane, ma il transetto è poco sporgente e la parte presbiteriale è concepita come una grande, scenografica, luminosa

◻ *1. Particolare del frontone cuspidato della facciata, eseguita nel 1863 da Nicola Matas in stile neomedievale a completamento dell'organismo architettonico gotico, iniziato nel 1295 su progetto di Arnolfo di Cambio.*

◻ *2. Diversamente dai primi monasteri e dalle abbazie, che si insediarono lontano dalle città, i conventi francescani scelsero di stare entro le mura urbane per affiancarsi alla gente e diffondere la fede. S. Croce sorge su una piazza fiancheggiata da palazzi nobiliari, come quello tardo quattrocentesco dei Serristori, e quello dell'Antella.*

◻ 3. *Grandissima è la chiesa, con i suoi 115 metri di lunghezza. La sua vastità è aumentata dalla distanza tra i pilastri che sorreggono le arcate ogivali, voluta per creare uno spazio unico.*

parete di fondo, di fatto avulsa dal corpo della chiesa. Ciò che effettivamente conta è proprio questo corpo, dominato dal pulpito e articolato su tre navate coperte a capriate e separate da pilastri poligonali molto intervallati, così da creare in pratica uno spazio unico, adatto alla predicazione. L'elemento architettonico fondamentale, che lega e dà carattere ai vari elementi, è il cornicione a ballatoio che corre lungo le pareti della navata, separando la sequenza di archi acuti dal claristorio superiore. La sua marcata profilatura grigia orizzontale, unita alla scansione verticale delle paraste e dei pilastri, "intelaia" in maniera elegante le pareti e dà unità all'insieme. I Francescani avevano ora a Firenze una chiesa che esemplificava al meglio le esigenze e lo spirito dell'Ordine.
Curiosamente, proprio questa chiesa vasta

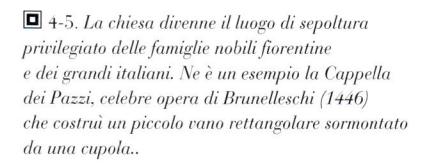

◻ 4-5. *La chiesa divenne il luogo di sepoltura privilegiato delle famiglie nobili fiorentine e dei grandi italiani. Ne è un esempio la Cappella dei Pazzi, celebre opera di Brunelleschi (1446) che costruì un piccolo vano rettangolare sormontato da una cupola..*

6. *All'interno della chiesa, a destra dell'altar maggiore, la Cappella Peruzzi fu affrescata tra il 1317 e il 1320 da Giotto. Qui l'affresco raffigura* Il miracolo di Drusiana, *appartenente al ciclo di S. Giovanni Evangelista.*

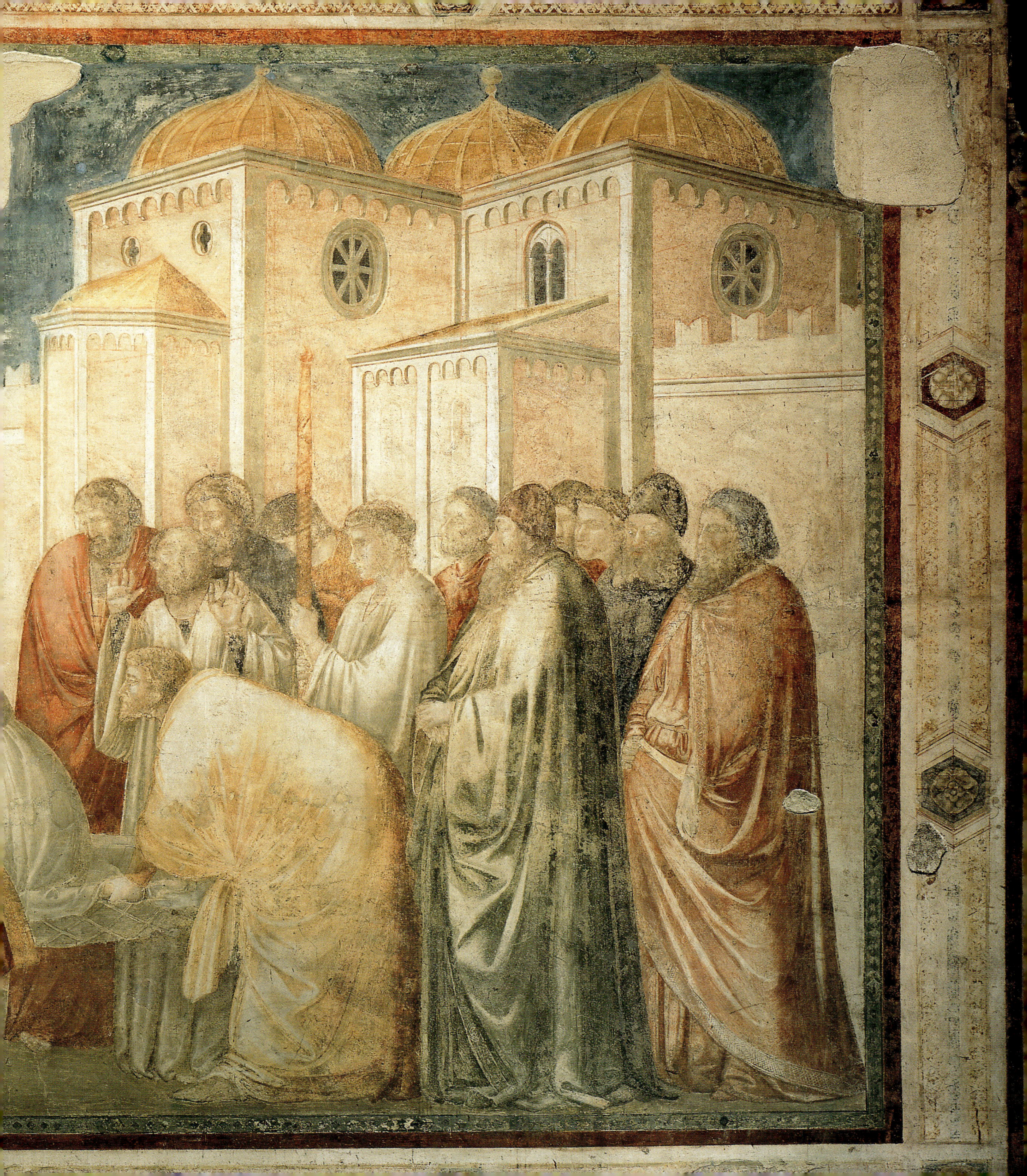

LO SPENDORE DELLA DIVINITÀ

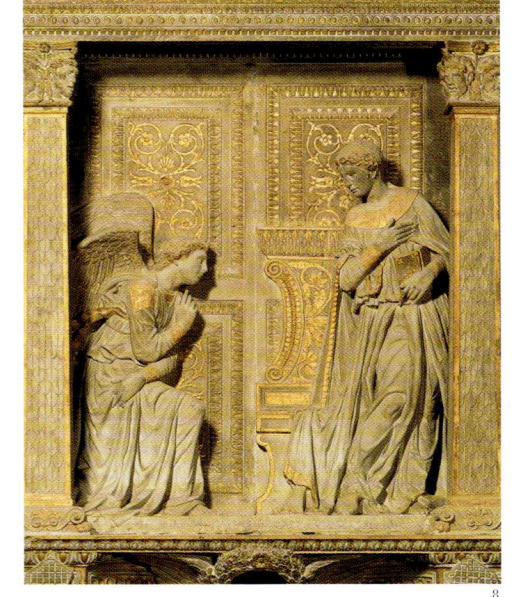

7. Le cappelle dei Bardi e dei Peruzzi, all'interno di S. Croce. Questi grandi spazi "privati" all'interno della chiesa, ben illuminati degli ampi finestroni che si aprivano sul fondo, fornirono un meraviglioso campo di attività ai pittori tre e quattrocenteschi, garantendo alla pittura italiana un livello di assoluta eccellenza.

8. L'Annunciazione di Michelozzo e Donatello, capolavoro della plastica del primo Rinascimento, con la sua superba decorazione di tipo architettonico, è una delle numerosissime opere che rendono S. Croce uno dei santuari non solo religiosi ma anche artistici di Firenze.

9. Il pergamo della basilica. Per i Francescani, che dedicavano gran parte della loro attività alla predicazione, questo era il centro focale del luogo di culto, l'elemento intorno al quale ruotava l'intera ragion d'essere dell'Ordine.

di Cimabue – fu eseguita *prima* della costruzione della chiesa, e portata qui dopo aver ornato il modesto edificio che esisteva inizialmente in luogo. Il processo di trasformazione in pantheon delle famiglie fiorentine si consolidò trovando nel corso del Trecento la sua consacrazione con l'intervento di Giotto, cui fu affidata la decorazione delle cappelle Bardi e Peruzzi, e nel Quattrocento attraverso le opere di Donatello, Bernardo e Antonio Rossellino, Mino da Fiesole, Benedetto da Maiano, Filippo Brunelleschi (che eresse, a fianco della chiesa, la più bella, armoniosa, elegante cappella privata dell'arte italiana, quella dei Pazzi). Nemmeno il moralismo della Controriforma, che portò alla scialbatura degli affreschi di Giotto e alla demolizione del coro, poté incidere sulla ormai affermata tradizione celebrativa del complesso. Tra tanti capolavori, l'opera più modesta è quella più visibile: la facciata in stile neomedievale progettata da Nicola Matas e realizzata nel 1863. Ma, nonostante la mole, essa rappresenta un dettaglio: dietro i riquadri marmorei bianchi e verdi si apre uno dei grandi scrigni d'arte e di fede della penisola.

10-11. Lungo le pareti della chiesa sono disposte le tombe e i monumenti funebri di grandi uomini d'Italia. In alto, il monumento a Michelangelo, opera di Vasari (1570). In basso, il monumento a Gioacchino Rossini, di Giuseppe Cassioli.

e spoglia, pensata in funzione del popolo, doveva divenire successivamente il luogo di glorificazione delle grandi famiglie fiorentine e addirittura, col tempo, il sacrario delle glorie italiane, il pantheon nazionale celebrato da Foscolo dove "a egregie cose l'animo accendono le urne dei forti". La trasformazione iniziò quasi subito. Anzi, la prima grande opera d'arte a decorazione della cappella privata dei Bardi – il grande crocefisso

LO SPLENDORE DELLA DIVINITÀ

IL DUOMO DI SIENA
L'AUSTERITÀ DELLA RICCHEZZA

La città di Siena disponeva, fin dall'epoca paleocristiana, di una cattedrale, dedicata a san Bonifazio e situata sul colle di Castelvecchio, là dove si stendeva un tempo la città romana. Tuttavia, come spesso successe nel medioevo, con il passar del tempo la vecchia costruzione non appariva più adeguata alle ambizioni di una città che continuava a crescere in popolazione, ricchezza, importanza politica e commerciale. Era perciò fatale che nell'opinione pubblica e nei reggenti della Repubblica si radicasse il desiderio di avere un nuovo, superbo Duomo all'altezza di quelli delle città concorrenti. Non sarebbe stato consono all'austero carattere senese chiedere agli architetti del Comune di erigere una nuova chiesa "con quella più alta e sontuosa magnificenza che inventar non si possa", come fece in analoga situazione la Signoria fiorentina. Ma il concetto, e l'orgoglio, erano identici.
Alla decisione di erigere la cattedrale seguì la costituzione, nel 1136, dell'Opera di Maria, una speciale deputazione di cittadini incaricata di sovrintendere ai lavori di progettazione e costruzione.

◻ **Dove si trova**
Tra le viuzze del terzo di Città, la sezione più antica dell'abitato, si apre piazza del Duomo. Di fronte alla Cattedrale, posta su una piattaforma a scalinata, sorge il grande Spedale di S. Maria della Scala, costruito nei sec. IX-XI per ospitare indigenti e pellegrini: Ed è detta proprio via dei Pellegrini, la strada che scende verso piazza del Campo, distante appena 5 minuti di cammino.

La nuova cattedrale doveva essere innovativa in tutto: nella denominazione (rispecchiata anche dal nome della commissione), visto che il popolo senese aveva ufficialmente consacrato la città alla Vergine, a cui quindi era logico intitolare l'edificio; nella localizzazione, ragion per cui si abbandonò l'altura di Castelvecchio e si scelse il colle già occupato da una chiesa altomedievale dedicata alla Madonna; e naturalmente nelle forme, che furono quelle romaniche di derivazione pisana allora in uso, organizzate in una pianta a croce latina a tre navate, con transetti poco sporgenti e ampia cupola impostata su una inconsueta base esagonale.
La costruzione dell'opera, iniziata di buona lena, continuò per tutto il secolo successivo, prima con un cantiere gestito in proprio poi, dopo il 1258, affidandone la responsabilità ai monaci dell'abbazia di S. Galgano. Nel 1284 venne voltata la cupola, tra le più grandi costruite fino a quel momento. Nei primi decenni del Trecento si ampliò il coro originale, giudicato insufficiente rispetto alle nuove esigenze. Negli anni Trenta del Trecento infine, dopo duecento anni di lavori, la grande impresa poteva considerarsi conclusa.
Era, invece, solo all'inizio. La chiesa non era ancora terminata che già sembrava "andare stretta" alle ambizioni di una città che toccava, in quel periodo, l'apogeo della sua fortuna. Prese così gradualmente

◻ 1. *La facciata, concepita secondo i canoni del gotico italiano, ha frontoni cuspidati e alte guglie. Essa avrebbe dovuto diventare la testa del transetto di una chiesa più vasta iniziata ma non ultimata.*

◻ 2-3. *Particolare di una delle ghimberghe di facciata e, in basso, il raffinato intarsio marmoreo all'esterno del battistero.*

corpo l'idea di fare della costruzione il transetto di
una nuova, gigantesca cattedrale, destinata a essere
tra le maggiori edificate dalla Cristianità.
La realizzazione del colossale progetto fu affidata
a Lando di Pietro e, appena stanziati i fondi, sul
fianco meridionale del Duomo cominciarono a
ergersi i pilastri e le volte di una delle navate laterali
della nuova costruzione. Ma una serie di imprevisti,
le difficoltà statiche, la morte di Lando di
Pietro, l'imperizia del nuovo architetto della fabbrica,
Giovanni d'Agostino e soprattutto la peste del 1348,
che svuotò la città di persone (Siena non avrebbe
raggiunto che nel XX secolo il numero di abitanti
che aveva prima dell'epidemia) e le casse della
Repubblica di denaro – portò all'abbandono
dell'iniziativa. A fianco del Duomo rimasero
e rimangono, gigantesche testimonianze
di uno sforzo eccezionale, la navata laterale
e la controfacciata già costruite.
Tuttavia l'idea di ampliare la
cattedrale non morì nell'anima
dei Senesi che continuarono
ad apportare "aggiustamenti"
e completamenti di notevole portata: un nuovo
prolungamento del coro, che diede alla chiesa quasi
le dimensioni e l'importanza delle navate e per
sostenere il quale si "inventò" la soluzione
di costruire un nuovo battistero, che venne
così a svolgere le funzioni di cripta della
chiesa sovrastante; l'innalzamento
della navata centrale, anche se questo
volle dire il "soffocamento" della
cupola; la costruzione di un'ornatissima facciata
a ghimberghe e pinnacoli, esemplare dimostrazione,
insieme a quella del Duomo di Orvieto, della
versione decorativa che il gotico assunse in
Italia, dove la serrata logica strutturale delle

◨ 4. *Particolare della terminazione di un
pilastro, su cui si arrampica la ricca decorazione
plastica, tipica delle chiese gotiche.*

LO SPLENDORE DELLA DIVINITÀ

▣ 6-7. *Particolare della parte mediana di una delle pareti della navata principale. La balconata che separa il registro inferiore della navata da quello superiore è una caratteristica delle chiese toscane e in generale dell'Italia centrale, ed è qui usata in una forma particolarmente decorativa. In basso, l'interno della chiesa, fortemente caratterizzata dal gioco delle fasce a due colori. Nel suo insieme, la grande chiesa testimonia del momento di passaggio dal romanico (secondo i cui moduli fu impostata) al gotico (nelle cui forme fu portata a compimento).*

▣ 5. *L'elaborato, quasi cesellato pergamo, opera splendida di Nicola Pisano che vi lavorò con il figlio Giovanni e con l'allievo Arnolfo di Cambio tra il 1266 e il 1268. Di forma ottagonale, poggia su sottili colonne bicolori sorrette da basi in forma di leoni.*

realizzazioni francesi non trovò estimatori: e soprattutto una profusione di splendide opere d'arte all'interno.

Due di queste spiccano tra tutte: il bellissimo pulpito scolpito da Nicola Pisano tra il 1266 e il 1268, affascinante opera singola annoverata tra i capolavori assoluti della scultura occidentale; e il pavimento della basilica, eccezionale opera collettiva, diviso in 56 riquadri, lavorati a intarsi marmorei di raffinata fattura, che formano un vivace e suggestivo "tappeto" di pietra in cui il gusto decorativo e prezioso dell'arte pisana trova esemplare espressione.

Nei giorni del Palio, quando i contradaioli impazziti di gioia della contrada vincente portano sotto le volte del Duomo il "drappellone" conquistato per la benedizione di rito, il prezioso pavimento scompare sotto i piedi di centinaia e centinaia di persone eccitate eppur rispettose. Ed è forse in quel momento che si coglie esattamente cosa voglia dire il Duomo per una città come Siena: luogo non solo di preghiera, ma anche di incontro civile, politico, emotivo, "casa" non soltanto di Dio ma di tutta la comunità, in cui essa ritrova ed esprime compiutamente la sua anima. E che così tanto, nella forma e nella vicenda, le assomiglia.

◻ 8-9. *A sinistra, uno dei riquadri affrescati dal Pinturicchio (1502-1509) nella Libreria Piccolomini, fondata nel 1495 per conservare la biblioteca di papa Pio II, al secolo Enea Piccolomini, membro di una nobile famiglia senese. Sopra, un delizioso angelo scolpito da Domenico Beccafumi.*

LO SPLENDORE DELLA DIVINITÀ

IL DUOMO DI ORVIETO
GOTICO ALL'ITALIANA

Tutti ne conoscono la facciata, entrata tra i canoni riconosciuti dell'architettura come esempio supremo della versione italiana del gotico, fenomeno architettonico di origine nordica poco amato e ancor meno compreso nella Penisola (così come, qualche secolo dopo, sarebbe accaduto Oltralpe per il Rinascimento) e quindi adottato soprattutto in versione decorativa come pretesto o "intelaiatura" di un delizioso e ossessivo gioco di raffinati particolari. Il Duomo di Orvieto è considerato quasi solo come un'opera di oreficeria a scala urbana, ed è un peccato perché è un prezioso capolavoro architettonico la cui importanza va ben al di là di quella della pur bellissima facciata.

L'interpretazione corrente deriva da una serie di eventi, il primo dei quali è la netta frattura progettuale ed esecutiva che ha segnato la costruzione della cattedrale. Tra il 1290, quando fu posata la prima pietra, e il 1308, data di inizio dell'imposta delle volte e della copertura della navata maggiore, i lavori erano proceduti di gran lena e con una notevole unità formale e costruttiva. L'impianto era tipicamente romanico,

◻ **Dove si trova**
Un'isola nella valle del Paglia. Così appare da lontano la rupe di Orvieto, in cima alla quale si riconosce immediatamente la poderosa mole della Cattedrale. Nel dedalo di strade e stradine della cittadina umbra sono di grande aiuto le numerose e puntuali indicazioni che guidano il cammino verso piazza del Duomo.

a croce latina con tre navate separate da giganteschi pilastri a forma di colonna atipica, e copertura a capriate lignee. L'elemento di maggior carattere era la fitta "listatura" a corsi orizzontali di travertino e tufo. Poi, improvvisamente, il cantiere si fermò. E quando riprese, nel 1310, le ipotesi di base erano state profondamente modificate. Il nuovo responsabile della fabbrica, Lorenzo Maitani, si concentrò sulla facciata, quasi trascurando le strutture retrostanti. E la facciata sorse magnifica, splendida e lavorata come un immenso reliquario, sulla corta piazza antistante. E nel paesaggio collinare emerse inconfondibile, con gli svelti pinnacoli, le ghimberghe slanciate, le loggette che incorniciavano i riquadri architettonici. Non tutto è opera del Maitani: vi lavorarono, tra gli altri, Andrea Pisano e l'Orcagna. Ma solo nel Seicento si poté considerarla finita. Ciononostante è un'opera profondamente, intimamente unitaria:

◻ *1-2. A fianco una delle ghimberghe che costituiscono l'elemento decorativo dominante. In basso, particolare di un bassorilievo trecentesco di facciata – opera di Maitani e della sua scuola – che racconta il Giudizio Universale.*

IL DUOMO DI ORVIETO

secondo la più classica tradizione gotica, ogni artista e costruttore ha contribuito con la propria sensibilità, ma all'interno di un impianto unico e coerente. Dietro alla rutilante facciata, assimilabile a una "quinta" posta a chiudere la piazza, la costruzione romanica fu ultimata in forme gotiche, non sempre coerenti con la struttura iniziale.

Il contrasto tra la rude severità bicromatica delle navate e lo splendido affresco dell'abside, dipinto da Ugolino di Prete Ilario, è emblematica. E si può considerare appartenente alla stessa tradizione anche il grandioso ciclo di affreschi eseguito da Luca Signorelli nella cappella della Madonna di S. Brizio: certamente rinascimentali per epoca e tecnica, rivelano un tormento e una costruzione decorativa che richiama le allegorie della pittura tardogotica d'Oltralpe.

In fondo, ogni costruzione ha il suo destino, il suo "genio", come dicevano gli antichi. Quello di Orvieto sembra essere la spettacolare decoratività: e non è un cattivo destino.

3. *Progettata nelle sue linee generali da Lorenzo Maitani, anche se eseguita in un lungo lasso di tempo, la facciata è diventata il simbolo stesso del gotico, nella versione più decorativa che strutturale che ha assunto in Italia.*

S. PETRONIO A BOLOGNA
IL TEMPIO DELL'ORGOGLIO CIVICO

Bisogna, a volte, correggere l'errore d'origine. Quello dei Bolognesi era stato di scegliersi inizialmente come patrono cittadino l'apostolo Pietro: scelta ineccepibile ma sostanzialmente anonima e che nel corso del medioevo – mentre l'orgoglio civico della città emiliana, sede del più prestigioso Studio d'Europa, capofila delle libertà democratiche contro le ingerenze imperiali, centro di un contado fertilissimo, continuava a crescere – si rivelò sempre meno gratificante, e addirittura imbarazzante.
Il Comune, che doveva lottare contro la pretesa papale di considerare l'Emilia parte del "Patrimonio di San Pietro", degli Stati pontifici, si trovava ad avere come protettore proprio colui che dava il nome a un protettorato politico non voluto né accettato. Più il tempo passava e più cresceva nei Bolognesi la volontà di avere un patrono in cui riconoscersi e identificarsi in maniera esclusiva. Lo trovarono in Petronio, un lontano discendente dell'imperatore Costantino, cognato dell'imperatore

☐ **Dove si trova**
Si trova proprio nel cuore della città felsinea, la basilica di S. Petronio, cui si contrappongono – a completare la monumentale cornice di piazza Maggiore – i palazzi del Podestà e Comunale. Tra questi s'innalza la fontana del Nettuno, finendo quasi per nascondere la chiesa a chi proviene da nord, lungo l'animata ed elegante via dell'Indipendenza.

Teodosio II, che in età paleocristiana era stato nominato vescovo della città ed ebbe il merito, se non di fondare, di consolidare la sua diocesi. A lui nel 1388 il Consiglio dei Seicento, l'organo di autogoverno del Comune bolognese, decise di intitolare una nuova chiesa, che doveva sorgere "in quel luogo della città che sarà designato, in modo però che la fronte dell'edificio si affacci sulla piazza della nostra città": designazione contorta, perché di lati sulla piazza ne era libero uno solo, e dunque tanto valeva dirlo chiaramente. L'obiettivo era vincolante, e obbligò l'architetto Antonio di Vincenzo a progettare una chiesa disposta lungo l'asse nord-sud, invece che su quello canonico est-ovest. Cominciava così, con la trasgressione a una prassi consolidata, la storia di quella che non era la cattedrale di Bologna, ma avrebbe dovuto essere l'espressione della grandezza, della forza, della ricchezza del libero Comune. Coerentemente con questo programma, la nuova chiesa venne progettata con dimensioni colossali: un immenso rettangolo di 183 metri di lunghezza e 137 di larghezza, che più tardi si penserà di ampliare portandolo alle faraoniche dimensioni di 224 metri di lunghezza e 150 di larghezza. Nelle intenzioni avrebbe dovuto essere la chiesa più grande del mondo. I progetti, come spesso succede, vennero ridimensionati nel corso del tempo, ma S. Petronio resta comunque una delle maggiori chiese esistenti. L'impianto, in compenso, era semplicissimo: una costruzione basilicale senza transetto, a tre navate articolate su sei amplissime campate. Per diminuire il numero dei sostegni, che avrebbero sminuito la sensazione di maestosità del vastissimo interno, si adottò l'insolita soluzione di coprire la navata centrale con crociere a pianta quadrata e quelle laterali con crociere rettangolari disposte per il lungo, invece di impiegare il modello tradizionale basato su piccole crociere quadrate nelle navatelle e crociere rettangolari disposte trasversalmente sulla navata centrale. Ai lati delle navatelle, una fitta "cordonatura" di cappelle (due per campata) ha l'effetto di ampliare l'edificio e fornisce lo spazio per le sepolture dei nobili, o per gli altari dedicati ai patroni delle corporazioni civiche. Le forme sono quelle gotiche in uso all'epoca, realizzate con l'austerità tipica delle costruzioni italiane, dove non trovava posto la selva di ornamenti scultorei delle cattedrali d'Oltralpe. I responsabili di S. Petronio si recarono

☐ 1. *La chiesa inserita nel compatto tessuto cittadino. Per delibera del Comune bolognese, che ne fu il promotore, la gigantesca costruzione doveva sorge sulla piazza principale della città. Le dimensioni sono grandiose: è uno dei maggiori templi di tutta la cristianità.*

■ 2-3-4. *Particolari della parte bassa della facciata, l'unica portata a termine. La parte alta, nonostante molti tentativi, non ha mai trovato modo di essere terminata, e oggi la facciata non finita è uno degli aspetti caratterizzanti di S. Petronio. Alcuni dei particolari, come il bellissimo portale di Jacopo della Quercia, sono di altissimo valore artistico.*

a visitare, per trarne ispirazione, i cantieri del Duomo di Milano, appena iniziato, e di quello di Firenze, in costruzione da quasi un secolo: senza esitazioni optarono per un'impostazione simile a quella della chiesa fiorentina, scartando l'adesione ai modi francesi della costruzione milanese. E il materiale fu il classico mattone della tradizione costruttiva bolognese.
Un simile titanico monumento richiese secoli per essere ultimato. La prima pietra venne posata nel 1390; le cappelle furono ultimate a metà Quattrocento; il Cinquecento passò in continue discussioni sulla facciata e furono interpellati, senza esito Michelangelo, Baldassarre Peruzzi, Giulio Romano, il Vignola, Palladio, Domenico Tibaldi. Solo tra la fine del Cinquecento e la prima metà del Seicento si mise in opera la copertura della navata centrale. E la facciata restò incompiuta, con le immorsature di mattoni pronte a ricevere un apparato decorativo su cui non si pervenne ad alcuna decisione.
Nel frattempo, sotto le strutture in gestazione

LO SPLENDORE DELLA DIVINITÀ

◻ 5-6. *La predella, raffigurante i Re Magi,* del Polittico Bolognini, *di Jacopo di Paolo e* L'imbarco dei Re Magi, *di Giovanni da Modena. Tra XV e XVI secolo la grande chiesa bolognese fu un immenso laboratorio artistico, in grado di attirare artisti di grande fama.*

◻ 7. *La gigantesca costruzione vista di fianco. L'organismo ha un impianto indiscutibilmente gotico, sia pure di un gotico tipicamente italiano, molto più contenuto e assai meno decorativo di quello diffuso Oltralpe.*

è passato il fiume della storia: la statua in onore di Giulio II eretta da Michelangelo e distrutta a furor di popolo tre anni dopo; l'incoronazione di Carlo V, nel 1530; le sessioni del Concilio di Trento dirottate nel 1547 nella città emiliana; la votazione, nel 1796, della costituzione democratica; la benedizione impartita da Pio IX alle truppe pontificie inviate a combattere al fianco di quelle piemontesi nel 1848; il solenne *Te Deum* per l'ingresso di Vittorio Emanuele II.
È passata la grande arte, simboleggiata dallo stupendo portale di Jacopo della Quercia. Ha trovato sede la curiosità scientifica, con l'immensa meridiana tracciata lungo il corpo della chiesa. Ma, soprattutto, si è ritrovato, consolidato ed espresso in maniera magistrale, l'orgoglio civico di una città.

S. PETRONIO A BOLOGNA

LO SPLENDORE DELLA DIVINITÀ

IL DUOMO DI MILANO
CUORE DI MARMO

È riduttivo affermare che il Duomo è il monumento più importante di Milano, e persino che è il cuore stesso della città: perché il Duomo è Milano, è la vita e la storia della città tradotta in marmo. Come la metropoli perennemente inquieta che si agita sotto le sue guglie, esso è in continuo, caotico divenire, tanto che *fabbrica del Domm* è diventato un modo di dire proverbiale per indicare una situazione o un lavoro per cui non esiste e non esisterà una fine. E come la città che gli ruota intorno, e di cui è il colossale mozzo marmoreo, ha continuato a cambiare rimanendo fedele al suo carattere originario. Proprio come Milano, è banale e sublime, pieno di sorprese e razionale, enorme e familiare.
La sua struttura è semplicissima: una grande chiesa a croce latina, con cinque navate nel corpo longitudinale e tre nel transetto. Nessuna cappella, solo due sagrestie simmetriche e relativamente piccole: uno spazio fortemente unitario, punteggiato da una foresta di pilastri a fascio dai curiosi capitelli costituiti da edicolette che ospitano statue di santi e dominato dall'immenso "vuoto" del tiburio che s'innalza all'incrocio dei bracci reggendo, sulla sommità dell'altissima cuspide, la Madonnina dorata che è la vera, intoccabile, adorata bandiera in cui la metropoli si riconosce.
Una struttura enorme: per darle vita ci sono voluti seicento anni, a partire da quel 1386 in cui Gian Galeazzo Visconti, signore e poi duca di Milano, aspirante non tanto segreto al rango di padrone d'Italia, pose la prima pietra dell'immensa mole marmorea, al cui esclusivo servizio vennero messe le cave del marmo più bello e pregiato della regione, il Candoglia rosato dalle venature grigio-azzurre che si cavava sul Lago Maggiore. Le chiatte cariche dei massi, contrassegnati dall'orgogliosa scritta A.U.F., *Ad Usum Fabricae*, che li dichiarava destinati alla Veneranda Fabbrica e li esentava dai dazi (situazione che avrebbe dato origine alla

☐ **Dove si trova**
Per una volta centro geografico e cuore simbolico coincidono. Così il monumento più noto di Milano, principale tempio della diocesi ambrosiana, costituisce il fulcro di una città cresciuta per anelli concentrici. Un'occhiata alla pianta urbana conferma che il complesso sistema di arterie radiali idealmente s'incontra nell'ampia piazza di fronte al Duomo, il più autentico centro cittadino.

☐ 1. *San Carlo Borromeo – qui raffigurato in un dipinto di Giovan Battista Crespi detto il Cerano (1603) mentre benedice le croci votive erette al termine della peste – si dedicò attivamente e con tenacia al proseguimento dei lavori del Duomo.*

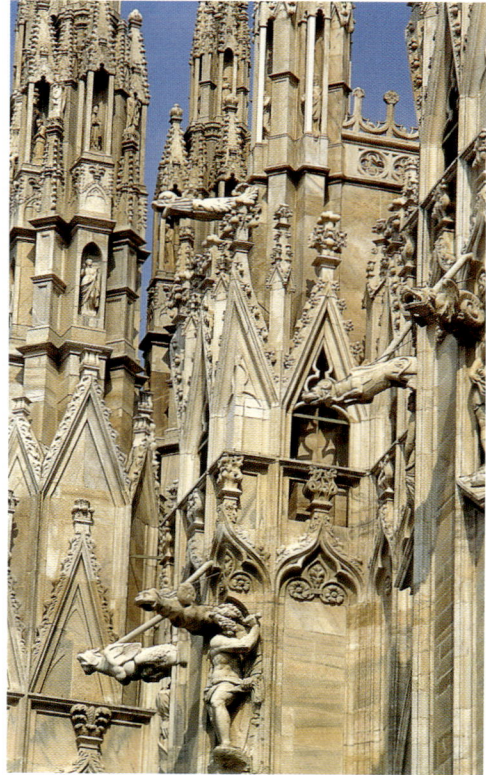

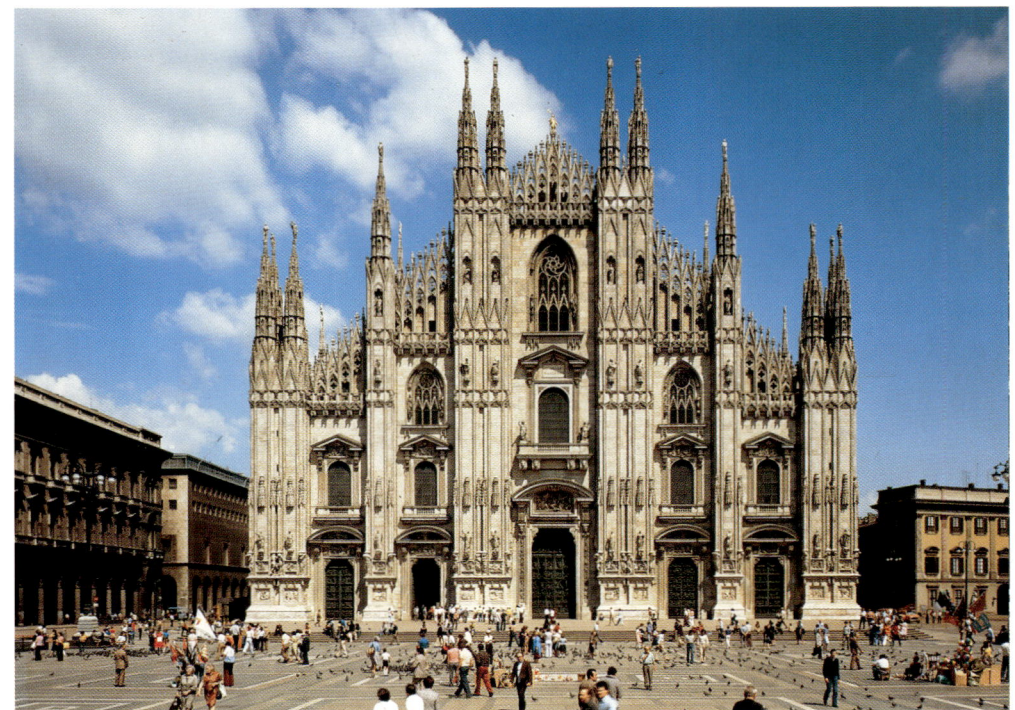

◻ IL DUOMO DI MILANO ◻

dai fabbricieri del Duomo *pro factis suis*, a grandi nomi dell'architettura come Leonardo, Bramante, Francesco di Giorgio Martini, Luca Fancelli, l'Amadeo, il Dolcebuono, il Pellegrini, Leopoldo Pollack, Giuseppe Zanoia, l'Amati. Ognuno aveva una ricetta particolare, ognuno apportava contributi, secondo lo stile personale e del tempo. E, incredibilmente, il Duomo "macinava" e uniformava tutto, trasformando le aggiunte rinascimentali, manieriste, barocche, eclettiche in un gigantesco insieme che non è più gotico di quanto non lo sia la *Sagrada Familia* di Barcellona, eppure lo sembra pienamente. Ne sono un esempio le decine di fantastiche guglie che sono la più evidente caratteristica della chiesa:

◻ 6. *Particolare di un telero del Cerano. Al ciclo dei venti teleri della Vita di san Carlo, commissionato dal Duomo nel 1602 e da appendersi tra i piloni, si aggiunse nel 1609 il secondo ciclo dei Miracoli, in onore della canonizzazione.*

◻ 2-3-4-5. *Nonostante il lunghissimo periodo durato oltre cinque secoli, il Duomo ha mantenuto caratteri gotici anche se le soluzioni compositive e i singoli elementi architettonici riflettono i modi stilistici delle diverse epoche, dal Rinascimento all'eclettismo.*

locuzione "a ufo" per dire "gratis"), scendevano maestose lungo le acque del lago, percorrevano il Ticino, risalivano il Naviglio Grande e attraccavano alla darsena (il cui ricordo permane ancora nella denominazione di via Laghetto data al luogo) accanto al cantiere, dove venivano lavorati e messi in opera. A dirigere i lavori c'erano gli architetti della Fabbrica, una carica che da Simone da Orsenigo, primo leggendario capomastro, agli attuali protoarchitetti, ha visto passare centinaia di progettisti di maggiore o minore fama, dai maestri francesi, tedeschi, boemi che venivano e giudicavano che quella incredibile massa di pietre non sarebbe stata in piedi e venivano spediti senza tante cerimonie

▣ 7. *Il corpus delle vetrate istoriate è molto vario: al Quattrocento risalgono quattro vetrate (le altre undici sono andate perdute); al Cinquecento le più interessanti nove "Storie" dell'Antico e Nuovo Testamento (particolare nella foto) in cui è forte l'impegno degli Arcimboldi e i contributi degli artisti fiamminghi. Altre quattordici vetrate sono opera di artisti del Novecento (pagina a fianco).*

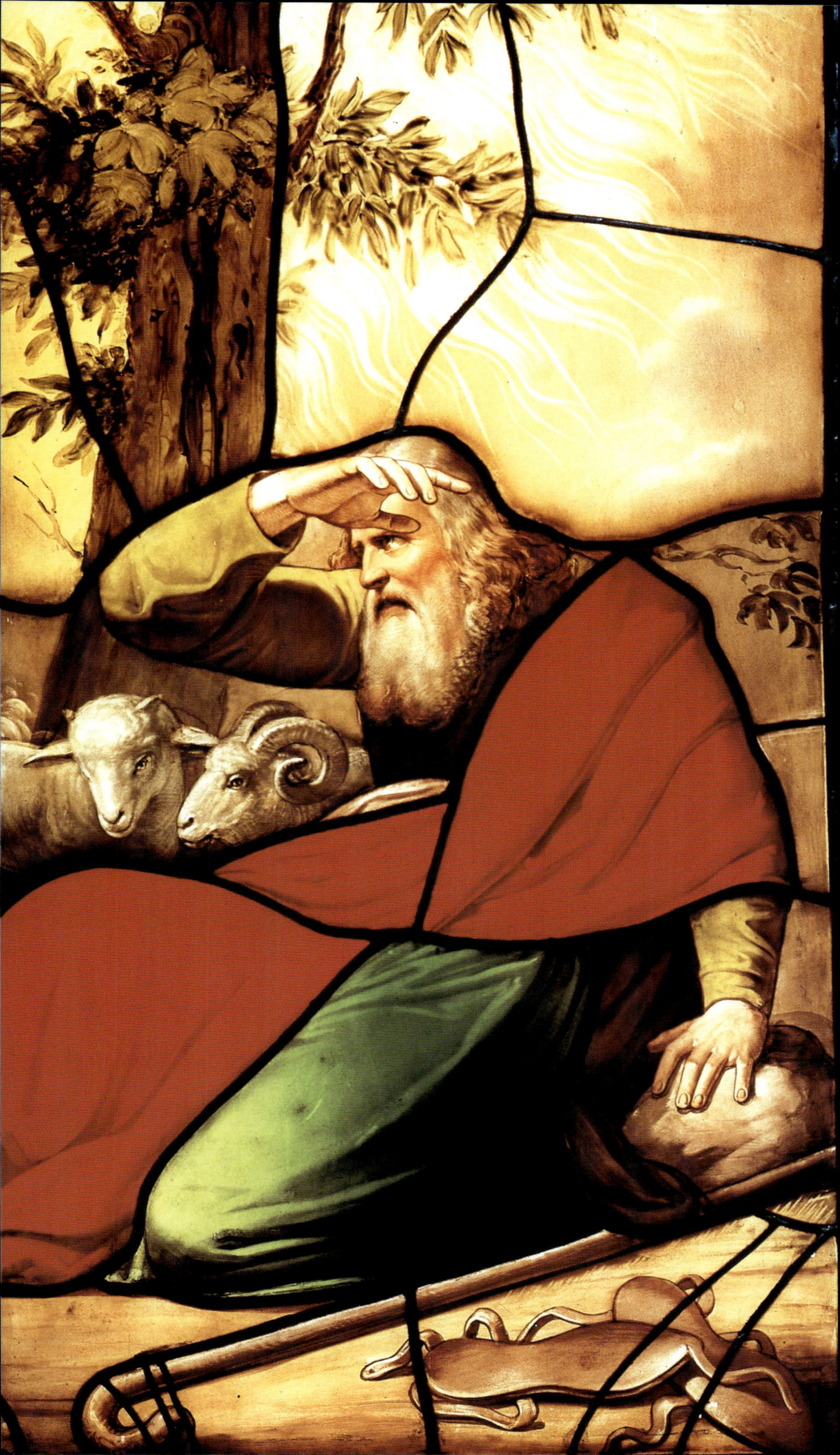

LO SPLENDORE DELLA DIVINITÀ

8-9. *La navata centrale del Duomo si apre nel tiburio, sorretto da quattro altissime arcate, e culmina nel presbiterio, costruito alla fine del Cinquecento su progetto del Pellegrini. Di quest'ultimo sono anche il tempietto bronzeo sull'altar maggiore e la cripta sotto il presbiterio. Come è tipico del gotico, le finestre decorate da vetrate istoriate occupano una parte consistente delle cortine murarie tra pilastro e pilastro.*

la maggior parte è di età relativamente tarda, eppure sono (o sembrano) perfettamente, pienamente, dichiaratamente gotiche.

Pare gotica persino la facciata, innalzata precipitosamente, dopo secolari e inconcludenti discussioni, sotto Napoleone, che mal sopportava che la capitale del suo Regno d'Italia avesse una chiesa centrale, proprio di fronte a Palazzo Reale, con una facciata "da catapecchia". Eppure ha una sagoma a capanna di derivazione, casomai, romanica, finestre manieriste, coronamenti eclettici, e persino portali moderni. Negli anni Trenta un architetto

10. *La cripta del Duomo, di inusitata dimensione, fu sistemata in età barocca, quando, sotto la guida dei due cardinali Borromeo, Carlo e Federigo, la Chiesa milanese visse un periodo di forte attività, che si riverberò anche nella costruzione e sistemazione di nuovi edifici, secondo le norme dettate dallo stesso san Carlo.*

audace progettò un campanile (fortunatamente mai innalzato) per la cattedrale, che ne è sempre stata priva: e anche questo era di gusto goticheggiante. In fondo, c'è una sua logica. Poche altre chiese italiane rappresentano così bene (e nessuna rappresenta così a fondo) la tradizione gotica di edificio sacro come espressione materiale e spirituale di un'intera città, che in esso si rispecchia, si rimira e ammira, si ritrova, si inorgoglisce, si immedesima, sentendolo proprio, familiare, partecipe. Il Duomo è, per la metropoli lombarda, come un figlio prediletto, del quale si vantano con orgoglio i successi e si perdonano tutte le marachelle. Per innalzarlo si sono demolite chiese venerabili come S. Maria Maggiore e S. Tecla, dove aveva pregato S. Ambrogio, battisteri antichi come S. Stefano e S. Giovanni, capostipite dei battisteri lombardi a pianta ottagonale: ma nessuno li ha rimpianti. Per mandare avanti la costruzione i Milanesi hanno pagato per secoli una percentuale su ogni tassa comunale: solo recentemente lo Stato ha avocato a sé i proventi e il compito di distribuirli (sarà un caso, ma da allora il Duomo è in deficit); ma nessuno, nel corso dei secoli, ha protestato. E tutti, compresi gli scettici e gli agnostici, quando il cardinale arcivescovo avanza tra gli intarsi di marmo del presbiterio per guidare la comunità ambrosiana alla preghiera, sentono di far parte di una grande, privilegiata comunità. Cosa non si farebbe per questo?

11. *Il dipinto* Disputa fra i dottori *dell'artista veneziano Tintoretto è conservato nel Museo del Duomo.*

LA MATEMATICA DELLA FEDE
Le creazioni rinascimentali

Nella storia dell'architettura le variazioni sono continue e virtualmente infinite. Ma i cambiamenti epocali, quelli che rompono completamente con il passato e da cui si dirama un intero filone del tutto nuovo, sono pochissimi. Nella storia dell'architettura occidentale questi "nuovi inizi" sono sostanzialmente quattro: la nascita dell'architettura greca, alla base della nostra tradizione architettonica e informante di sé l'intero mondo classico; la lenta ricostruzione dopo lo sconvolgimento delle invasioni barbariche, che culminò nei maestosi trionfi del romanico e del gotico; la rivoluzione rinascimentale, che spazzò via il mondo medievale riaffermando le forme di derivazione classica; il Movimento Moderno, che attuò un'analoga palingenesi, questa volta a scapito delle forme storiche e a favore di una modalità completamente nuova di progettare e costruire. Di tutte queste il Rinascimento fu la più brusca e la più radicale. Nel breve spazio di una generazione nacque e si affermò nell'Italia centrale un intero mondo formale e concettuale totalmente diverso da quello precedente, che di colpo venne "cancellato" dalla pratica progettuale e costruttiva. Nel giro di un'ottantina d'anni il nuovo verbo si diffuse in tutta la penisola, dando origine a un'esplosione artistica senza precedenti, i cui effetti dovevano condizionare i secoli successivi.

Era naturale che un simile sconvolgimento investisse, con risultati dirompenti, anche gli edifici di culto. Per la prima volta, questi vennero inseriti in un sistema di forme e di valori che prescindevano da considerazioni funzionali o liturgiche e si rapportavano invece a concetti squisitamente estetici. Dalla pianta fino alla posizione, al significato e alle dimensioni delle decorazioni le chiese vennero completamente ripensate per aderire ai dettami della nuova architettura.

Questa si basava da una parte sul recupero delle forme classiche, sintetizzate dagli ordini architettonici, dall'altra su un proporzionamento delle costruzioni secondo regole aritmetiche semplici, fondate su rapporti modulari tra le varie parti; e utilizzava gli ordini architettonici proprio per esplicitare questi rapporti. Sono architetture apparentemente semplici, lineari, quasi severe: ma così rigorosamente proporzionate da rispecchiare nella logica stringente delle loro articolazioni l'armonia, retta da leggi scientifiche, dell'universo. E proprio così, come microcosmi rispecchianti il macrocosmo, gli architetti rinascimentali vedevano le loro creazioni.

Non sempre, attente come sono al gioco dei rapporti e dei significati simbolici, le architetture rinascimentali sono ossequienti alle prescrizioni liturgiche. Spesso addirittura ne prescindono, o le forzano. Ma suggeriscono, in maniera splendida, un nuovo modo di considerare e comprendere il divino, come suprema, cosmica armonia matematica, come Legge che regola l'universo e della quale le leggi dell'architettura sono un riflesso, o un'allegoria: che è forse, tra i tanti modi di avvicinarsi al mistero divino, uno dei più intellettualmente stimolanti.

1. S. Maria delle Carceri a Prato, capolavoro del Rinascimento e di Giuliano da Sangallo che la progettò a croce greca (1485-96).

2. L'interno della chiesa di S. Spirito (1444-1487) a Firenze, paradigma dell'ideale rinascimentale di armonia e proporzione. Filippo Brunelleschi la progettò a croce latina con colonnato sull'intero perimetro interno. Roberto Schezen, 1969.

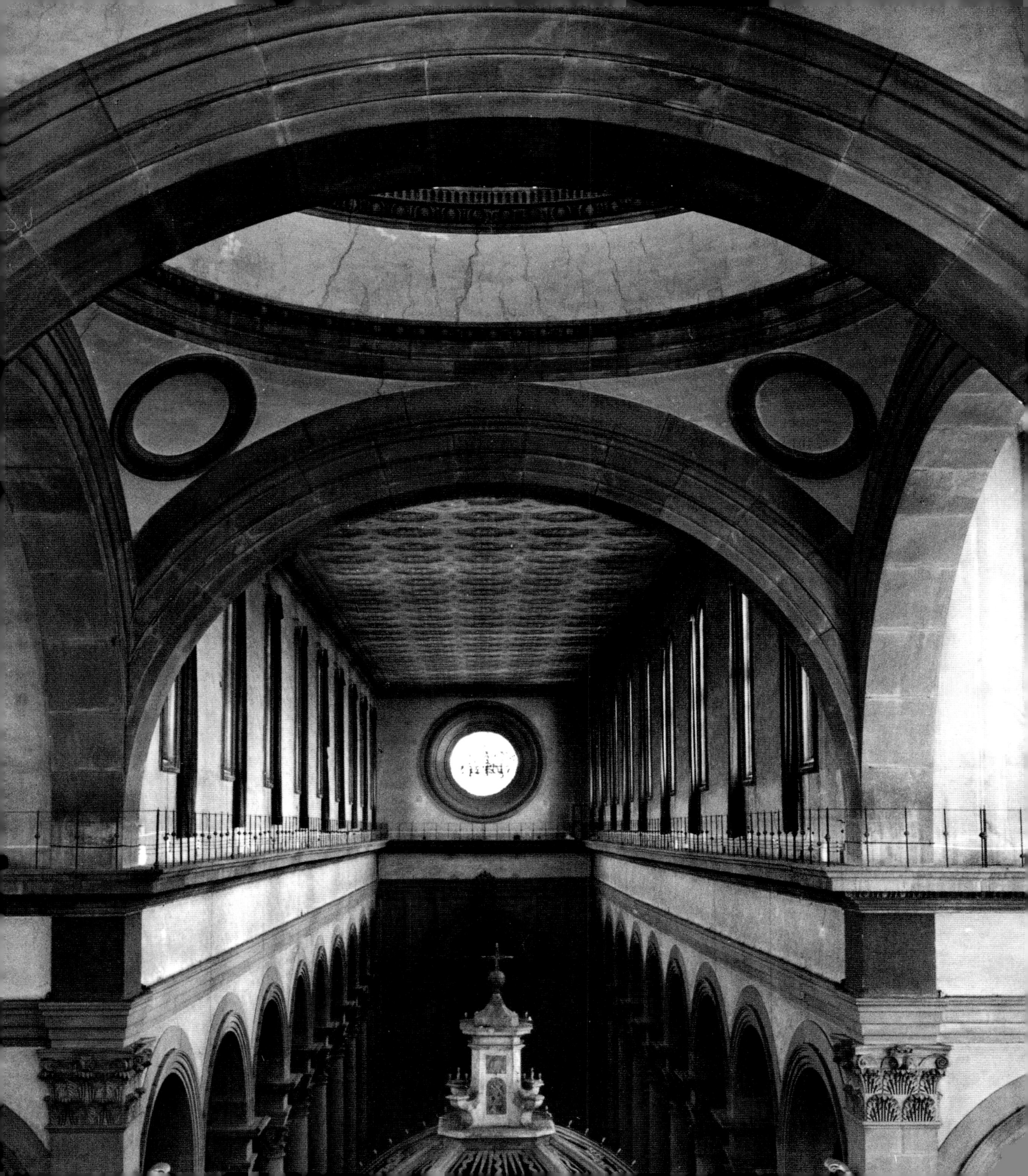

S. Spirito a Firenze
Inno all'armonia

Il primo moto è di delusione. Quella che passa per una delle maggiori realizzazioni del Rinascimento, forse l'opera più coerente e ideologicamente "impegnata" di Filippo Brunelleschi, è una vasta chiesa intonacata di bianco, dalla facciata inequivocabilmente barocca, pur se semplicissima, che prospetta su una piazza di semiperiferia. Solo le raffinatissime proporzioni delle finestre centinate del fianco e dei portali architravati della fronte suggeriscono che l'opera potrebbe non essere così banale come sembra.
Poi si entra all'interno. E si penetra in un altro mondo. Certo, il grande, sontuoso baldacchino barocco che sovrasta l'altare maggiore è fuori scala, inadatto, con la sua rutilante e un po' vistosa immagine, alla

> ◻ **Dove si trova**
> *Sistemazione a giardino, con tanto di piccola fontana, per piazza S. Spirito. Intorno alla chiesa, eleganti residenze, tra le quali si segnala il cinquecentesco palazzo Guadagni, sul lato meridionale della piazza. Un angolo di Rinascimento raggiungibile da piazza della Signoria in circa 15 minuti di cammino: varcato il Ponte Vecchio, svoltare a destra in Borgo S. Jacopo, seguendo poi a sinistra via del Presto di S. Martino.*

raffinata, signorile austerità dello spazio interno. E per molti degli altari delle cappelle laterali si potrebbe fare la stessa osservazione. Ma queste contraddizioni non oscurano la calibrata armonia dello spazio, la sublime pacatezza del discorso architettonico che, con mezzi misurati e senza ostentazione, riesce a dar vita a un insieme maestoso e di intensa suggestione.
La radice di questo fascino sta nelle giuste proporzioni dell'edificio. La chiesa è a croce latina, con tre navate che risvoltano nel transetto: uno schema semplicissimo, ma su cui Brunelleschi innesta un gioco di rapporti geometrici tra i più complessi e coerenti dell'intero Rinascimento. Egli individua infatti un modulo fondamentale, che corrisponde al quadrato di campata delle navate minori, e lo usa come unità di misura per il dimensionamento dell'intero complesso. La navata centrale è così alta e larga il doppio delle navate minori. La profondità del transetto è di quattro moduli, pari a quella del piedicroce, la larghezza complessiva di otto moduli. La cupola è inscritta in un quadrato di quattro moduli: sotto di essa sta l'altare maggiore, contornato da uno spazio che riprende in pianta la misura del modulo. Ciascuno dei tre bracci del capocroce è profondo due moduli e largo quattro. Le cappelle laterali entrano anch'esse in questo complesso gioco proporzionale. Anzi, ne sono la "spia" più evidente. Prendono infatti la forma di incavi semicircolari in spessore di muro, aventi apertura di un modulo e profondità di mezzo modulo. Questo partito gira su tutti i lati della chiesa e secondo alcuni studiosi doveva continuare, nelle intenzioni di Brunelleschi, anche nel lato di facciata, che avrebbe così avuto quattro portali uguali invece dei tre portali digradanti attuali, e avrebbe dovuto essere denunciato all'esterno, invece di essere mascherato dallo spessore del muro come succede oggi.
Le pareti verticali, intelaiate dall'ordine architettonico – qui un corinzio assai raffinato, con un "dado" sopra il capitello costituito da una trabeazione rigirante sui quattro lati – sono collegate da archi a tutto sesto, la cui luce riprende la larghezza dei moduli mentre la monta è pari a metà del modulo. Una cornice a ballatoio, tipica delle chiese fiorentine, segna sul fianco della navata l'altezza del modulo. In definitiva, tutto l'edificio è "ingabbiato" in una sottile trama geometrico-architettonica, sottolineata dalle membrature di pietra serena che spiccano sull'uniforme intonaco bianco. La luce che entra con abbondanza dalle larghe finestre della navata centrale è uniforme, chiara, neutra. Raramente, forse mai, la concezione aristocratica, serena,

◻ 1. *La facciata della grande chiesa, che prospetta su una vasta piazza nel popolare quartiere d'Oltrarno, non rispetta il progetto iniziale di Filippo Brunelleschi, che prevedeva un'altra partitura architettonica dell'insieme, probabilmente con il rigiro delle cappelle laterali anche sulla fronte.*

S. SPIRITO A FIRENZE

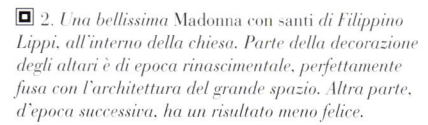

◻ 2. *Una bellissima* Madonna con santi *di Filippino Lippi, all'interno della chiesa. Parte della decorazione degli altari è di epoca rinascimentale, perfettamente fusa con l'architettura del grande spazio. Altra parte, d'epoca successiva, ha un risultato meno felice.*

◻ 4. *La sagrestia della chiesa, in cui vengono riprese, sia pure in forme meno plastiche, le scompartiture del corpo principale, con la profilatura degli ordini architettonici in pietra serena grigia sull'intonaco chiaro.*

sobriamente razionale del Rinascimento è stata espressa con tanta compiuta chiarezza, con tanta forza espressiva.

La spietata, anche se gentile, coerenza della scatola architettonica ha reso difficilissimo l'inserimento di opere d'altre epoche, che infatti stonano nella calibrata armonia degli spazi rinascimentali. Ma, al contempo, mostra nel modo più alto quali risultati si possano raggiungere per pura virtù di logica e proporzione. Se Dio, come sostenevano i neoplatonici che circolavano all'epoca nella città toscana, è suprema armonia, allora S. Spirito è forse il più adatto, perfetto inno alla divinità.

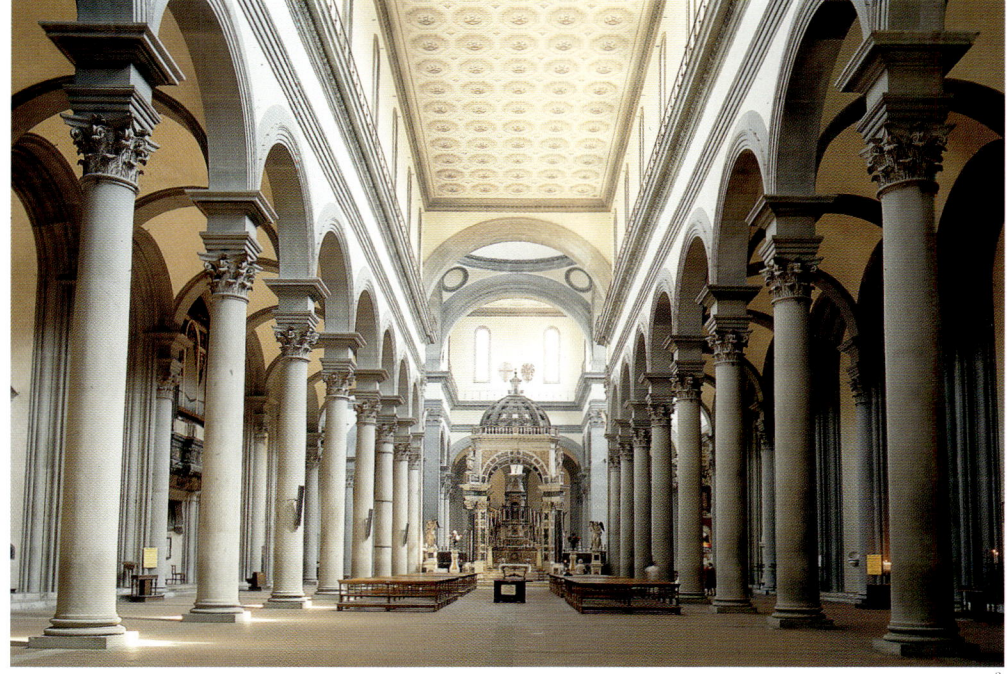

◻ 3. *L'interno è esemplare della concezione dell'architettura del primo Rinascimento, basata sull'uso dell'ordine architettonico e di rapporti proporzionali semplici. In S. Spirito Brunelleschi individuò un modulo che usò come unità di misura.*

◨ LA MATEMATICA DELLA FEDE ◨

IL TEMPIO MALATESTIANO A RIMINI
NEL NOME DI ROMA

In molti paesi dell'Europa medievale e rinascimentale l'autorità dei governanti era basata sulla spada. In Italia si fondava, spesso, sull'arte. Attraverso l'opera di architetti e artisti i signori glorificavano la casata e rendevano noti i programmi politici. Sigismondo Pandolfo Malatesta, signore di Rimini, era uno di costoro. Lo strumento della sua glorificazione fu una chiesa, su cui concentrò per tutta la vita l'attenzione e che da lui prese il nome di Tempio Malatestiano.
Inizialmente, doveva essere il luogo della sua sepoltura.

☐ **Dove si trova**
Lontano da quel lungomare brulicante di alberghi, ristoranti, ritrovi e gelaterie, il Tempio Malatestiano affaccia su via IV Novembre, una tra le principali arterie del centro storico. Simbolo della città romagnola, la chiesa è segnalata da numerose indicazioni; per arrivarci, basta comunque fare riferimento alla stazione ferroviaria, dalla quale via Dante conduce direttamente in via IV Novembre.

Nel 1447 aveva ottenuto da papa Niccolò V l'autorizzazione a edificare una cappella gentilizia all'interno della chiesa riminese di S. Francesco, eretta in forme romanico-gotiche dai Conventuali Minori. Nello stesso anno la sua futura moglie, Isotta degli Atti, ottenne un analogo privilegio per la cappella vicina. Si trattava dunque di dare importanza espressiva, mediante una ricca decorazione pittorica, alle due cappelle contigue.
Ben presto però l'operazione sembrò troppo modesta all'ambizioso signore, che sosteneva di discendere dagli Scipioni e aveva come emblema personale il sole. Pensò allora di sostituire il ciclo pittorico con una complessa decorazione scultorea, che integrasse in un tutto unico le due cappelle. E questo fu l'incarico affidato a Matteo de' Pasti e Agostino di Duccio, che si misero all'opera elaborando un programma decorativo ancora sostanzialmente gotico. Man mano che l'intervento procedeva, e Sigismondo rafforzava il proprio potere, anche il secondo

☐ *1. Scorcio della facciata. La costruzione, interrotta per la caduta in disgrazia di Sigismondo Malatesta, non venne mai terminata nella parte superiore. Affiora così, dietro il rivestimento rinascimentale, la cuspide dell'originaria chiesa medievale.*

progetto si rivelò modesto.
Tanto più che l'ambizione del
Malatesta era di dare espressione
alle elaborazioni intellettuali, ispirate al neoplatonismo,
che trovavano terreno fertile alla sua corte e che
fondevano in una visione unitaria fede cristiana,
credenze esoteriche, concezioni filosofiche razionaliste
di derivazione classica.
Fu allora che prese forma il nuovo programma,
ben più impegnativo, affidato a Leon Battista Alberti,
il grande umanista probabilmente non estraneo
anche agli interventi precedenti. Si trattava ora
di coinvolgere l'intera chiesa in una completa
trasformazione secondo le nuove regole e forme
rinascimentali. La chiesa conventuale
di S. Francesco doveva
così sparire e lasciare posto
al Tempio Malatestiano.
Tra il 1450 e il 1460 Alberti
e il suo committente si
misero all'opera con alacrità.
La chiesa originaria non
venne demolita, bensì
"fasciata" da una sontuosa veste, che si ispirava ai
tipi architettonici dell'antica Roma: sulla facciata
compariva l'eco degli archi trionfali dello scomparso
Impero, sui fianchi il rimando alle poderose
strutture degli acquedotti era evidente. All'interno,
le strutture gotiche furono "sommerse" sotto
una profusa decorazione in cui risaltavano i simboli
araldici e le gesta celebrative della famiglia Malatesta.
La caduta in disgrazia di Pandolfo nel 1460 interrupe
il grande progetto: la facciata rimase priva della
parte superiore e la parte absidale, che Alberti aveva
ideato ispirandosi al Pantheon, non vide mai la luce,
e i frati dovettero procedere frettolosamente a dare
una chiusura al grande vano lasciato a mezzo.
Ma il Rinascimento aveva mostrato tutta la
potenzialità dei suoi mezzi espressivi. Per la prima
volta dopo secoli si poteva rivaleggiare artisticamente
con l'antica Roma, guardare negli occhi da pari
a pari i grandi antenati. La lezione non sarebbe
andata perduta.

□ *2. Un dettaglio degli elementi decorativi della chiesa. Leon Battista Alberti si ispirò dichiaratamente all'architettura romana (l'arco trionfale per la facciata, gli acquedotti per i fianchi) per la definizione della "scatola" esterna con cui rivestì la chiesa di S. Francesco.*

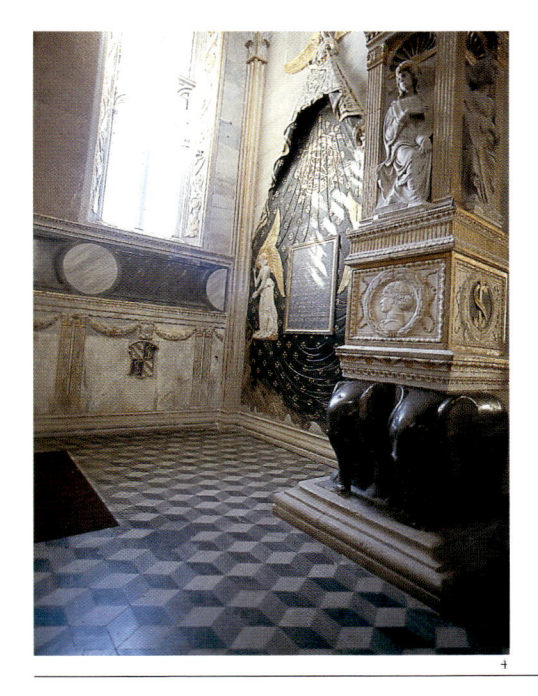

□ *3-4. Sopra, particolare della sequenza di Angeli musicanti e in basso l'arca degli Antenati: sono tutte opere di Agostino di Duccio, un altro degli artisti chiamati a glorificare la dinastia malatestiana. Secondo le intenzioni del suo committente, il Tempio Malatestiano avrebbe dovuto avere anche un valore esoterico, espresso dalle raffigurazioni allegoriche disseminate al suo interno.*

□ *5. Questo bellissimo crocifisso di Giotto è una delle relativamente poche testimonianze medievali sopravvissute nella chiesa, per il resto coinvolto negli imponenti lavori di risistemazione voluti da Sigismondo Malatesta.*

LA MATEMATICA DELLA FEDE

S. ANDREA A MANTOVA
IL TEMPIO PRECURSORE

Ci sono ogni tanto opere, nella storia dell'architettura, che sono nate in anticipo, fuori del filone di pensiero principale del loro tempo, e sembrano dunque eccezioni, episodi "laterali": interessanti, ma non particolarmente significativi. Successivamente, tuttavia, diventano il modello di riferimento cui guarderanno altri periodi, fino ad assumere una fama e un valore che, all'inizio, poche persone avrebbero loro attribuito. Il S. Andrea di Mantova è una di queste. Pochissime chiese, forse nessuna, sono state così frequentemente e diffusamente imitate. La sua pianta a navata unica con cappelle laterali divenne il prototipo delle costruzioni ecclesiastiche della Controriforma, un modello ripreso da centinaia di edifici in ogni parte del mondo. Se ne trovano repliche in Perù come nelle Filippine, in Italia come in Polonia, in Boemia, in Ungheria, in Portogallo.

Eppure, nel primo Rinascimento, prevalsero altri modelli, in particolare quello della chiesa a pianta centrale, fosse essa a croce greca o circolare. Fu il bramantesco tempietto circolare di S. Pietro in Montorio, e non S. Andrea, a essere definito "il Partenone del Rinascimento", l'edificio che meglio di tutti sintetizzava la *Kunstwolle*, l'aspirazione artistica del suo tempo. E certo l'opera del maestro urbinate corrispondeva meglio all'ideale aritmetico-architettonico, intriso di neoplatonismo, dell'epoca. Il fatto è che il modello proposto dalla chiesa mantovana era troppo complesso, troppo ricco di implicazioni culturali e figurative per poter "sfondare" già all'inizio. Più che esprimere un'era, ne anticipava un'altra. Ci sarebbe voluto del tempo per comprenderne a pieno il messaggio.

Il suo progettista, Leon Battista Alberti, era giunto a Mantova nel 1459, al seguito di papa Pio II Piccolomini, che aveva scelto la città lombarda come sede di una grande "dieta" destinata a porre le basi di un'azione cristiana comune contro i Turchi dilaganti in Europa. Fu proprio papa Piccolomini, grande appassionato e intenditore di architettura, a raccomandare l'architetto a Ludovico II Gonzaga, il colto e raffinato principe mantovano che intendeva promuovere un ampio rinnovamento urbano e monumentale della città. Il papa aveva grande stima dell'Alberti, cui aveva dato il rango di legato pontificio. Forse troppa stima, se

> ◻ **Dove si trova**
> *Una lunga sequenza di portici tardogotici e rinascimentali "nasconde" il fianco sinistro della chiesa verso piazza Broletto e piazza delle Erbe, centri del potere civile dell'antica città, con i palazzi del Podestà e della Ragione. Ma nella raccolta piazza Mantegna, che si apre nel cuore antico di Mantova, proprio di fronte alla rotonda di S. Lorenzo, si levano il gotico campanile e la facciata, ispirata a modelli classici.*

◻ 1. *Il complesso di S. Andrea nel contesto cittadino. Il programma edilizio affidato da Ludovico Gonzaga all'Alberti, di cui S. Andrea era solo uno degli episodi, prevedeva una serie di monumenti disposti lungo un percorso che andava dalle porte cittadine al "nucleo di comando" intorno al castello e ai palazzi gonzagheschi.*

S. ANDREA A MANTOVA

◻ 2. *La facciata della grande chiesa, ispirata, nella sua impostazione generale, agli archi trionfali romani, rivisti da Leon Battista Alberti in chiave rinascimentale.*

◻ 3. *La parte absidale del complesso, dominata dalla cupola settecentesca di Filippo Juvarra, con il suo alto tamburo. In primo piano le pareti non architettonicamente finite del transetto di sinistra. La costruzione di S. Andrea durò fino a Settecento inoltrato, con notevoli modifiche al primitivo impianto albertiano.*

limitati a costruire, in luoghi chiave dell'abitato, alcune costruzioni secondo le nuove concezioni, collegandole con un percorso che le avrebbe valorizzate e ne sarebbe stato a sua volta caratterizzato. Era un'idea efficace e innovativa, che superava il concetto, all'epoca prevalente tra i teorici di architettura, di "città ideale", cioè di una città costruita secondo i parametri della nuova architettura, come se fosse un

è vero che per trasformare il natio borgo medievale di Corsignano – che da lui prese il nome di Pienza – si era rivolto a Bernardo Rossellino, seguace di Leon Battista, invece che al maestro in persona, perché riteneva che Alberti avesse una personalità troppo spiccata per consentire al committente di gestire il cantiere, come invece Pio II desiderava. Ma questo non preoccupava Ludovico, che tra l'altro aveva avuto buone referenze sull'Alberti da Sigismondo Malatesta, il signore di Rimini per cui l'architetto aveva progettato il Tempio Malatestiano. E perciò non perse tempo e rapidamente gli affidò il programma di rinnovamento e valorizzazione della città.

L'idea avanzata da Leon Battista era di grande modernità. Invece di abbattere il tessuto edilizio per sostituirlo con uno più moderno, ci si sarebbe

LA MATEMATICA DELLA FEDE

◼ 5. *La navata centrale con volta a botte e cappelle laterali è ispirata alle basiliche romane, come quella di Massenzio a Roma, e divenne canonica per le costruzioni ecclesiastiche della Controriforma.*

◼ 6. *Particolare della tela* Battesimo di Gesù *di Andrea Mantegna, l'artista che lavorò assiduamente alla corte dei Gonzaga. La sua tomba si trova nella prima cappella a sinistra.*

◼ 4. *Veduta della cupola e del piedicroce, in cui convergono i grandi spazi voltati a botte della navata e dei transetti. L'impostazione di questa parte, che forse in origine non prevedeva i due transetti, fu probabilmente modificata in corso d'opera.*

grande edificio: ipotesi affascinante, ma assai difficile da realizzare. La concezione dell'Alberti era invece assai più adatta alla complessità dello spazio urbano, che nasce da una serie di successive stratificazioni. Aveva in sé i principi che poi il Barocco avrebbe elaborato, applicandoli al rinnovamento delle città europee, da Roma a Parigi a Bath.
Di questo grande disegno, S. Andrea avrebbe svolto il ruolo centrale, fungendo da cerniera tra il corpo cittadino, dove sarebbe dovuta sorgere la nuova chiesa di S. Sebastiano, e il "centro di comando" dell'abitato, costituito dalle abitazioni dei Gonzaga, dal castello e dal Duomo. Fu però l'ultimo compito affrontato. Prima fu edificata la chiesa di S. Sebastiano, un complesso edificio a pianta centrale su due livelli, di notevole difficoltà distributiva. Solo nel 1472, pochi mesi prima della morte dell'architetto, fu posta la prima pietra di S. Andrea: che quindi di albertiano non ha che il progetto, essendo stata innalzata da Luca Fancelli (il fedele e abile "direttore dei lavori" di Leon Battista Alberti, che si assentava spesso da Mantova e comunque non amava l'impegno di cantiere, ritenendo compito precipuo dell'architetto stendere l'idea e delegare ad altri il risultato pratico) e proseguita poi da altri artisti in età barocca (la cupola, addirittura, fu realizzata da Filippo Juvarra in pieno Settecento). Ma il disegno è così grandioso e coerente che ha permeato anche gli interventi successivi, obbligandoli ad adeguarvisi. La facciata è concepita come un gigantesco arco trionfale romano, con un possente fornice che si apre in profondità e ne fa un oggetto tridimensionale quasi a sé stante, staccato dal corpo della chiesa. L'interno riprende invece dichiaratamente l'immagine maestosa delle Terme di Massenzio: una grande navata coperta da una volta a botte cassettonata, su cui si aprono, a destra e a sinistra, tre ampie cappelle, staccate l'una dall'altra da riquadri murari intelaiati da gigantesche lesene. Nella concezione iniziale del progettista, probabilmente, l'identificazione con le basiliche dell'antica Roma doveva essere ancora maggiore, perché probabilmente non era stato previsto il transetto poi eseguito, ma solo una terminazione absidata, memore delle antiche esedre.
Ne risultava uno spazio possentemente unitario, senza le delicate membrature, accuratamente delineate, tipiche del primo Rinascimento: uno spazio che avrebbe fortemente influenzato gli architetti delle generazioni successive, meno interessati alla calligrafica definizione dei rapporti geometrici su cui era modulato l'ambiente e molto più attenti alla sensazione complessiva che dava l'architettura. C'era già, in S. Andrea, tutto lo spirito del manierismo, e in parte del barocco: una chiesa che prendeva ispirazione dal passato per plasmare il futuro.

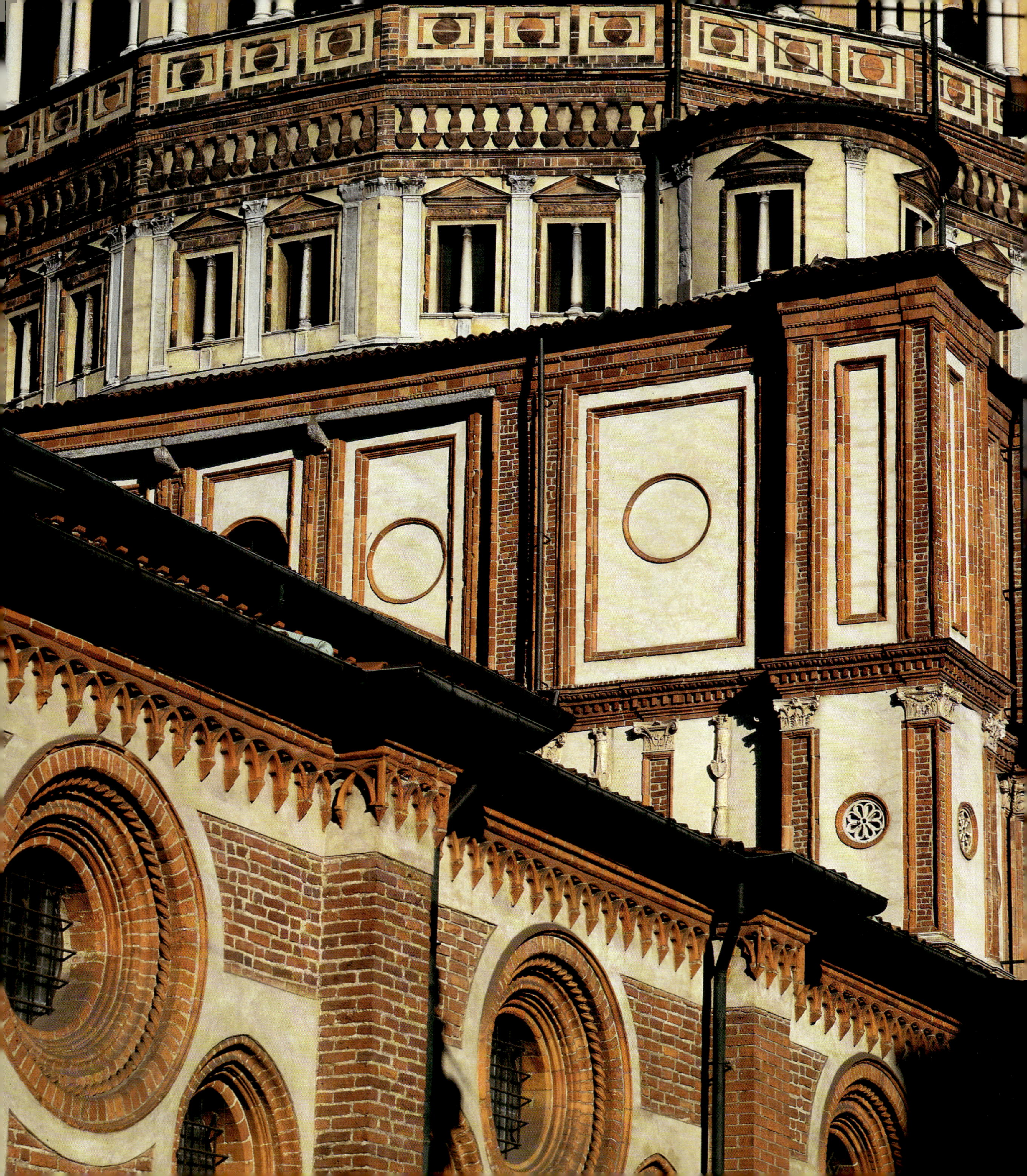

◻ LA MATEMATICA DELLA FEDE ◻

S. MARIA DELLE GRAZIE A MILANO
PER LA VERGINE E PER LA DINASTIA

L'architettura rinascimentale fu per un lungo periodo di tempo un "fiore di serra", cresciuto nell'atmosfera stimolante ma ovattata delle corti e con pochi contatti con il mondo "esterno". In effetti essa era, sotto molti aspetti, la totale negazione di quel mondo. Rinnegava l'intera prassi operativa e concettuale che si era formata nei secoli e che costituiva l'impalcatura su cui si reggeva tutta l'arte medievale. Questa era incentrata sul "cantiere" e sulla corporazione, cioè sulla perfetta conoscenza della pratica costruttiva e sulla formazione e l'esercizio dei mastri costruttori, rigidamente controllati dagli esponenti anziani della professione. Per contro la nuova arte si basava sugli studi umanistici, sull'uso del disegno come elemento unificante delle arti, sulla concezione dell'architetto come "intellettuale", che parlava la lingua dell'élite, non quella degli artigiani.

È ovvio che una concezione artistica di questo tipo non poteva che fiorire nelle corti, appoggiandosi al potere cui era "organica". L'architetto cessava di essere l'esponente della corporazione professionale, che rappresentava presso il committente, e diventava invece il fiduciario del committente, di cui esprimeva la volontà, presso gli artigiani, demandati a eseguire idee spesso derivanti da un linguaggio e da conoscenze (filosofiche, letterarie, formali) che essi non condividevano né comprendevano. In cambio dell'appoggio ottenuto, la nuova arte aveva molto da offrire. Basandosi sui nuovi strumenti operativi (la prospettiva, il disegno tecnico, il recupero delle conoscenze del mondo classico, a cominciare dal concetto di ordine architettonico come strumento per "intelaiare" gli edifici) poteva garantire ai signori rinascimentali una capacità di colpire e affascinare gli spettatori – e dunque di glorificare i committenti – che la vecchia architettura non contemplava. Poteva cioè diventare il più efficace dei mezzi di comunicazione a disposizione dei potenti, un modo ineguagliabile per testimoniare la loro importanza, cultura, ricchezza.

◻ **Dove si trova**
Già nel 1859 l'asse radiale di Porta Vercellina, che dal centro storico conduceva in direzione ovest verso l'omonima porta (abbattuta nel 1885) mutò l'antico nome per chiamarsi corso Magenta, in ricordo della decisiva vittoria piemontese contro gli austro-ungarici. E proprio sul corso, una delle vie più eleganti della città, si allunga il fianco destro della notissima chiesa milanese, alla quale è annesso il Cenacolo Vinciano.

◻ *2. Sul chiostro si eleva il prospetto del corpo della sacrestia sulla cui facciata si apre un grande oculo rinascimentale.*

◻ *1. La poderosa tribuna di S. Maria delle Grazie. L'edificio fu una delle prime, e certo la più significativa e importante dal punto di vista dell'impatto generale, delle grandi opere architettoniche di gusto rinascimentale eseguite a Milano, e mostrò tutte le potenzialità espressive del nuovo tipo di architettura.*

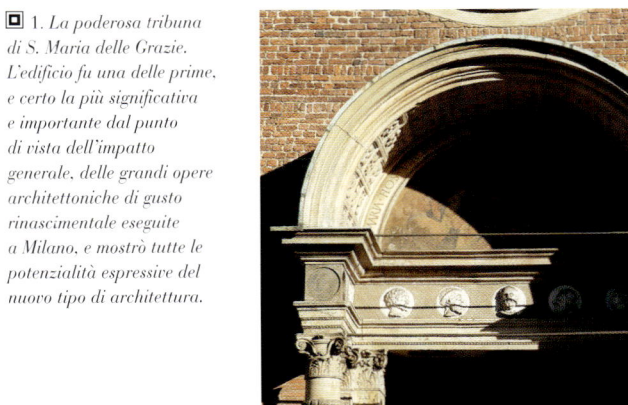

◻ *3-4. L'esterno della chiesa. La gigantesca tribuna bramantesca, voluta da Ludovico il Moro, si innesta nel corpo ancora tardogotico della basilica, progettato dal Solari e terminato nel 1490, denunciando in maniera evidente il drastico cambiamento di gusto avvenuto nel clima artistico milanese nel giro di pochi anni. Anche il portale (a sinistra) è attribuito a Bramante.*

La vicenda del convento milanese di S. Maria delle Grazie è esemplare in questo senso. Il complesso era recente. Risaliva al 1463, epoca in cui il conte Gaspare da Vimercate, capitano delle milizie ducali, decise di costruire intorno a una piccola cappella dedicata alla Madonna del Rosario, ribattezzata Madonna delle Grazie in virtù dei numerosi miracoli che le venivano attribuiti, un convento domenicano. La chiesa del complesso, progettata da Gianiforte

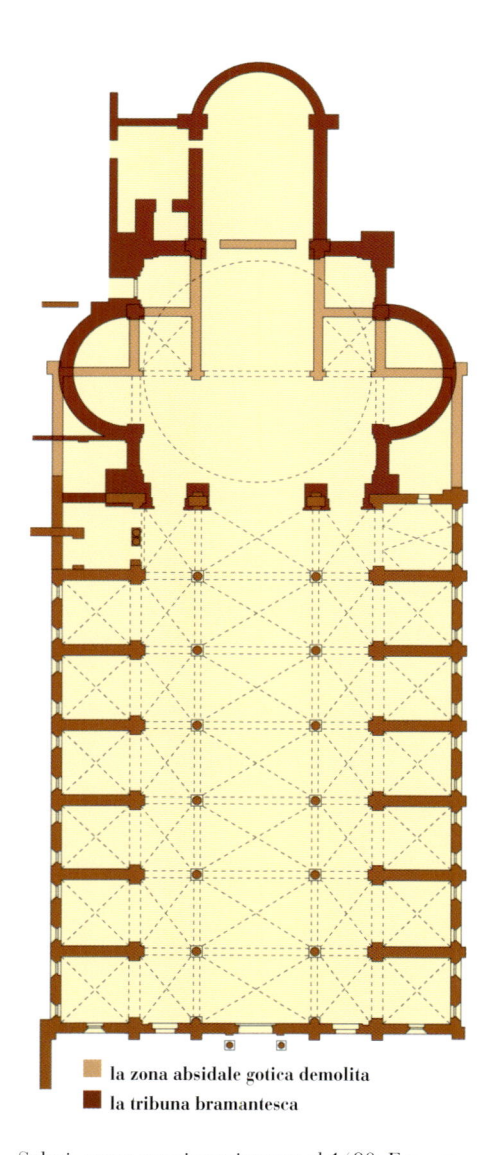

◧ LA MATEMATICA DELLA FEDE ◨

la zona absidale gotica demolita
la tribuna bramantesca

Solari, venne terminata intorno al 1490. Era una costruzione a pianta basilicale, a tre navate con profonde cappelle laterali, di impianto e forme ancora gotici: un edificio realizzato con cura, riccamente ornato (con una certa forzatura della severa regola domenicana, che non amava l'eccessiva ornamentazione), ma senza pretese di eccezionalità. Tuttavia la vicinanza al castello ducale vi portò frequentemente Ludovico il Moro, che prese l'abitudine di recarvisi quasi fosse la cappella familiare. E finì

◧ *5. La decorazione della parte absidale della chiesa è tipicamente rinascimentale, e introduce a Milano il repertorio decorativo elaborato nei decenni precedenti nei centri artistici dell'Italia centrale, segnatamente a Urbino, dove Bramante si era formato nella sua giovinezza.*

◧ *6-7. Particolare raffigurante due delle antine intagliate e dipinte della Sagrestia Vecchia del convento e veduta generale della stessa sagrestia. Questo raffinatissimo ambiente è uno degli spazi in cui maggiormente rifulge lo spirito rinascimentale di cui S. Maria delle Grazie fu uno dei focolai a Milano. Sia per la concezione generale dello spazio sia per il tipo di decorazione si tratta di una realizzazione all'avanguardia del gusto artistico dell'epoca in Italia settentrionale.*

◧ *8. Particolare dell'Ultima Cena di Leonardo da Vinci, dipinta nel refettorio del convento. La grande pittura, per quanto ben presto danneggiata, ebbe un effetto immenso sia per la novità con cui era stato trattato il soggetto, rompendo tutti gli schemi convenzionali, sia per la maestria e il vigore con cui erano dipinti i personaggi e l'ambiente che li circondava.*

S. MARIA DELLE GRAZIE A MILANO

per decidere che proprio questo doveva diventare: il luogo di culto degli Sforza, l'adeguato mausoleo per sé e per la diletta moglie Beatrice d'Este. Le modeste forme gotiche che presentava non erano adatte al nuovo ruolo. Ma quelle della nuova architettura che Bramante, Leonardo, Filarete stavano introducendo a Milano vi si prestavano invece moltissimo. Ludovico incaricò perciò Bramante – che aveva lavorato al Palazzo Ducale di Urbino, forse la massima reggia rinascimentale fino ad allora realizzata – di occuparsi della riforma del complesso di S. Maria delle Grazie.

Il maestro urbinate demolì l'abside della chiesa e la sostituì con una gigantesca tribuna triconca, di linee schiettamente rinascimentali. Il salto di scala e di concezione non poteva essere più evidente. In pratica venne inserita nel corpo della basilica una seconda chiesa a pianta centrale, del tutto autonoma rispetto alla prima, ridotta al rango di pura appendice funzionale per ospitare la gente comune, mentre l'aerea, immensa tribuna era destinata ai signori, alle loro cerimonie e, in futuro, alle loro tombe.

La mole e la ricchezza di forme della tribuna ducale "schiacciavano", addirittura umiliavano, il resto della chiesa, così come, nel refettorio accanto, l'*Ultima Cena* di Leonardo, nuova concettualmente e splendida pittoricamente, umiliava e faceva apparire irrimediabilmente sorpassate le pitture precedenti. Era una dimostrazione grandiosa del potere della nuova architettura.

I lavori al convento durarono pochi anni, perché alla fine del secolo il potere sforzesco crollò. Ma la nuova arte aveva dimostrato le sue potenzialità e la forza del suo messaggio. C'erano già, in questo orgoglioso esempio milanese, i futuri fasti di S. Pietro, di Michelangelo, del grande barocco: forse la più grande espressione, dai tempi dell'antica Roma, dell'arte come strumento del potere.

LA MATEMATICA DELLA FEDE

S. MARIA DELLA CONSOLAZIONE A TODI
CRISTALLO ARCHITETTONICO

Non sappiamo con certezza chi sia stato l'ideatore della chiesa della Consolazione. La critica, anche recente, ne ha spesso attribuito il progetto a Bramante, che qui avrebbe fatto tesoro degli studi fatti per la milanese S. Maria delle Grazie e di quelli, successivi, per S. Pietro in Montorio e per la basilica di S. Pietro.
Se l'autore non fu il maestro marchigiano, è stato certamente un architetto a lui molto vicino e in ogni caso un progettista al corrente degli studi che nei primi anni del Cinquecento si facevano sull'architettura religiosa e che ruotavano intorno al tema della chiesa a pianta centrale.
Questo schema, che Brunelleschi aveva sperimentato nella Rotonda di S. Maria degli Angeli e Leon Battista Alberti nel S. Sebastiano di Mantova, non era particolarmente adatto alle funzioni liturgiche, ma si presentava come il più consono alla concezione architettonica del primo Rinascimento, basata sulla concatenazione di rapporti proporzionali semplici e sull'uso della prospettiva. Inoltre, poiché tali architetture presentavano viste equivalenti da ogni angolazione, richiedevano preferibilmente spazi extraurbani, o comunque liberi da costruzioni, così da poter apprezzare tale loro qualità. Ciò permetteva di fare della chiesa un modello allegorico, della "città ideale", eterno sogno degli artisti rinascimentali.
In questo campo, la costruzione di Todi è esemplare. Eretta appena fuori dal centro abitato, in uno spazio aperto circondato dal verde della campagna, si posa leggermente sul terreno, quasi come una creazione d'un altro mondo atterrata nell'ameno paesaggio umbro. L'edificio è perfettamente simmetrico, formato da un cubo centrale cupolato a cui sono addossate quattro tribune coperte da semicupole. Tutto l'insieme dà una forte sensazione di ordine, serenità, equilibrio, chiarezza concettuale ed esecutiva. Eppure esistono discordanze: una delle tribune, la prima eretta, è semicircolare, mentre le altre tre sono poligonali. Il tamburo della cupola è più affollato di elementi che non la parte bassa della chiesa, scompartita da semplici lesene angolari e da misurate finestre a frontoni alternati. All'interno, le ghiere degli archi centrali e i pennacchi possiedono una ornamentazione eccessiva, in contrasto con la semplicità delle altre membrature architettoniche.
È il prezzo pagato alla lunga vicenda costruttiva, iniziata nel 1508 e terminata nel 1607, dopo che erano stati consultati architetti di vaglia come Baldassarre Peruzzi, Antonio da Sangallo il Giovane, Galeazzo Alessi, il Vignola, e persino Borromini (al quale, curiosamente, si chiese consiglio su come difendere la costruzione dall'umidità). Mentre si chiamavano a consulto tali luminari, altri artisti di livello minore – Cola di Matteuccio da Caprarola, Giandomenico da Pavia, Ambrogio da Milano, Gabriele di Giovanni da Como – conducevano il cantiere. Ma le contraddizioni non intaccano l'impianto generale, né la sua serena chiarezza. E non alterano il significato dell'opera: un cristallo architettonico, delicatamente posato nel verdeggiante paesaggio dell'Umbria a simboleggiare il periodo più ricco e consapevole della nostra storia dell'architettura.

Dove si trova
Non occorre entrare nell'abitato per visitare questo gioiello architettonico. La chiesa sorge infatti fuori della cinta muraria, lungo la circonvallazione Orvietana che corrisponde alla statale 79 bis. È perciò il verde la nota dominante sullo sfondo di S. Maria della Conciliazione, facilmente raggiungibile quindi sia giungendo da Orvieto sia arrivando da Perugia o Terni.

1. *Veduta zenitale della cupola che si erge sopra il vano centrale, di forma quadrata, contornato da quattro esedre cupolate. La sua forma a pianta centrale, simmetrica anche rispetto all'asse verticale, è un perfetto esempio delle concezioni architettoniche del Rinascimento, affascinato da questo tipo di costruzione totalmente regolare.*

2. *Una delle quattro esedre che affiancano il cubo centrale. Benché concepite in maniera unitaria, sono tuttavia attuate con alcune differenze: tre sono identiche, una – forse la prima eseguita – è semicircolare.*

3. *La chiesa nel verde della campagna umbra.*

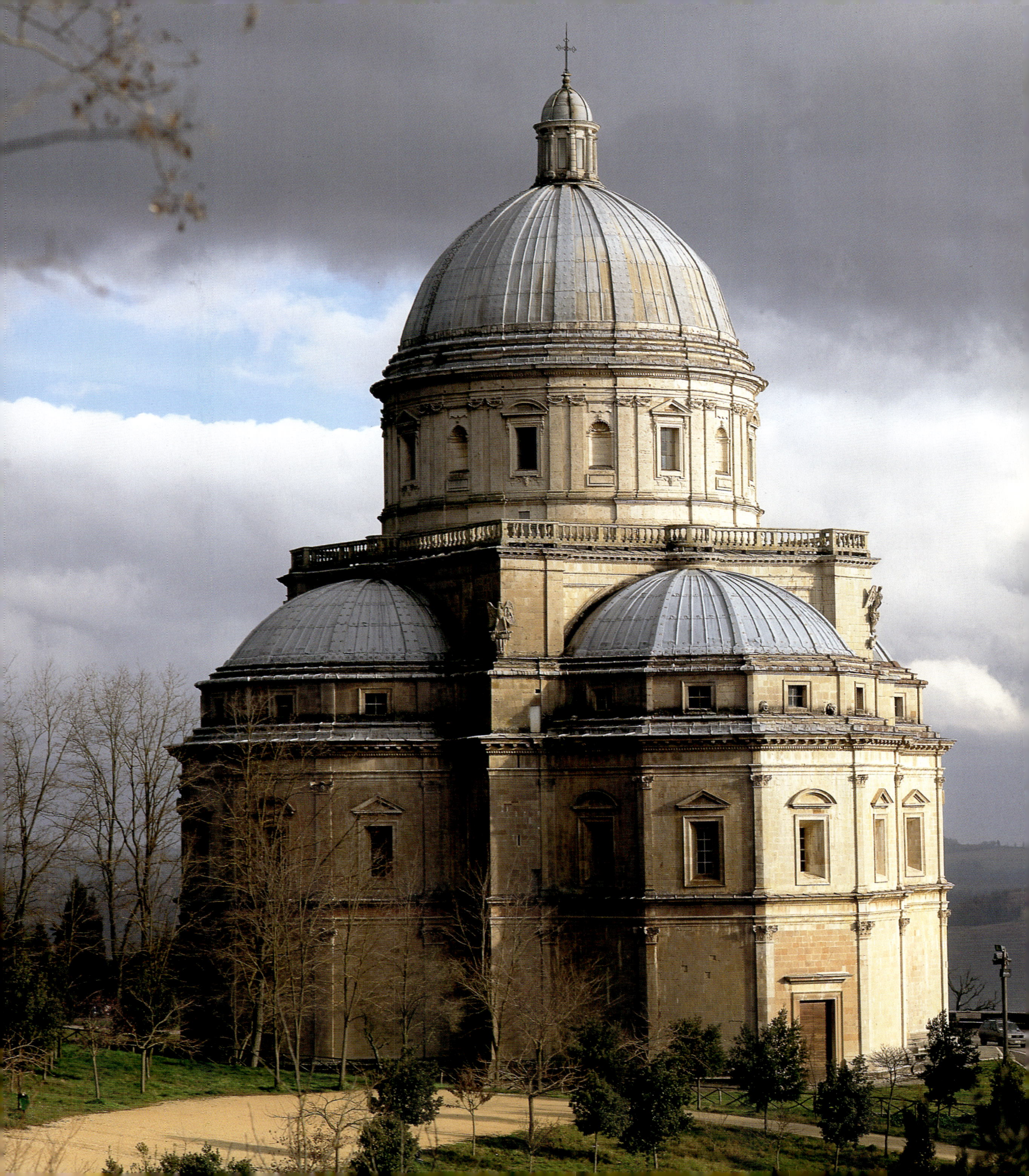

LA MATEMATICA DELLA FEDE

IL GESÙ A ROMA
IL MODELLO DELLA CONTRORIFORMA

S'incontrano ogni tanto, nella storia dell'architettura, alcuni edifici che possono essere considerati degli "snodi" essenziali nel divenire artistico, perché in essi confluiscono e si coagulano tendenze, esperienze e riflessioni diverse, dando vita a un tipo di realizzazione del tutto nuovo, emblematico del tempo presente e, spesso, anticipatore di quello futuro.
Uno di questi monumenti focali è senz'altro la chiesa del Gesù, edificata a Roma per opera di Vignola, Giacomo della Porta e Giuseppe Valeriani, tra gli anni Sessanta e Settanta del Cinquecento. Per posizione all'interno dell'abitato, a pochi passi da palazzo Venezia, e per importanza dell'ordine di cui era l'edificio di culto centrale (la nuova, aggressiva Compagnia di Gesù fondata da Ignazio di Loyola, vero "corpo d'assalto" della Riforma cattolica) l'edificio aveva un forte valore simbolico e culturale, a prescindere dalla sua forma. Ma questa forma, vuoi per abilità degli architetti e dei committenti, vuoi per felice concatenazione di eventi storici

> ◻ **Dove si trova**
> *L'antica via del Gesù è diventata una parte di via del Plebiscito, che a sua volta è un tratto della direttrice ideata all'indomani dell'Unità e tracciata sino agli anni '30 del '900 per collegare Termini a S. Pietro con pesanti sventramenti. Il fatto che la chiesa si trovi a poca distanza da piazza Venezia ha visto l'antistante slargo trasformarsi in uno snodo di traffico convulso.*

e artistici, riuscì a esprimere perfettamente il nuovo mondo cui il Cattolicesimo riformato voleva dare vita. La chiesa è a croce latina con navata unica, affiancata da profonde cappelle laterali concepite quasi come piccole chiese a sé stanti, in cui si entra attraverso un accesso relativamente ristretto (ma per contro le cappelle sono poste in comunicazione l'una con l'altra attraverso porte aperte nei muri divisori). Il transetto è molto largo ma poco profondo, tanto che esce di pochissimo dal filo delle cappelle laterali. Il presbiterio è invece ampio, chiuso da un'abside semicircolare in cui è collocato l'altare. Il modello a cui gli architetti si sono ispirati è, chiaramente, il S. Andrea di Mantova disegnato un secolo prima da Leon Battista Alberti. Ma lo spirito, e i conseguenti risultati, sono molto diversi. Se nell'edificio albertiano la derivazione dai modelli dell'antica Roma era evidente, quasi esibita, qui il linguaggio e gli effetti sono del tutto moderni. E, soprattutto, le forme sono caricate di significati simbolici che la chiesa mantovana non aveva.
La navata è unica, come unica è, e deve essere, la comunità dei fedeli. L'altare è in fondo, quasi "spinto" nella concavità dell'abside, isolato e lontano dai fedeli, che debbono "assistere" e non "partecipare" al rito divino: emblema eloquente del fatto che esiste una disparità di condizione tra il comune fedele e l'interprete

◻ 1-2. *Sulla facciata, eseguita da Giacomo della Porta nel 1577 e ispirata ai canoni del Manierismo, spicca, sopra il portale, il doppio frontone – curvo e triangolare – che raccorda l'ordine inferiore a quello superiore.*

autorizzato della Verità. Gli si affiancano, per importanza, i due maestosi altari dei transetti, che con esso danno vita a una simbolica "trinità" di altari.
Diverso, ma anch'esso pieno di significati allegorici, è il gioco degli alzati. La facciata è austera, anche se con un respiro solenne: è infatti a due ordini, quello inferiore caratterizzato da paraste e semicolonne, quello inferiore da un ampio finestrone e da due finestre laterali più piccole. A unire i due registri e

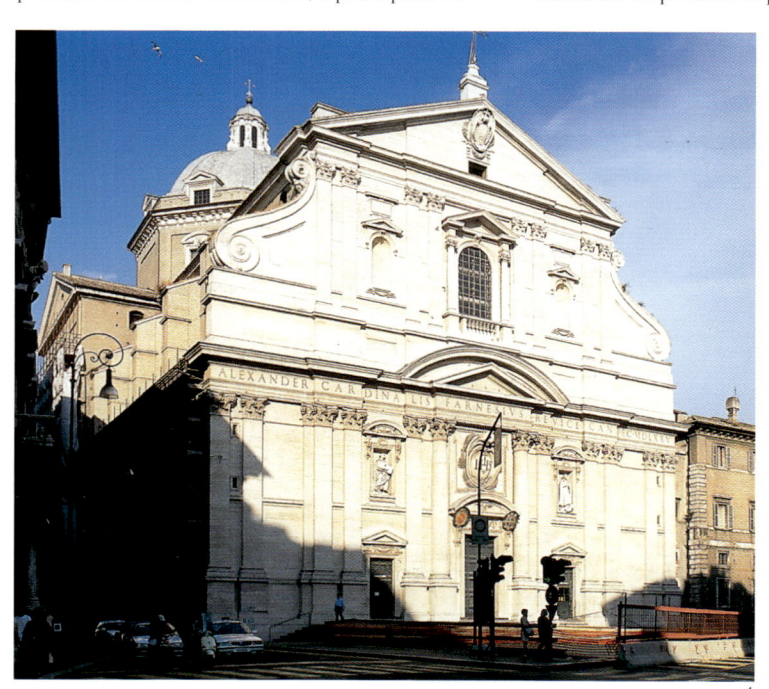

a caratterizzare con un maggior gioco chiaroscurale la parte centrale – secondo lo schema che poi diventerà tipico del barocco – sta il doppio frontone (curvo e triangolare) posto sopra l'inquadratura del portale. Ai lati, due volute raccordano l'ordine inferiore a quello superiore, riprendendo l'invenzione albertiana di S. Maria Novella e anticipando quello che diverrà uno stilema pressoché obbligato per le chiese barocche. L'interno (eseguito peraltro in epoca barocca, sia pure con continuità di gusto rispetto al Manierismo delle strutture architettoniche) è rutilante di luci, colori, dipinti, marmi e stucchi, in aperto contrasto con la severità monocroma e la mancanza di decorazione della facciata. È un immenso "apparato" teatrale volto a indurre nel fedele uno stupito, riverente stato di meraviglia e ammirazione. Architettura, pittura, scultura si fondono fino a rendere difficile, talvolta impossibile, dire dove finisca l'una e inizi l'altra. La luce, con forte effetto simbolico, emana quasi esclusivamente dalla cupola, cioè dall'alto, dal cielo.
Tutto l'insieme è coerente nell'ispirazione e suggestivo nella realizzazione: la chiesa è in realtà un'immensa, perfetta "macchina" per trasmettere al fedele i concetti della Controriforma.
Non è ancora il barocco: ma ne è la splendida, emblematica anticipazione.

3. *Una delle cappelle che fiancheggiano la navata unica della chiesa. Concepite come piccole chiese, le cappelle sono collegate da aperture praticate nei muri divisori. Sontuosa la decorazione, che si fonde con il disegno architettonico.*

4. *Il corridoio della cappella di S. Ignazio, decorato con effetti trompe-l'oeil da Andrea Pozzo tra il 1696 e il 1700.*

L'EMOZIONE DEL DIVINO
I capolavori del barocco

Quando Heinrich Wölfflin, nell'Ottocento, si prefisse il compito di individuare i caratteri che distinguevano le opere barocche, pensò di catalogare una serie di forme che si potessero indicare come tipiche di un'epoca o di un clima culturale. Ben presto però comprese che non era così: benché il repertorio formale barocco sia ricchissimo, non è, da solo, determinante ai fini stilistici. Ciò che realmente conta è il gusto, l'atteggiamento mentale, lo spirito che sta dietro alle forme. Tanto è vero che non esistono solo un'architettura, una scultura, una pittura barocca, ma anche una musica, una letteratura, una drammaturgia, una moda, persino un'etichetta e una gastronomia barocche. Alla metà del Novecento Eugenio D'Ors propose addirittura di considerare il barocco una categoria dello spirito, l'espressione dell'aspetto dionisiaco delle manifestazioni artistiche, in perenne contrasto con l'aspetto razionale, apollineo che ne costituisce l'altro polo.

Si tratta di un gusto e di un atteggiamento che sono in gran parte frutto di un consapevole e titanico sforzo della Chiesa, che a cavallo tra Cinquecento e Seicento creò e propagò in Europa un intero, complesso mondo di nuovi valori culturali. Non a caso il barocco nacque a Roma e da qui si diffuse, a onde concentriche, nei vari paesi cattolici, penetrando molto più lentamente e difficoltosamente (o addirittura non penetrando affatto, secondo alcuni storici) nei paesi protestanti. Esso è infatti l'espressione visibile della Controriforma, il volto con cui il Cattolicesimo rinnovato si presentava al mondo e a questo presentava la propria scala di valori.

La sua essenza stava nell'affascinare i sensi per conquistare la mente. "Del poeta il fin è la meraviglia", proclamava con apparente superficialità il cavalier Marino: e questa lezione si può estendere a tutta l'arte barocca, il cui compito consisteva nell'essere l'immensa, affascinante "macchina" che trasmetteva con forza l'ineffabile, soggiogante maestosità e sacralità del potere, facendone sentire al suddito del Re o al fedele della Chiesa la grandiosità. La Riforma, nelle intenzioni, parlava all'intelletto. La Controriforma si rivolgeva all'emozione.

Non stupisce perciò che le chiese barocche siano stupendamente scenografiche, teatrali nel senso più alto dell'espressione. Esse in realtà sono grandi teatri, immense allegorie, di cui il materno, amplissimo, ecumenico abbraccio del colonnato di S. Pietro è una inequivocabile dimostrazione. La stessa liturgia che vi si svolgeva, con i suoi paramenti lussuosi e stilizzati, le sue invocazioni e i suoi gesti ieratici, la musica suggestiva degli organi e dei cori, le rutilanti cerimonie (è l'epoca delle grandiose processioni, dei sontuosi "apparati", delle ostentazioni cerimoniali), era una perfetta e commovente "rappresentazione".

Dietro a queste rappresentazioni stanno però sensibilità, abilità esecutiva ed espressiva, "mestiere": un insieme di capacità di cui il mondo non ha più visto l'eguale. E che tutt'oggi incanta e soggioga anche gli esponenti di un mondo scettico, sbadato, profondamente laicizzato come il nostro. Possiamo talvolta non condividerlo o – più spesso – non comprenderlo. Non possiamo non sentirne il fascino.

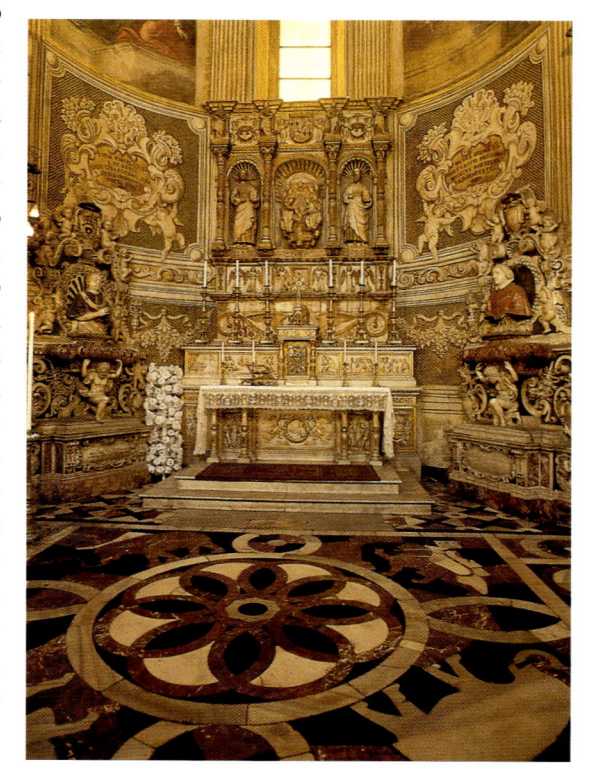

◻
1. La Cappella di Sant'Agata nel Duomo di Catania.
◻
2. La cupola della Cappella della Sindone a Torino, progettata a poligoni sorrapposti con sei ordini di archi ribassati da Guarino Guarini (1668-94). Roberto Schezen, 1969.

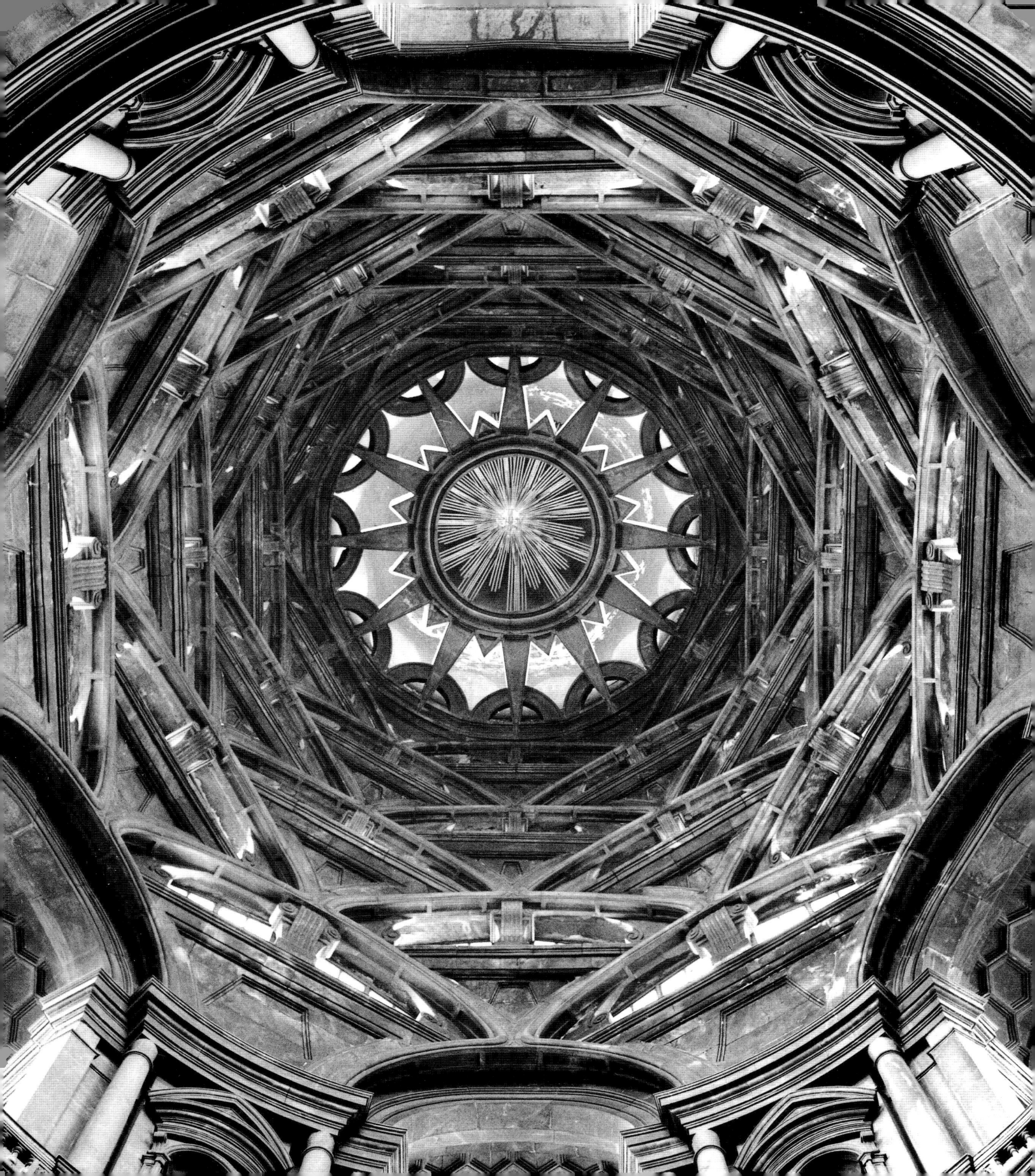

■ L'EMOZIONE DEL DIVINO ■

S. PIETRO A ROMA
URBI ET ORBI

"Erigerò la cupola del Pantheon sul tempio di Costantino". Con questo lapidario programma Donato di Pascuccio di Antonio, architetto urbinate meglio conosciuto come Bramante, affrontò nel 1505 il più impegnativo incarico della sua vita: costruire, sul luogo più santo della Cristianità, là dove riposavano le spoglie di san Pietro, una nuova, grande chiesa in luogo di quella, venerabile ma fatiscente, che vi avevano eretto gli architetti dell'imperatore Costantino. L'antica costruzione, vecchia ormai di quasi mille e duecento anni (era stata edificata tra il 319 e il 350) era infatti giunta a inizio Cinquecento sull'orlo del collasso. Grandi crepe si erano aperte nelle mura, che minacciavano di schiantarsi definitivamente, tanto che già nel 1452 papa Niccolò V aveva incaricato Bernardo Rossellino di progettare un completo rifacimento della costruzione (interrotto quasi subito per la morte,

■ **Dove si trova**
La più grande chiesa del mondo nel più piccolo Stato del pianeta. Misura solo 0.44 km² la Città del Vaticano, interamente racchiusa – a eccezione della stessa piazza S. Pietro – entro le omonime mura. Pressoché impossibile non trovarla, grazie alle tante indicazioni che spuntano in tutti gli angoli della capitale; senza dimenticare che il Cupolone è visibile da buona parte della città.

■ 1. *L'attico del maestoso colonnato del Bernini, ornato da una lunga teoria di statue di santi. Sul fondo la facciata della basilica, coronata dalle figure degli Apostoli. La statuaria del complesso è in gran parte d'epoca barocca.*

S. PIETRO A ROMA

2. *Veduta dall'alto del complesso della basilica di S. Pietro. La cupola, progettata da Michelangelo secondo il modello brunelleschiano di Firenze, fu completata da Giacomo della Porta e Domenico Fontana. La facciata, invece, fu progettata da Carlo Maderno.*

nel 1455, del pontefice). Dopo mezzo secolo, la situazione si era ulteriormente aggravata e papa Giulio II, salito al soglio nel 1503, aveva deciso di risolverla una volta per tutte.
Non era una decisione di poco conto. L'immensa basilica a cinque navate, preceduta da un ampio quadriportico al centro del quale stava, secondo il rituale delle origini, la vasca per le abluzioni, il *cantharon*, non era solo una delle maggiori chiese mai costruite, ma anche un vero "deposito" di fede e di storia. Le sue mura circondavano l'antichissimo tempietto, il *martyrion*, fatto erigere nel II secolo da papa Anacleto per proteggere le spoglie dell'Apostolo; al suo interno si innalzava la Colonna Santa, cui secondo la tradizione si sarebbe appoggiato Gesù nel tempio di Gerusalemme (in realtà è un'opera romana del IV secolo); sulla Pietra Rossa che ornava l'altare era stato incoronato nel Natale dell'800 (di sorpresa, pare) Carlo Magno. Secoli di storia, di fede, di piccoli e grandi avvenimenti avevano lasciato le loro tracce nel gigantesco complesso, attorno al quale si era stratificata nel tempo una labirintica città ecclesiastica. Tutto questo venne distrutto in pochi mesi, almeno come complesso organico (la parte anteriore della basilica, il quadriportico e il *cantharon* sopravvissero ancora per quasi un secolo): un sacrilegio architettonico che valse a Donato Bramante il soprannome feroce di "Mastro Ruinante". Ma la nuova costruzione stentò a nascere. Bramante aveva progettato un edificio grandioso, dominato da una poderosa cupola posta al centro di quattro grandi corpi di fabbrica uguali, che disegnavano sul terreno un'immensa croce greca, a sua volta complicata ai lati da altre quattro croci greche simili ma a scala minore, così da dar vita a un gigantesco quadrato ai cui angoli dovevano innalzarsi quattro snelli campanili: un insieme di cui la chiesa di S. Lorenzo, costruita secondo i modelli bramanteschi all'interno della reggia-convento spagnola dell'Escurial, può dare una buona approssimazione. L'artista urbinate riuscì però, prima della avvenuta morte nel 1514, a erigere solo i quattro piloni di sostegno della cupola. L'architetto che lo sostituì, Raffaello, vi disegnò intorno un organismo totalmente diverso; e così fecero i progettisti incaricati successivamente di seguire la grande costruzione, Baldassarre Peruzzi e Antonio da Sangallo il Giovane. E, mentre i progetti si accumulavano, i lavori procedevano a rilento o non procedevano affatto, con ripensamenti e sospensioni. Intanto questa chiesa non finita, per decenni ridotta al rango di "rudere moderno", aveva provocato un disastro al confronto del quale la distruzione della

3. *La ieratica statua di S. Pietro benedicente in cattedra, fusa nel Duecento da Arnolfo di Cambio. La basilica, costruita sul luogo di sepoltura dell'Apostolo, custodisce al suo interno molti ricordi e opere d'arte legate al suo culto.*

L'EMOZIONE DEL DIVINO

◨ 4. *Veduta assiale dell'interno della basilica. Le dimensioni della chiesa (fino a pochi anni fa la più grande di tutta la cristianità) sono colossali, tali da intimidire i visitatori. Sul fondo, sopra l'altare, il grande baldacchino bronzeo del Bernini.*

◨ 5. *La celebre* Pietà *di Michelangelo, opera giovanile del grande artista. La grande chiesa, centro della cristianità, è un immenso contenitore di opere d'arte e di reperti storici di immenso valore.*

venerabile basilica costantiniana era un fatto trascurabile. Per raccogliere il denaro necessario all'erigenda fabbrica papa Leone X aveva bandito nel 1517 in tutta Europa una colossale "vendita delle indulgenze": operazione non insolita all'epoca, ma condotta con tale spregiudicatezza da fornire a Martin Lutero lo spunto per una sdegnata ribellione, che trovò ampio seguito nei paesi nordici e spaccò irrimediabilmente la Cristianità. Gran parte della Germania, l'intera Scandinavia, ampie zone di Francia, Svizzera, Boemia, Ungheria e infine tutta l'Inghilterra si staccarono per sempre dal magistero di Roma. Nel 1527 i lanzichenecchi luterani dell'imperatore Carlo V misero addirittura a sacco la stessa Città Eterna. Nessuna chiesa era mai costata così cara. Tale era la situazione quando Michelangelo, nel 1547, venne chiamato da papa Paolo III Farnese a dirigere il cantiere. Di questo incarico il grande artista non ne voleva sapere. Asseriva di essersi fatto troppi nemici tra gli architetti della curia criticando i loro progetti (e in effetti aveva definito la proposta di Antonio da Sangallo, tra le altre cose, "cieca di lumi", "tedesca", "piena di nascondigli" nei quali si potevano "tener segretamente banditi, impregnar monache, far monete false"), protestava che l'architettura "non era l'arte sua propria", insistette

◻ 6. *Vista di scorcio del centro della basilica, con in primo piano il monumentale baldacchino progettato da Bernini per coprire l'area dell'altare. Per realizzarlo venne spogliato del suo bronzo il colonnato romano del Pantheon.*

per non essere obbligato ad andare in cantiere, mandando al suo posto il fido assistente Pier Luigi Gaeta il quale lo poteva "ragguagliare la sera quello che si farà il giorno". Ma una volta costretto a prendere in mano l'impresa procedette con la sua proverbiale e testarda alacrità e impresse alla basilica il suo sigillo. Ancor oggi, nonostante i molti interventi successivi, la struttura di S. Pietro, perlomeno nella parte centrale e absidale, è sostanzialmente sua. Michelangelo si rifece alla

◻ 7. *L'interno della cupola di S. Pietro. Pensata inizialmente da Bramante, che si ispirò alla cupola del Pantheon, venne elaborata nella sua forma definitiva da Michelangelo e portata a compimento da Giacomo Della Porta e Domenico Fontana.*

◻ 8. *La scenografica* Cattedra di S. Pietro, *trionfo della statuaria e della teatralità barocca, posta nella parte absidale della basilica. È una delle creazioni principali eseguite in epoca barocca per la grande chiesa.*

concezione di Bramante, "chiara, schietta e luminosa", com'ebbe a definirla: un'ampia cupola sostenuta da quattro corpi di fabbrica uguali. Ma l'attuazione non poteva essere più diversa. Ogni aspetto dell'organismo venne semplificato, ridotto all'essenziale e al contempo ingigantito. Le murature vennero ridotte a lisce superfici intonacate intelaiate da poderose lesene corinzie d'ordine gigante. La chiesa di Bramante era proporzionata, con le cadenze distese e misurate di un raffinato balletto. Quella di Michelangelo costituì un unico, possente basamento per l'immensa cupola, il cui modello non era più il Pantheon ma la grande cupola, tanto ampia "da abbracciare con la sua ombra tutti i popoli toscani", eretta da Filippo Brunelleschi per il Duomo di Firenze. Il "cupolone", come i Romani l'avrebbero affettuosamente chiamato, avrebbe dovuto essere idealmente il punto di riferimento di tutti i popoli cristiani.

L'immensa chiesa cambiava così drasticamente, in corso d'opera, il suo significato spirituale. Era nata come glorificazione dell'Umanesimo, espressione di quel mondo sincretistico che mescolava con naturalezza dogmi cristiani e principi filosofici pagani, vedendo nell'uno il completamento o la sublimazione degli altri, che era il sostrato del Rinascimento. Aveva provocato la ribellione del mondo germanico, rivolta al classicismo di fondo della cultura italiana, del tutto estraneo al mondo nordico, non meno che all'arroganza degli esattori papali. Diventava ora lo strumento, o uno degli strumenti, della risposta che la chiesa cattolica si stava apprestando a dare a questa ribellione. Non a caso Paolo III, il papa che aveva convinto Michelangelo a occuparsi di S. Pietro, era anche il pontefice che aveva convocato il Concilio di Trento, l'assise che doveva elaborare la reazione cattolica alla Riforma protestante: reazione in cui l'arte avrebbe avuto una parte di primo piano, non inferiore a quella assegnata alla dottrina. In questa nuova concezione il complesso non era più un semplice edificio, per quanto importante. Diventava il punto di riferimento, spirituale e artistico,

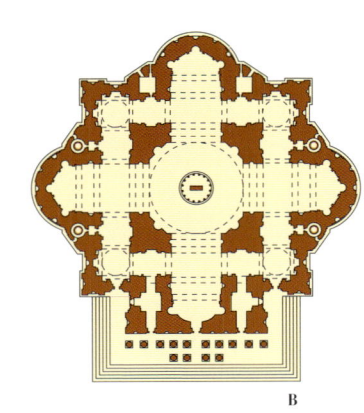

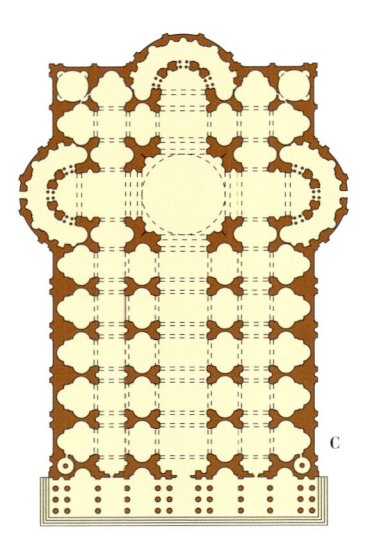

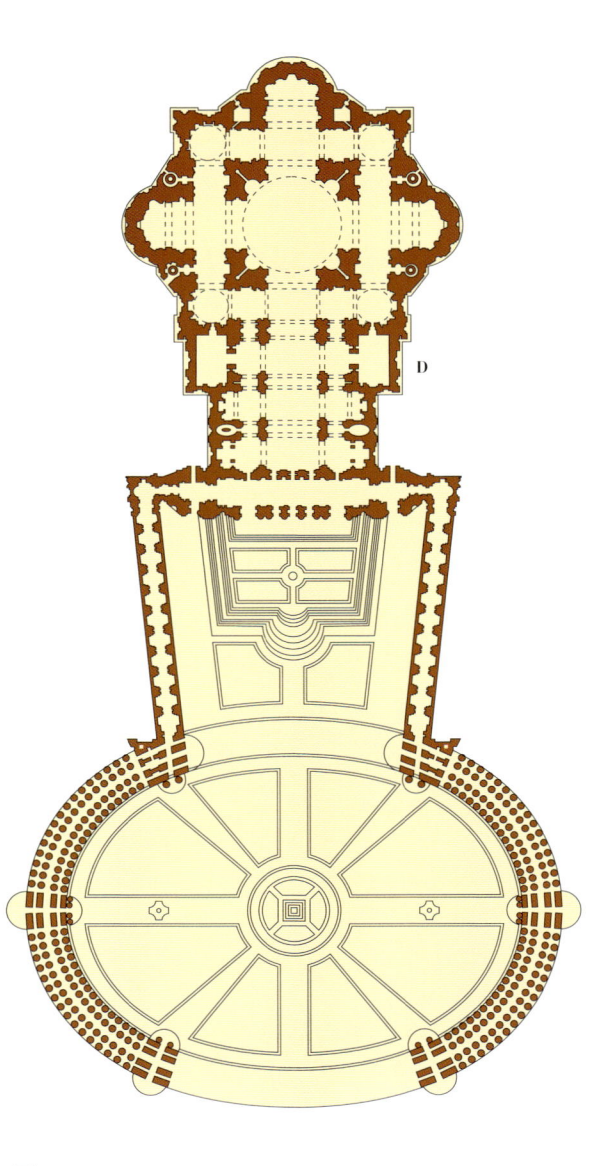

◼ *Alcuni dei progetti per la basilica di S. Pietro.*
A: *il progetto iniziale di Bramante, a croce greca affiancata da altre croci greche minori e da quattro campanili agli angoli*
B: *il nuovo progetto elaborato da Raffaello, a croce greca con cappelle tra le navate*
C: *il progetto di Michelangelo, che ripropone, semplificata, la croce greca*
D: *S. Pietro com'è attualmente, dopo le aggiunte del Maderno e la realizzazione della piazza berniniana*

9. *La mossa, espressiva statua di S. Longino è una delle molte creazioni di Gian Lorenzo Bernini che ornano la basilica. L'artista barocco dedicò buona parte della sua attività alla sistemazione e alla decorazione della grande chiesa.*

di tutta la Chiesa, il mistico "centro di comando" del grande esercito di religiosi, devoti e fedeli che in ogni continente si battevano per il cattolicesimo. Anche il cantiere ne fu galvanizzato. I lavori procedettero senza soste per tutta la seconda metà del Cinquecento e nel Seicento. Dopo la morte di Michelangelo, nel 1564, Giacomo Della Porta e Domenico Fontana innalzarono la grande cupola progettata dal maestro (modificandone, per ragioni statiche e costruttive, il profilo). Carlo Maderno, a cavallo tra i due secoli, eresse le navate del piedicroce e la facciata, trasformando l'originaria chiesa a croce greca in una costruzione a croce latina: altro "tradimento" dell'idea michelangiolesca, reso tuttavia indispensabile dall'adeguamento alle esigenze liturgiche della Controriforma. E infine, nel corso del Seicento, Gian Lorenzo Bernini, con una paziente opera di completamento, sistemò l'interno, dove spicca il grande baldacchino a colonne tortili che sovrasta l'altare, e diede alla basilica il geniale colonnato esterno, con il suo ecumenico abbraccio ellittico, che tuttora costituisce, insieme alla cupola, il "marchio di fabbrica" di S. Pietro. Dopo oltre centocinquant'anni di fatiche e lavori, la gigantesca opera era conclusa. Il risultato è un monumento non solo alla potenza espressiva dell'architettura ma anche e soprattutto alla maestà della Chiesa e della sua missione. Quando il Papa celebra in pompa magna nella basilica, circondato dalla schiera di cardinali, vescovi e dignitari rivestiti di porpora, quando ci si mescola alle centinaia di migliaia di pellegrini di ogni parte del mondo per ricevere dalla loggia di S. Pietro la solenne benedizione *urbi et orbi*, è difficile non restare sedotti dal fascino della storia e dell'arte. L'essenza delle fede è spirituale. Ma queste mura ne danno la più persuasiva, e potente incarnazione.

L'EMOZIONE DEL DIVINO

S. Ivo alla Sapienza a Roma
L'ape della cultura

Il barocco è l'apoteosi della Fede trionfante, la proclamazione, con tutti i mezzi consentiti dall'arte, della maestosità, della gloria, dello schiacciante splendore della divinità e dei suoi rappresentanti: in sintesi, l'espressione artistica della Controriforma e della rinnovata grandezza da essa infusa alla Chiesa. Ma è anche un'epoca che sentì profondamente, e spesso dolorosamente, il tormento della fede, il contrasto tra le splendenti promesse dell'eterno e le crude, spesso avvilenti realtà del quotidiano.
I due grandi architetti della Roma seicentesca, Gian Lorenzo Bernini e Francesco Castelli, detto il Borromini, furono per molti versi l'espressione di questa contraddizione. L'uno, con le sue scenografiche e coinvolgenti creazioni, dava magica, rutilante corporità ai trionfi del potere spirituale e politico. L'altro perseguiva accanitamente, con i suoi tormentatissimi edifici "minori" (per dimensioni e importanza dei committenti), l'ideale di un'architettura, e di uno stile di vita, in cui ogni aspetto, ogni forma, ogni certezza venissero puntigliosamente messi in discussione e ricomposti

> ◻ **Dove si trova**
> *Attenzione a non dirigersi verso la Città universitaria. La chiesa di S. Ivo è infatti nel cortile del palazzo della Sapienza, sede originaria dell'Ateneo capitolino (il trasferimento avvenne nel 1935). Ci si trova perciò nel cuore della Roma rinascimentale: a destra della chiesa sorge palazzo Madama, sede del Senato, mentre dietro gli edifici che la fronteggiano è già piazza Navona.*

◻ 1. *L'interno della cupola, costruita a spicchi concavi che si innalzano da una base alternativamente concava e convessa: vero prodigio di complessità spaziale a base geometrica.*

◻ 2. *L'esedra terminale del cortile della Sapienza, progettata da Giacomo della Porta, oltre cui Borromini ideò la sua cappella a pianta centrale.*

in un ordine diverso, più profondo. Le sue creazioni hanno sempre una rigorosa base geometrica, che fa da tracciato generatore. Ma, al contrario delle geometrie semplici e grandiose di Bernini, sono complesse, tormentate, ricche di compenetrazioni e di significati simbolici.
S. Ivo alla Sapienza, la chiesa dell'Archiginnasio, cioè dell'Università di Roma, eretta da Borromini tra il 1642 e il 1660, è esemplare in questo senso. Non grande (doveva infatti inserirsi in uno spazio predeterminato, al fondo di un cortile porticato rettangolare eretto pochi anni prima da Giacomo Della Porta), era per di più condizionata da una "facciata" preesistente: un'esedra ad arcate che riprendeva l'altezza e la scompartitura del porticato ed era stata pensata al preciso scopo di "mimetizzare" l'edificio di culto nel complesso. Alla nuova costruzione sembrava venir negata proprio la regola prima di un'architettura barocca: comparire.
Il modo con cui Borromini superò questi ostacoli è geniale. La rigida forma rettangolare dello spazio venne infranta mediante l'inserimento ai quattro angoli di locali esagonali, adibiti a sagrestie. Lo spazio così "ritagliato" venne occupato da una chiesa a pianta centrale basata sulla sovrapposizione di due triangoli equilateri ruotati, così da dare origine a una stella a sei punte, una forma che aveva numerosi significati liturgici e simbolici: il triangolo, simbolo della Trinità, dà infatti origine alla stella di Davide, simbolo antico della sapienza (dunque quanto mai adeguato alla funzione dell'edificio) e rappresenta la schematizzazione convenzionale dell'ape, simbolo araldico del pontefice committente, Urbano VIII Barberini.
È una pianta originale e complessa, che non ha riscontri nella cultura artistica dell'epoca e trova qualche lontano precedente, nello spirito se non nella forma, solo in alcune costruzioni gotiche. Intorno a tale impianto rigido la muratura si ondula e si plasma continuamente, in un'infinita, fantasiosa sinfonia di variazioni che nasce

dall'esercizio esasperato della geometria. Le punte della stella sono smussate e assumono la forma di una serie di esedre che circondano l'esagono centrale; queste, a loro volta, sono differenziate da fondali alternativamente concavi e convessi, che disegnano nell'aria, a livello della trabeazione, l'ape araldica dei Barberini e nei quali si inseriscono aperture e nicchie sormontate da gallerie.
Su tutto si slancia una cupola dagli spicchi concavi, che sembra gonfiarsi dilatando lo spazio da essa racchiuso.
L'esterno è altrettanto fantasioso. Un tamburo a sagoma ondulata racchiude la cupola e sorregge la frastagliatissima, originalissima guglia a spirale che si avvita verso il cielo. La parte superiore (l'unica della chiesa visibile all'esterno) svetta fuori dall'esedra e domina prepotente il cortile, ridotto visivamente a suo basamento.

◙ 3. *La parte superiore della cupola, con la prodigiosa lanterna sormontata dall'agile, originalissima cuspide a decori spiraliformi è un vero e proprio simbolo del barocco.*

È un'architettura immensamente ricca e complessa, che utilizza ancora, apparentemente, l'apparato formale degli ordini classici, ma ne ricompone gli elementi in modo del tutto nuovo, svincolato da ogni rigida norma proporzionale, formale o sintattica; e che ottiene risultati stupefacenti con incredibile povertà di mezzi (quasi bandite le decorazioni, all'interno e all'esterno, ridotti a quelli più poveri – intonaco e stucco – i materiali), per pura virtù d'invenzione.
Eppure stupisce più delle grandi scenografie urbane. E "scava" tanto di più di esse alla ricerca di un modo nuovo, personale, meditato e sofferto di essere e di credere. Qui, veramente, pulsa l'anima della Controriforma.

L'EMOZIONE DEL DIVINO

S. CROCE A LECCE
RELIQUARIO DI PIETRA

Il barocco della Spagna e dei paesi di dominazione spagnola viene spesso definito dagli storici dell'architettura *plateresco*, degno cioè di un argentiere, per il gusto esasperato della decorazione che lo contraddistingue e che sommerge inesorabilmente, come una nobile ma travolgente colata, facciate, pareti, pilastri, portali, altari, pulpiti. Verrebbe voglia di assimilare a questo stile da orefice anche l'ornatissima facciata di S. Croce, chiesa emblematica del barocco leccese. Ma, in questo caso, la situazione è più complessa.

L'abbondanza di decorazione nasceva fondamentalmente, nei paesi iberici, da una scarsa o superficiale comprensione dei principi profondi su cui basava il barocco (come era successo a suo tempo in Italia con il gotico, poco radicato nella nostra tradizione e perciò impiegato in versione decorativa, ben lontana dall'arditezza e coerenza strutturale dei paesi nordici). A questa situazione si aggiungeva, nelle colonie, l'abbondante impiego, soprattutto nella decorazione, di maestranze indigene, che tendevano a riprodurre temi e motivi del mondo decorativo locale.

A Lecce, ben diversa era la situazione: basta osservare la struttura di S. Croce, importante chiesa annessa al vicino convento dei Celestini e innalzata proprio nel centro cittadino, nel luogo che da secoli si identificava con il potere. Si tratta di un luogo di culto tipico della Controriforma, formato da un grande corpo a triplice navata con cappelle laterali – diviso da snelle colonne monolitiche, così da dar vita a uno spazio pressoché unitario – da un transetto ampio ma poco sporgente, con sontuosi altari laterali, e da un presbiterio con coro anteposto, in modo da spostare l'altare verso il fondo della chiesa, lontano visualmente non meno che spiritualmente dai fedeli, considerati, secondo la concezione tipica dell'epoca, come "spettatori" e non "attori" dell'atto liturgico. La stessa articolazione delle coperture, a soffitto piano sulle navate e a volta nel presbiterio, separato dalle prime dall'interruzione luminosa della cupola, sottolineava questa rigorosa scala gerarchica.

Non solo i principi della nuova architettura religiosa sono accolti in tutto l'organismo della chiesa pienamente: essi sono anche attuati con un rigore e una coerenza da manuale.

In conformità ai dettami controriformistici la decorazione, all'interno, è contenuta sebbene possieda una raffinatezza sontuosa. I capitelli sono riccamente scolpiti, dando una versione particolarmente ornata dell'ordine corinzio; le lesene che intervallano gli archi delle navate laterali sono elegantemente decorate a fogliami; la trabeazione è articolata; ma, nell'insieme, si tratta di una versione aristocraticamente castigata del barocco.

Solo il soffitto ligneo a pesanti lacunari scolpiti è visivamente "carico". Diversamente la facciata è letteralmente "sommersa" da un'insistita decorazione che fonde in un unico, elaborato "apparato scenico" architettura e scultura:

◻ **Dove si trova**
Nel cuore di Lecce, come vertici di un ideale triangolo, si dispongono la centralissima piazza S. Oronzo e le maggiori chiese cittadine. Se l'animata via Vittorio Emanuele conduce in breve alla scenografica piazza del Duomo, dalla raccolta piazza Castromediano si raggiunge facilmente la basilica di S. Croce, che allunga la sua esuberante facciata in via Umberto I, una delle strade più rappresentative della città.

◻ 1. *L'esuberante, ornatissima facciata di S. Croce, annessa al monastero dei Celestini, di cui si intravedono le strutture sulla sinistra. Nella realizzazione dell'opera si alternarono tra il 1571 e il 1646 quattro diversi artefici: Gabriele Riccardi, Francesco Antonio Zimbalo, Cesare Penna e Giuseppe Zimbalo.*

S. CROCE A LECCE

impossibile dire dove comincia l'una e dove finisce l'altra. In questo caso, veramente, il gusto è *plateresco*: più che la facciata di una chiesa sembra di osservare un gigantesco reliquario intagliato nella tenera pietra locale.

La disponibilità della pietra leccese, dal caldo colore dorato e dalla facile, meravigliosa lavorabilità, ha certo favorito lo sviluppo dell'esplosione decorativa, che è tipica di tutto il barocco leccese. L'abilissima manodopera locale, esperta in virtuosismi, vi trovava un ampio campo di espressione e gratificazione. Ma questo è solo l'aspetto per così dire "esterno" del problema. La sua radice sta probabilmente nel ruolo che la città pugliese andò assumendo tra Cinquecento e Seicento.

Nei primi decenni del XVII secolo erano attivi in città venticinque complessi religiosi: monasteri degli ordini di derivazione benedettina, conventi degli ordini mendicanti medievali e "case" delle nuove congregazioni nate dallo slancio della Controriforma, a cui si aggiungevano le confraternite religiose, gli istituti caritativi e assistenziali e il nutrito gruppo di religiosi secolari. Lecce era insomma innervata da una vasta rete di strutture religiose, che ne facevano per così dire una città-chiesa, un vero e proprio presidio della fede cattolica la cui influenza si irraggiava su un ampio territorio. Occorreva dare visibilità a queste presenze che condizionavano la vita cittadina. E la diffusa e spettacolare decorazione delle facciate delle costruzioni ecclesiastiche, che le uniformava nel momento stesso in cui li contraddistingueva, era lo strumento adatto allo scopo. Era il contrassegno della nascente "cittadella della fede". Non a caso una delle facciate più ornate era quella di S. Croce, chiesa dell'ordine che contendeva ai Gesuiti il primato nella direzione spirituale della città. Come sempre, l'architettura si rivelava un efficace mezzo di comunicazione di massa capace di trasmettere, per pura virtù d'immagine, gli scopi, l'importanza, i desideri dei suoi costruttori.

◻ *2-3-5. Tre particolari della caratteristica, elaborata decorazione scultorea che è l'elemento distintivo non solo della chiesa ma di tutto il barocco leccese. L'abilità degli artigiani è esaltata dalla lavorabilità della tenera pietra locale, dal bel colore dorato.*

◻ *4. Veduta del piedicroce visto dal presbiterio. Le slanciate colonne monolitiche e l'ampia cesura del transetto danno un senso di ampia spazialità all'interno della chiesa. L'interno, rispetto alla facciata, è assai meno diffusamente ornato.*

L'EMOZIONE DEL DIVINO

S. MARIA DELLA SALUTE A VENEZIA
ROTONDA MACCHINA TRIONFALE

"Opera vergine, non più vista, curiosa, degna e bella, fatta in forma di rotonda machina, che mai s'è veduta né mai inventata, né in tutto né in parte, per altre chiese di questa città". Così Baldassarre Longhena, trentaduenne architetto veneziano di origine lombarda (suo padre, un tagliapietre dal biblico nome di Melchisedec, si era spostato dal natio Canton Ticino a Venezia prima della nascita di Baldassarre), scriveva nel 1631 del suo progetto per la nuova chiesa di S. Maria della Salute, che il governo della Serenissima intendeva innalzare sulla punta della Dogana, la stretta lingua di terra che separa il Canal Grande dal canale della Giudecca, come ringraziamento per la fine della peste che l'anno prima aveva devastato la città.
I giovani sono di solito entusiasti, e per di più Longhena doveva difendere il suo progetto, uscito a sorpresa vincitore dal concorso bandito per l'occasione, dagli attacchi di un concorrente battuto, Antonio Smeraldi detto Fracao, che in unione con un altro eliminato, Giambattista Rubertini, lo accusava di imperizia tecnica dovuta alla scarsa esperienza. Ma aveva ampiamente ragione. La grande chiesa ottagonale che aveva ideato e che aveva meritatamente vinto il concorso era davvero una "macchina" di cui sino a quel momento non si era visto sulla laguna l'uguale.

La cultura veneta, che nella seconda metà del Cinquecento – l'epoca di Sansovino, Serlio, Palladio, Scamozzi – era stata all'avanguardia nel campo architettonico, si era, verso la fine del secolo e l'inizio di quello successivo, progressivamente rinchiusa su se stessa. Motivi politici esterni, come la freddezza dei rapporti con la chiesa di Roma, sempre più centralizzatrice sull'onda della Controriforma, e interni, come il crescente contrasto tra il ceto mercantile produttivo e l'antica nobiltà conservatrice, si facevano sentire anche in campo artistico. La classe dominante mal sopportava le innovazioni, fossero pure solo architettoniche; se queste poi provenivano, com'era il caso del nuovo linguaggio barocco, dalla città dei papi, e dunque potevano in qualche modo veicolare un'indesiderata influenza religiosa e politica, l'ostracismo era doppio. Ma Baldassarre aveva sviluppato un'architettura "autoctona", che aveva la magniloquenza delle

☐ **Dove si trova**
Come una grande corona di marmo bianco, sormontata da una maestosa cupola e popolata di statue, la Salute è uno degli elementi dominanti del paesaggio di Venezia, visibile sia dall'acqua sia da terra. Oltre punta della Dogana, la mole barocca della chiesa, alta sopra il basamento a gradini raccordato all'acqua da una lunghissima riva, segna l'imbocco del Canal Grande dal bacino di S. Marco, di cui regala una vista da cartolina.

1. La candida mole della Salute troneggia sulla punta della Dogana, così da essere visibile da tutto il bacino di S. Marco. Grazie alla sua visibilità e alla sua forma inconsueta, è diventata uno dei più noti simboli della laguna. È senz'altro, per dimensioni e rilevanza, la maggiore creazione architettonica del barocco veneziano.

2. L'ingresso della Salute, volutamente esemplato sullo schema degli archi trionfali dell'antica Roma, di cui Venezia per molti versi si sentiva erede diretta: un recupero "colto" di gusto ancora manierista, più che barocco.

☐ 3. *La punta della Dogana, su cui sorge la chiesa di S. Maria della Salute, vista dall'alto. È ben avvertibile in questa immagine come la chiesa, che a prima vista sembra a pianta perfettamente centrale, abbia in realtà uno sviluppo longitudinale, con un grande presbiterio a sua volta coperto da una cupola.*

nuove creazioni romane ma la raggiungeva con altri mezzi, più adatti all'ambiente lagunare. E aveva saputo concretizzare le sue idee in un progetto di forte, travolgente bellezza.
L'impostazione dell'edificio sfruttava la posizione eccezionale sulla punta di un lembo di terra insinuato tra due ampi canali: era un'opera a tutto tondo, una gigantesca scultura le cui masse poderose dovevano essere visibili da tutti i lati. Si trattava di una novità sconvolgente in una città come Venezia dove tradizionalmente le architetture non avevano "corpo", ma solo "facciate", si distendevano cioè l'una accanto all'altra lungo i rii e i canali mostrando all'esterno uno schermo più o meno elaborato secondo lo stile del tempo, senza preoccuparsi dei fianchi e del retro: una città di quinte, sia pure bellissime. Ma ancora più notevole era il modo con cui il corpo era articolato. Il nucleo dell'erigenda chiesa era basato su un ottagono con ambulacro interno: uno schema di antica origine, legato ad architetture di grande importanza, solitamente imperiali, che aveva nel S. Lorenzo di Milano (edificio romano rifatto una generazione prima da Martino Bassi, i cui Dispareri in materia di architettura erano abbastanza noti a Venezia) e nel S. Vitale di Ravenna. E fin qui si restava, tutto sommato, nella norma. Ma al centro di ogni lato Longhena aveva previsto una cappella dotata di altare, il cui corpo sporgeva totalmente dal perimetro dell'ottagono, formando una "scarsella", come allora si diceva. Il profilo dell'edificio non veniva dunque più a essere unitario, ma estremamente articolato, poiché mostrava allo spettatore una serie di angoli, intervallati da corpi sporgenti, che creavano una grande concitazione visiva: anche perché le pareti delle cappelle non erano lisce, ma fortemente decorate con lesene nella parte inferiore e finestre in quella superiore, e un frontone sormontato da statue nel coronamento: quasi una serie di archi trionfali. L'ingresso poi era un arco trionfale vero e proprio, maestoso e massiccio. Sopra questa base articolata s'innalzava un alto tamburo che reggeva una possente cupola emisferica, ispirata a quella di S. Marco. Anche questa era una soluzione consueta. Ma qui compariva la seconda "invenzione" di Longhena, dopo quella delle "scarselle" sporgenti dall'ottagono. Per raccordare il tamburo della cupola, che poggiava sui pilastri dell'ambulacro, con le pareti perimetrali della chiesa l'architetto aveva previsto una serie di gigantesche volute: il geniale motivo – inventato da Leon Battista Alberti per raccordare il registro inferiore della facciata di S. Maria Novella con quello superiore

S. Maria della Salute
a Venezia

VISTA FRONTALE

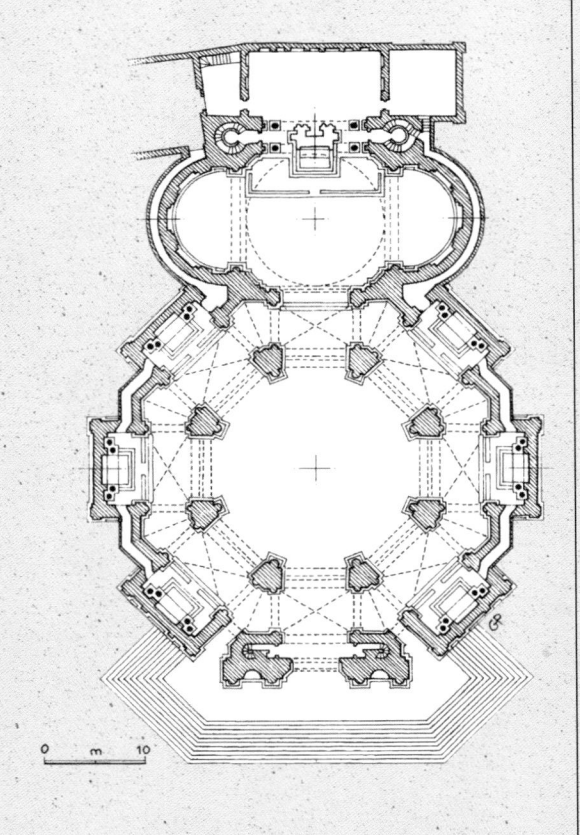

PIANTA

SEZIONE LONGITUDINALE

PARTICOLARE DEL RACCORDO A VOLUTA TRA CORPO CENTRALE E CUPOLA

Abile mescolanza di schemi romani (come quello dell'arco trionfale sul quale sono impostate le cappelle), paleocristiani (come l'impianto ottagonale con deambulatorio dell'insieme), rinascimentali e manieristi (come il profondo presbiterio cupolato), S. Maria della Salute, opera di tutta una vita del suo progettista, è un unicum nel panorama architettonico veneziano, di cui costituisce uno dei fulcri.

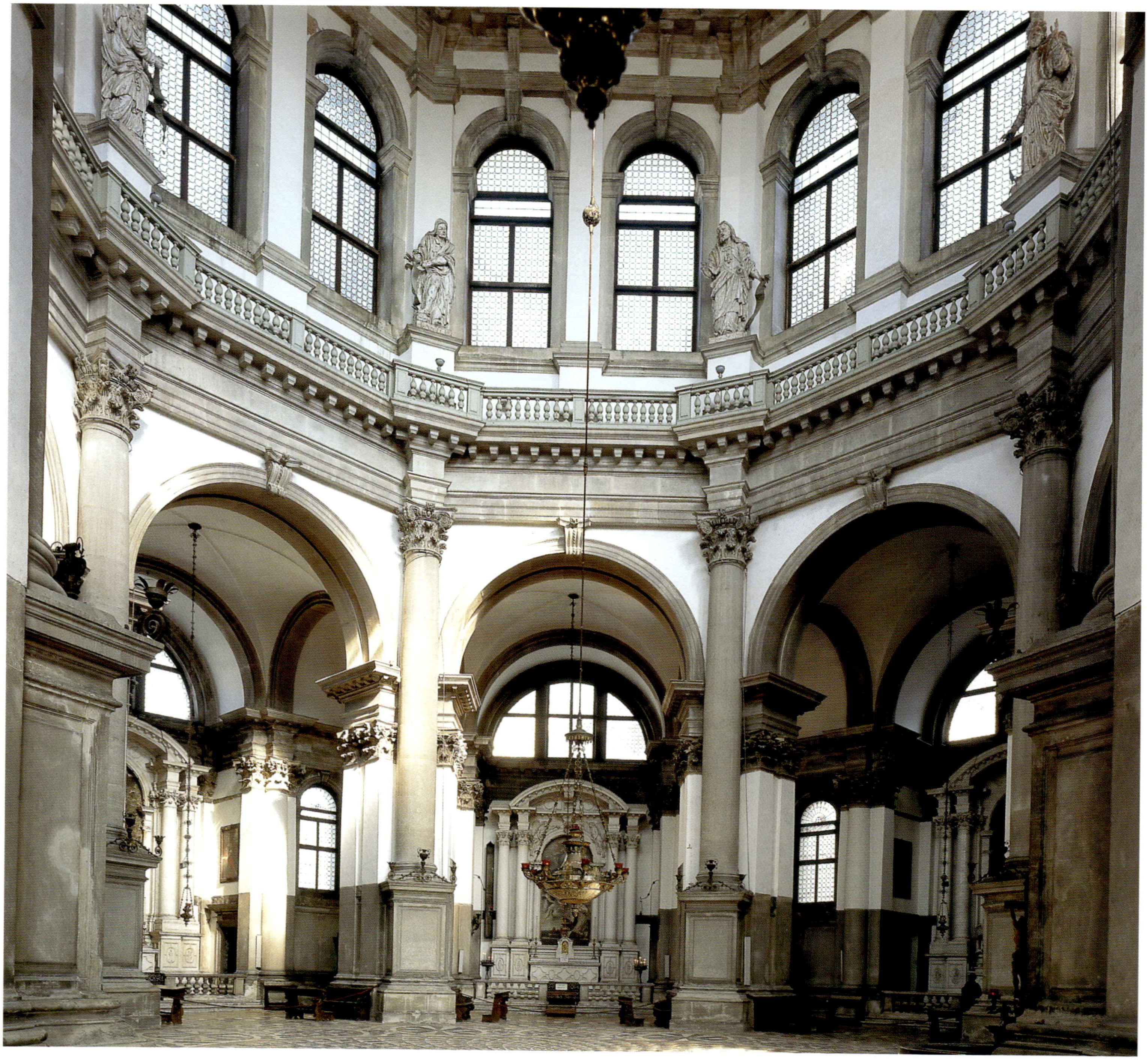

4

5. *Tiziano, Tintoretto e Sassoferrato sono gli artisti presenti alla Salute. Sopra, S. Marco e altri santi, tarda opera di Tiziano nel terzo altare sinistro.*

6. *Particolare del dipinto di Tiziano* Il sacrificio di Isacco *che, insieme alle altre due tele* Davide e Golia *e* Caino e Abele, *decora il soffitto della Sagrestia grande.*

a nascondere così gli spioventi del tetto – era diventato nel Cinquecento la soluzione pressoché canonica per le facciate delle chiese. Qui, però, era impiegato "a tutto tondo", non su una facciata, ma in uno spazio tridimensionale. Questa serie di innovazioni facevano veramente della Salute una chiesa di tipo nuovo, una sorta di gigantesca scultura posata magicamente sulle acque della laguna. E le davano una "corposità", una forza visiva di cui nessun'altra architettura veneziana poteva disporre.

4. *Lo scenografico spazio ottagonale dell'interno, con le cappelle scavate lungo il perimetro e l'alto volume della cupola centrale, cinto da un tamburo finestrato.*

La bianca mole della grande costruzione divenne rapidamente il simbolo stesso della laguna, il "biglietto da visita" che Venezia presenta a chiunque le si accosti via mare. Non c'è pittore o fotografo che sia passato sulle rive dell'Adriatico che non l'abbia ritratta, non c'è turista che non ne abbia comperata una cartolina. Il suo profilo stilizzato è diventato il "marchio" stesso di Venezia. Per Longhena fu, letteralmente, l'opera di una vita. Iniziata nel 1631, quando l'architetto aveva trentatré anni scarsi, venne terminata nel 1687, cinque anni dopo la morte dell'artista. Gli ultimi tocchi vennero dati da un allievo del Longhena, Antonio Gaspari. La continua presenza del progettista fu la fortuna dell'opera, che ha un'omogeneità, una coerenza stilistica rara in edifici di simili dimensioni e che si riflette anche nell'organizzazione dell'interno. Oltre all'articolazione in pianta e in alzato, la Salute possiede una complessa gerarchia di spazi lungo l'asse longitudinale, difficile da notare, ma fondamentale per la sua comprensione. Come molte altre chiese barocche e coerentemente con le modifiche liturgiche della Controriforma, l'altare è lontano dal corpo della chiesa, riservato ai fedeli, e spostato sul fondo del presbiterio. Tuttavia il presbiterio, sagomato come un forcipe, costituisce quasi una chiesa a sé stante, dotata di una propria cupola, di altari minori, persino di un proprio spazio per i fedeli, e comunicante con l'ottagono centrale soltanto attraverso un arco che non è né più grande né più decorato degli altri sette. La soluzione riprende un motivo non ignoto a Venezia, già usato da Palladio nella chiesa del Redentore, impiegando persino lo stesso motivo del presbiterio a forcipe. Ma la costruzione palladiana è a navata unica, e lo sguardo è inevitabilmente attratto dall'altar maggiore, che si profila contro un fondo di ricche colonne corinzie ed è visibile attraverso un'apertura enorme, assai più ampia di ogni altra. Nella chiesa della Salute invece, man mano che ci si inoltra nell'ottagono la vista è attratta da una serie di visioni laterali, ognuna delle quali ha un'importanza visiva pari a quella dell'altare. L'attenzione è sviata, lo sguardo è fatalmente attratto dalla "macchina rotonda" che si sta attraversando e non riesce a concentrarsi. Proprio questa, forse, è la novità maggiore e nascosta della Salute. Lo spazio interno è più importante della funzione che contiene, è una scenografia che basta a se stessa e che dà più valore all'esterno, con la sua incomparabile posizione, che all'interno, con le sue geometrie contrastanti. Vive più per la laguna che per la preghiera. Longhena, lo avrebbe certamente negato. Ma ne sarebbe stato, probabilmente, sottilmente compiaciuto.

S. Lorenzo e la Cappella della Sindone a Torino
DIVINA GEOMETRIA

Alessandro Manzoni tradiva un certo pregiudizio illuminista definendo il Seicento secolo al tempo stesso "sudicio e fastoso". Ma è indubbio che sia nella natura del Barocco la presenza – e spesso la ricerca – di forte contrasti. Raramente tuttavia è dato trovarne uno così forte come quello che si ha, a Torino, tra la rigida, militaresca, nordica rigidità degli spazi urbani e delle architetture che vi si affacciano e l'onirica, dirompente carica inventiva delle due "cupole" erette da Guarino Guarini sulla chiesa teatina di S. Lorenzo e sulla vicina cappella della Sindone.

Un sostrato comune, per la verità, esiste, ed è l'uso sistematico, esasperato della geometria. Cambia solo il modo di intenderla. Gli architetti di Stato che programmano tra Cinquecento e Seicento l'ampliamento di Torino – Ascanio Vitozzi, Carlo di Castellamonte, suo figlio Amedeo – non solo progettano una città rigorosamente allineata secondo una rigida scacchiera che riprende l'orientamento dei *cardines* e dei *decumani* della città romana, ma inseriscono nei regolamenti edilizi una serie di norme molto vincolanti sulla composizione delle facciate. Vogliono che ogni intervento edilizio si integri con quelli adiacenti, così da formare isolati compatti e omogenei, rifiutando decisamente la tradizione italiana di una larga autonomia per ogni nuova realizzazione: e ottengono tale risultato attraverso una spietata riduzione dei gradi di libertà lasciati ai progettisti, a cui viene imposta una rigidissima regola geometrica (altezze, aperture, interassi, allineamenti) da rispettare. Qui la geometria è usata come elemento riduttore della libertà espressiva, come struttura di controllo dei progetti. Per contro Guarini slancia contro il cielo subalpino architetture di una immensa, gioiosa libertà e unicità. Sono però costruite anch'esse su modelli geometrici, evidenziati con spericolata e spavalda audacia: modelli complessi, che solo un matematico di professione quale il padre teatino poteva elaborare e integrare senza perdere il filo, in cui si mescolano reminiscenze di volte arabe o mozarabe, viste probabilmente dall'architetto durante i suoi viaggi nella penisola iberica, suggestioni gotiche (Guarini è uno dei pochi progettisti barocchi che apprezza e rivaluta l'architettura medievale, soprattutto nei suoi aspetti strutturali), reminiscenze delle opere borrominiane, frequentate da Guarini nei suoi studi romani. Qui la geometria

> ☐ **Dove si trova**
> *Con il palazzo Madama che occupa tutto il centro di piazza Castello e il vicino Palazzo Reale cui si appoggia il Duomo con la cappella della Sacra Sindone, non è certo difficile dedurre che la chiesa di S. Lorenzo, opera di quel Guarino Guarini che fu uno dei 'maître à penser' della Torino di fine '600-inizi '700, affaccia sulla piazza del potere per eccellenza del capoluogo sabaudo. Piazza Castello, cinta da portici è uno dei 'salotti buoni' della città.*

☐ *1. Vista zenitale dal basso della cupola di S. Lorenzo. La struttura ad archi intrecciati richiama le realizzazione arabe della Spagna medievale, forse a loro volta ispirate a esempi armeni.*

☐ *2. Veduta assiale di S. Lorenzo. L'edificio è costituito da tre organismi architettonici successivi concatenati: un nartece allungato, l'ottagono centrale cupolato e un presbiterio disposto sul fondo.*

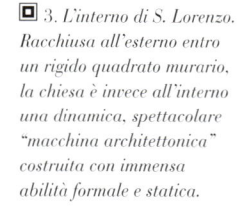

☐ *3. L'interno di S. Lorenzo. Racchiusa all'esterno entro un rigido quadrato murario, la chiesa è invece all'interno una dinamica, spettacolare "macchina architettonica" costruita con immensa abilità formale e statica.*

è utilizzata come strumento di aiuto alla fantasia.
C'era, in questa differenziazione, una logica. La
severa uniformità della città e delle sue architetture
era un preciso segnale politico, una metafora
dell'obbedienza disciplinata che il Duca si aspettava
dai suoi sudditi. La libertà e novità delle chiese
guariniane dimostrava per contro che esse erano
realizzazioni ducali, espressione del potere sovrano,
e come tali esentate da tale ferrea disciplina.
S. Lorenzo, infatti, era cappella ducale, che sorgeva
a fianco del Palazzo ed era stata concessa dal
sovrano ai padri teatini nel 1634 in cambio
dell'impegno dell'Ordine di costruire al suo posto
"una nuova et grandiosa chiesa" che rendesse
onore al regale patrono.
Quanto alla Cappella della Sindone, era destinata
a fungere, oltre che da elaborato scrigno architettonico
della venerata reliquia, da mausoleo della dinastia,
e proprio a questa destinazione doveva la sua
peculiare posizione tra l'abside del Duomo e l'ala
occidentale del Palazzo, del cui complesso veniva
a fare organicamente parte. Si trattava dunque di
architetture eccezionali, e come tali dovevano essere
trattate. Guarini non tradì certamente le aspettative.
L'elaboratissimo ottagono ad archi convessi di
S. Lorenzo, con la sua cupola a costoloni intreccianti,
e la vertiginosa sequenza di archeggiature della
cappella della Sindone, visivamente sospese nel vuoto,
così da sembrare magicamente sostenute dalla luce,
sono tra le creazioni più alte dello spirito umano e
tra i risultati più stupefacenti della suprema abilità
strutturale, oltre che formale, degli architetti barocchi.
Stupiscono, incantano, soggiogano lo spettatore, che
non ne capisce il funzionamento ma rimane sbalordito
dal risultato. Sono, per molti versi, il volto del divino
tradotto in geometria e luce. Non resta, davanti
a loro, che inginocchiarsi: come volevasi dimostrare.

◻ *4. Le tre cupole che contraddistinguono
il "centro di comando" della dinastia sabauda:
in primo piano la cupola di S. Lorenzo, al centro
quella del Duomo, sullo sfondo a destra parte
della grande cupola della Cappella della Sindone.*

L'EMOZIONE DEL DIVINO

S. GIORGIO A RAGUSA
SCALINATA VERSO IL CIELO

Ogni monumento è noto attraverso una raffigurazione che lo sintetizza e lo individua nell'immaginario collettivo: il grande abbraccio ecumenico di S. Pietro, la svettante guglia a spirale di S. Ivo alla Sapienza, la facciata punteggiata di guglie del Duomo di Milano e così via. Della chiesa di S. Giorgio a Ragusa si è consolidata l'immagine dal basso, con la lunga e maestosa scalinata d'accesso e il quadruplice balzo dei corpi digradanti in cui sono fusi la facciata e il campanile. Indubbiamente la pensava così anche l'architetto, quel Rosario Gagliardi, *magister et faber lignarius*, diventato nel 1726 *architectus fabricarum* e assurto nel 1733 alla carica, di cui andava giustamente fiero,

□ *1. La maestosa, mossa facciata della chiesa, una delle più entusiasmanti realizzazioni, nella sua dorata vivacità, del grande barocco siciliano.*

□ **Dove si trova**
Che contrasto tra la porzione superiore dell'abitato, riorganizzata dopo il terremoto del 1693 secondo una pianta a scacchiera, e la sezione inferiore, risorta sul vecchio impianto medievale! Ecco perciò stradine, vicoli e scalinate – su cui affacciano eleganti residenze d'epoca barocca – convergere da piazza della Repubblica, 'cerniera' tra i due nuclei di Ragusa, verso piazza del Duomo, con la chiesa che guarda da un'alta scalinata l'inseguirsi delle vallate.

di "Architetto della città di Noto e sua valle". Se infatti si osservano i disegni autografi da lui elaborati nel 1744 per la chiesa (ma i lavori erano cominciati, se vale la testimonianza scolpita in un pilastro d'angolo dell'edificio, già cinque anni prima) si vede come quelli della pianta sono tracciati velocemente, quasi schizzati, senza ripensamenti e con pochi particolari, mentre quelli della facciata sono ricchissimi di dettagli, tormentati nel tratto e, certamente, anche nell'elaborazione. Sarà forse un caso: ma è indicativo. Del resto, si trattava di una scelta in gran parte obbligata. La pianta delle chiese era all'epoca, nell'isola, sostanzialmente dettata dalla consuetudine, che affondava le radici nell'epoca normanna e che poco concedeva all'elaborazione di nuovi concetti spaziali e liturgici, a cui erano invece sensibili altre regioni italiane. L'architetto che avesse voluto discostarsene avrebbe trovato probabilmente scarsa comprensione da parte della committenza. Lo stesso Gagliardi, nonostante il titolo altisonante e vent'anni di onorata attività, dovette sottoporre il suo progetto, per precisa

disposizione del parroco, alla supervisione di due
architetti "anziani", che fortunatamente diedero
parere favorevole.
S. Giorgio presenta perciò un tradizionalissimo
impianto a croce latina su tre navate, con transetto
e capocroce di uguali dimensioni e articolazione.
I sostegni sono massicci pilastri ottagonali con lesene
corinzie addossate, tanto poderosi rispetto alla luce
delle campate da fare delle navate laterali quasi una
serie di cappelle laterali più che un'espansione della
navata centrale. L'unica "concessione" a una più
libera visione spaziale sono le esedre, ognuna con
due altari disposti a 45 gradi rispetto all'asse centrale,
che chiudono le testate del transetto.
Nella composizione di facciata esisteva invece un
maggiore margine di libertà. Anche se la scalinata
era obbligata, dato che la chiesa s'innalzava su un
piccolo colle, su cui sorgeva un tempo Ragusa Ibla.
L'edificio nasceva dunque già naturalmente per una
vista dal basso verso l'alto. L'invenzione geniale
dell'architetto fu quella di accettare, anzi di
sottolineare, questo vincolo e di dare più slancio
all'insieme fondendo la facciata vera e propria,
che occupava i primi due ordini, con il campanile,
derivato dalla costruzione di un terzo ordine, a su
volta sovrastato da una elaborata cupola a cipolla.
I tre ordini – inquadrati da una serie di colonne
disposte a scalare, che danno risalto e profondità
alla facciata – sono digradanti man mano che si sale
e il raccordo tra l'uno e l'altro è affidato a volute
sormontate da statue e pinnacoli. Il corpo centrale
è convesso: una soluzione che dà all'insieme, proteso
sulla scalinata "come un uomo affacciato a un
balcone", uno straordinario dinamismo.
È un eccezionale "pezzo di bravura", degno della
grande tradizione urbanistica dell'età barocca, e
splendidamente "ambientato" nel clima architettonico
dell'isola, di cui infatti divenne uno degli emblemi.
E dimostra quanto il barocco, con il suo gusto per
la nobile magniloquenza, fosse adatto al mondo
siciliano, di cui costituisce l'espressione più
significativa dopo la grande fioritura normanna.

2-3. *L'interno della chiesa visto dal presbiterio (sopra) e un particolare delle navate laterali (a fianco). Contrariamente all'impostazione dinamica della facciata, l'interno dell'edificio è abbastanza rigido e tradizionale. L'impianto, a croce latina su tre navate, ha la sua maggiore caratterizzazione nei possenti pilastri ottagonali che sorreggono la copertura e dividono la navata centrale da quelle laterali.*

ALLA RICERCA DEL DIO PERDUTO
Le chiese dell'Ottocento e del Novecento

Nel corso degli ultimi due secoli, per la prima volta nella storia dell'Occidente, le chiese hanno perso nel contesto architettonico quella posizione di primato che per un millennio e mezzo avevano stabilmente occupato. Tutta una serie di edifici legati a nuove esigenze – stazioni e fabbriche, ospedali e palazzi per uffici, grandi complessi d'abitazione e aeroporti – hanno presso il posto, come fulcri della vita civile e perni dello sviluppo cittadino, delle cattedrali e dei grandi complessi religiosi. D'altra parte, la "dotazione" di strutture religiose era ormai ampiamente sufficiente per le necessità della popolazione (anzi, decisamente in esubero per una società sempre più laicizzata), mentre delle nuove infrastrutture c'era fortissima carenza. È dunque normale che a esse si sia rivolta l'attenzione dei reggitori della cosa pubblica e quella dei progettisti, chiamati a misurarsi con nuovi compiti.

A ciò si è aggiunto un fatto più "interno" alla storia dell'architettura, ma non meno importante. Il movimento architettonico moderno è nato da una violenta, radicale rivolta contro l'architettura neostilistica, che tendeva a copiare pedissequamente e con sempre minore convinzione le forme e gli schemi del passato fino a farne "maschere" senza più alcun significato. Nuovo obiettivo divenne sperimentare ed esaltare le possibilità creative e formali dei nuovi materiali e delle nuove tecniche, contro la ripetizione accademica delle forme antiche. Ma di queste forme le chiese erano l'espressione più evidente e venerabile, la fisicizzazione per eccellenza. Finivano dunque per diventare il bersaglio privilegiato degli architetti moderni, il simbolo stesso del passato e della "reazione". Man mano che ci si avvicina all'età moderna diventa dunque sempre più difficile trovare un punto d'incontro tra l'evoluzione del pensiero architettonico e la sua applicazione agli edifici di culto. Quando, a partire dagli anni Cinquanta, ci si è posti con determinazione il compito di conciliare il nuovo linguaggio con l'espressione del messaggio cristiano, le difficoltà sono apparse evidenti. C'è quasi sempre, nelle chiese attuali, un errore di "tono", troppo sopra o troppo sotto le righe, che evidenzia con chiarezza il disagio dei progettisti di fronte a un tema cui sono poco preparati o, spesso, con cui trovano estremamente difficile entrare in sintonia.

Eppure non mancano splendidi esempi di architetture religiose, dalla lirica possanza della cappella di Ronchamp progettata da Le Corbusier alla poetica tenda in muratura innalzata da Michelucci sull'autostrada del Sole fino alla chiesa di periferia di Baggio, costruita su progetto di Figini e Pollini, che replica tipo e forme dei capannoni industriali. Ciò che tuttora manca è l'adesione e la compenetrazione tra i linguaggi dell'architettura e della Chiesa, che permettano di costruire un edificio di culto con la stessa partecipe disinvoltura con cui si progetta un'abitazione o un ipermercato. Molto è stato fatto in questo campo, in particolare dalle istituzioni ecclesiastiche. Il Concilio Vaticano II, con la sua drastica riforma della liturgia, ha rimesso al passo lo svolgimento delle cerimonie religiose e il comune sentire dei fedeli. La grande assente, per il momento, è l'architettura. Ma, pensiamo, solo per il momento.

1. L'interno della cupola della chiesa di S. Cristina a Cesena, opera di Giuseppe Valadier (1814-25).

2. Particolare della cupola e della volta ad anelli digradanti nella chiesa della Sacra Famiglia nel rione Fratte a Salerno, progettata da Paolo Portoghesi e Vittorio Gigliotti (1973). Roberto Schezen, 1969.

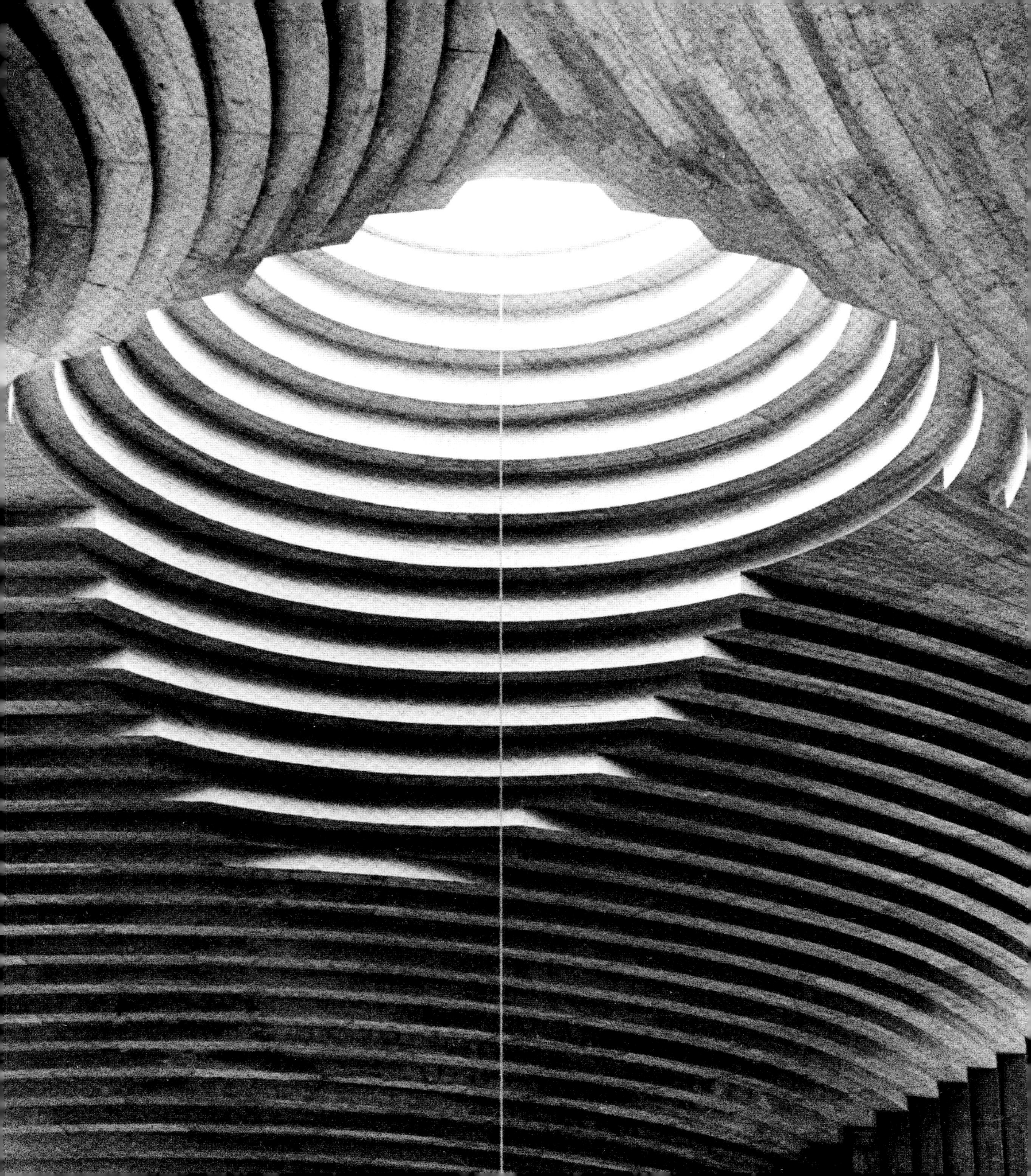

S. Francesco di Paola a Napoli
Piazza con chiesa

In generale, nella tradizione italiana, le piazze venivano costruite davanti alle chiese, come davanti agli altri edifici importanti, dai palazzi comunali a quelli nobiliari. Per la chiesa napoletana di S. Francesco di Paola è accaduto l'inverso: l'idea, e anche parzialmente la realizzazione della piazza hanno preceduto quella della chiesa, che è nata per ultima e per così dire come "appendice" del grande spazio urbano che porta oggi il nome di piazza del Plebiscito. Anzi, inizialmente la costruzione della chiesa non era affatto prevista: a completamento della piazza si pensava di erigere un teatro, oppure una sala d'esposizione, o un pantheon.
C'era naturalmente una ragione al fondo. L'idea di trasformare l'informe e disordinato Largo di Palazzo, cioè l'irregolare area libera posta di fronte a Palazzo Reale e fin dal Cinquecento deputata a ospitare celebrazioni pubbliche e religiose, festeggiamenti, ingressi di diplomatici e sovrani stranieri, in una organica e ordinata piazza degna del decoro urbano di una grande capitale assunse forma concreta in età napoleonica. L'iniziativa fu presa da Giuseppe Bonaparte, all'epoca re di Napoli su delega del fratello, e formalizzata quindi nel 1809, mediante un bando di concorso pubblico, dal nuovo re

□ **Dove si trova**
Piazza del Plebiscito è certamente uno tra gli scorci più famosi del capoluogo campano: merito soprattutto del maestoso colonnato in stile dorico che ne chiude il lato opposto a Palazzo Reale, e in mezzo al quale si apre la facciata della basilica. Difficile perciò incontrare problemi per trovare S. Francesco di Paola, potendo fare conto anche sulle numerose indicazioni per il Palazzo Reale.

Gioacchino Murat. La volontà dei sovrani era quella di "modernizzare" lo spazio antistante la reggia mediante la creazione di un imponente e ben ordinato Foro (così veniva chiamato) degno di quelli romani.

□ 1. *Veduta di scorcio del colonnato di piazza del Plebiscito e della chiesa di S. Francesco di Paola, che ne occupa il centro, facendo da contrappeso visivo al dirimpettaio palazzo reale. La piazza è la più importante realizzazione neoclassica napoletana.*

In questo contesto, di chiese non si sentiva nessun bisogno. Anzi, per realizzare il nuovo Foro se ne distrussero senza rimpianti ben due, quella di S. Spirito e quella di S. Luigi di Palazzo. Al loro posto sorse un grande semicerchio colonnato, erede del colonnato berniniano di S. Pietro più che dei Fori romani, ma comunque dotato di adeguata maestosità. Per ragioni di simmetria occorreva che al centro del colonnato sorgesse un edificio che potesse fare da adeguato contrappeso visivo al Palazzo Reale: che poi questa erigenda costruzione fosse un teatro o un non meglio definito "pantheon" era poco importante.
In realtà finì proprio per essere un pantheon: una voluta, dichiarata copia del Pantheon romano. Quando infatti i Borboni ritornarono sul trono, Ferdinando I decise di porre al centro del colonnato non un edificio laico, come avevano pensato i sovrani "giacobini", ma una chiesa dedicata a san Francesco di Paola, il santo che nel Quattrocento aveva edificato in quello stesso spazio un convento.

□ 2. *Veduta frontale della chiesa, ispirata nel suo impianto al Pantheon romano, ma con diverse variazioni importanti, come le due ampie cappelle a fianco del nartece, le cui cupole affiancano la grande cupola centrale.*

Venne bandito un nuovo concorso, che fu vinto da un giovane architetto napoletano, Pietro Valente. Il suo progetto, che prevedeva una chiesa a croce greca con cupola centrale, ispirata all'idea di Bramante per S. Pietro, venne però sostituito in fase d'esecuzione, secondo una procedura non molto chiara, con quello di un allievo luganese del Cagnola, Pietro Bianchi, basato invece su un impianto circolare cupolato derivato direttamente, anche nei particolari secondari

S. FRANCESCO DI PAOLA A NAPOLI

ALLA RICERCA DEL DIO PERDUTO

S. FRANCESCO DI PAOLA A NAPOLI

◻ 4. *La grande cupola cassettonata con oculo centrale. Si innalza, compreso anche il tamburo, fino ai 53 metri. La decorazione a riquadri digradanti è ripresa direttamente dalle realizzazioni antiche.*

(come la gradonatura dell'estradosso della cupola) dal Pantheon. Questo corpo centrale si sarebbe poi saldato al colonnato mediante un articolato nartece, affiancato da due cappelle laterali anch'esse cupolate, e un ampio pronao esastilo coronato da timpano leggermente sporgente dal filo esterno del giro di colonne. Nella sostanza, il risultato era ancora quello previsto dagli architetti del periodo napoleonico, sia pure con un cambio di destinazione. Nella forma, e soprattutto nella forma interna, la variazione era notevole. L'ampia cupola cassettonata con oculo centrale, le nicchie schermate dal giro di colonne corinzie, il matroneo superiore erano certo derivate dal Pantheon di Agrippa. Ma l'ispirazione che stava dietro al linguaggio era ben diversa, più un "barocco raggelato",

◻ 3. *Scorcio della volta dall'interno di una delle cappelle. Proprio come nel Pantheon, le nicchie delle cappelle sono schermate da colonne.*

come disse un critico, che una realizzazione schiettamente neoclassica.

Eppure il cantiere di S. Francesco, aperto dal 1816 al 1846 (ma le murature della chiesa erano già finite dieci anni prima, nel 1836) fu per una generazione il fulcro non solo dell'attività bensì del dibattito artistico napoletano. Grandi discussioni sollevò per esempio la posizione dell'altare, eccezionalmente rivolto verso i fedeli, grazie a una bolla di papa Gregorio XVI che aveva svincolato la cappella palatina (quale S. Francesco di fatto era) dall'obbedienza alla Curia arcivescovile napoletana, equiparandola liturgicamente alle sette basiliche romane, nelle quali gli officianti erano rivolti verso i fedeli.

Erano, tuttavia, increspature sull'acqua, discorsi tutto sommato insignificanti. Ciò che contava, e che tuttora conta, è sostanzialmente il valore urbanistico della realizzazione, la sua ben riuscita fusione con il porticato e la piazza, che la completano e ne sono completati, e che fa del complesso il più ordinato, e anche il più spettacolare, ambiente urbano di Napoli. Adatto persino, oggi che ingressi trionfali non se ne fanno più, a ospitare concerti pop e spettacoli televisivi di massa. Con buona pace di san Francesco.

◻ ALLA RICERCA DEL DIO PERDUTO ◻

S. Antonio da Padova a Trieste
BORGHESE ARISTOCRATICITÀ

Per lungo tempo, perlomeno dalla nascita degli ordini benedettini riformati (cluniacensi e cistercensi) in poi, le chiese erano state pensate in funzione delle concezioni liturgiche del momento: di volta in volta pensate per l'assemblea dei fedeli in età paleocristiana, per le complesse cerimonie altomedievali dei monaci, per la predicazione degli ordini mendicanti, per la nuova liturgia tridentina, con il celebrante a colloquio con Dio e isolato dalla folla dei fedeli. Forse solo nel Rinascimento, quando il gusto per gli impianti centrali, derivanti da considerazioni estetiche e filosofiche, prevalse sulla coerenza liturgica, questa corrispondenza si affievolì.

In età neoclassica non è sempre così. La Rivoluzione, sebbene apparentemente scacciata e schiacciata dalla Restaurazione, non è passata invano. La chiesa di S. Antonio Taumaturgo a Trieste, per esempio, è un nobile e solenne edificio, ma è difficilmente connotabile: potrebbe essere una chiesa, quale in effetti è, ma anche un teatro, una banca, uno dei nuovi uffici pubblici che venivano popolando in quegli anni le città europee. Il linguaggio è dichiaratamente, persino rudemente neoclassico, con un uso accurato degli ordini di derivazione classica, in questo caso l'ordine ionico. Ma una doppia semplificazione, delle parti ornamentali all'interno degli elementi dell'ordine e delle parti decorative all'interno delle murature, lo rende di una severa, persino gelida monumentalità.

Nella trabeazione del pronao esastilo è stato abolito il fregio, sostituito dalla breve dedicazione al santo, DIVO ANTONIO THAUMATURGO. Nel timpano sono state eliminate le sculture, che pure erano parte integrante dell'ordine ionico greco. Nel paramento

◻ **Dove si trova**
Una posizione davvero caratteristica: sorge infatti in fondo al Canal Grande, porto-canale scavato intorno a metà '700 per garantire un approdo sicuro alle navi mercantili, offrendo nel contempo la possibilità di scaricare le merci direttamente nei magazzini del borgo teresiano. Oggi, con il porto giuliano lontano dai fasti del sec. XIX, vi ormeggiano piccole imbarcazioni da pesca e diporto.

◻ *1-2. Scorcio del frontone e dell'attico del tempio (a fianco) e veduta assiale della facciata (sopra). L'edificio è semplicissimo, quasi schematico. Le uniche decorazioni sono la balaustra dell'attico e le statue che vi si innalzano, in asse con le colonne del pronao.*

murario sono sparite nicchie, paraste, cornici. Sopravvivono solo, isolate e quasi sperse, le statue in asse con le colonne sopra la balaustra dell'attico. L'intero edificio si compone di tre volumi essenziali quasi stilizzati: il pronao, il parallelepipedo che "inscatola" il corpo della chiesa e la cupola arretrata, a calotta ribassata, che si erge sopra la campata centrale. Sui fianchi la scompartitura a lesene, sormontate da finestre, potrebbe essere quella di un complesso burocratico o amministrativo. Sul retro le finestre hanno una composizione quasi da edificio "civile". Solo il piccolo, quasi timido campanile che sporge sulla parte posteriore denuncia l'effettiva funzione della costruzione. Ma è difficile vederlo dato che non c'è spazio per arretrare a sufficienza. La chiesa sorge infatti sulla testata del Canal Grande, del quale costituisce il monumentale fondale prospettico, fino a farne uno dei simboli della città adriatica.

L'interno è, negli elementi architettonici, più tradizionale, con qualche accenno barocco. Ma la pianta è inconsueta e innovativa. Nel rigido rettangolo che ingabbia la costruzione è inscritta una chiesa a navata unica, che però sarebbe più giusto chiamare "ad aule concatenate". Infatti le tre campate che si susseguono dopo il portale d'ingresso sono separate trasversalmente da enormi piloni sporgenti, ciascuno terminato da una coppia di colonne ioniche d'ordine gigante, che rompono decisamente l'unità della "navata", dando vita a tre ambienti sostanzialmente autonomi: tipologia sottolineata dal tipo di copertura data alle campate.

L'insieme è imponente e soggiogante nella rude esposizione dei volumi, che devono qualcosa a Ledoux, più che a Milano o a Vienna, le due metropoli neoclassiche a cui guardava Trieste, ma che avevano sviluppato una versione dello stile assai più disinvolta e colloquiale. E anche distaccato, per certi versi indifferente sia agli spettatori, sia al mistero religioso. Siamo, ormai nel secolo della borghesia trionfante, negli stessi anni in cui nasce e si afferma il costume Biedermeier. E l'etica della nuova classe dominatrice – austera, compassata, rigidamente dignitosa – sta informando di sé anche la Chiesa.

◻ *3-4. Veduta generale dell'interno (sopra) e particolare delle colonne binate che sorreggono le copertura (a lato). Anche l'interno è, come l'esterno, basato sul rapporto di masse geometriche che definiscono gli spazi, in un consapevole tentativo di ricreare gli spazi della grande architettura romana.*

◻ ALLA RICERCA DEL DIO PERDUTO ◻

S. Gaudenzio a Novara
IL LIMITE DEL POSSIBILE

◻ **Dove si trova**
Impossibile non notare già a parecchi km dalla città l'ardita cupola della chiesa di S. Gaudenzio, i cui 121 m ne fanno di gran lunga la costruzione più alta di Novara. Per arrivarci, basta seguire le indicazioni per la stazione ferroviaria, da dove la cupola stessa guida lungo corso Garibaldi e corso Cavour.

La basilica novarese di S. Gaudenzio ha una storia lunga e una ricca architettura. Nacque nel Cinquecento per contenere i resti del santo, spostati *manu militari* dalla loro primitiva collocazione in un sobborgo cittadino per lasciar spazio alle nuove difese bastionate di Novara volute dal governatore imperiale Ferrante Gonzaga. La edificò, nelle forme manieriste allora in auge, Pellegrino Tibaldi, architetto di fiducia nella diocesi milanese (che all'opera annetteva notevole importanza). Nella seconda metà del Settecento un altro progettista di vaglia, Benedetto Alfieri, la corredò di un bel campanile barocco.
Eppure tutto ciò è, agli occhi di tutti, sostanzialmente inesistente. O esistente solo come indispensabile base per la gigantesca, svettante, mirabolante cupola che sovrasta l'edificio e costituisce l'incontrastato simbolo di Novara, il segnale che s'innalza dalla pianura segnalando la presenza della città.
S. Gaudenzio non è una chiesa con una cupola, seppur importante, come sono S. Pietro o S. Maria del Fiore. È una cupola smisurata con un piedestallo che, quasi casualmente, svolge funzioni di chiesa.
Il merito, o la responsabilità, di quest'architettura aristocraticamente esibizionista, spinta, secondo le parole di un critico "ai limiti del possibile", e quasi oltre, è di un solo uomo, Alessandro Antonelli: uno di quei severi, arcigni borghesi piemontesi dell'Ottocento (ce ne resta un indimenticabile ritratto fotografico

◻ 1. *La spettacolare ascesa della cupola dell'Antonelli, posata sulle strutture cinquecentesche erette da Pellegrino Tibaldi. L'intera struttura è completamente realizzata in mattoni, di cui sono sfruttate al limite le capacità statiche.*

in età matura, con la bocca volitivamente serrata, dagli angoli pessimisticamente abbassati, che vale più di un trattato di psicologia) che nascondevano dietro la ruvida maschera un animo romantico e appassionato.

Antonelli sentiva profondamente il romanticismo della struttura, la sfida del calcolo al limite, della dimostrazione spettacolare delle propria abilità (e di quella delle sue maestranze, perfettamente padrone di un mestiere raffinato nel corso di generazioni e capaci di veri e propri virtuosismi esecutivi). Le forme che usava erano radicate nella tradizione neoclassica nordeuropea. Ma lo spirito che le animava era intimamente gotico.

L'evoluzione della cupola di S. Gaudenzio è, in questo senso, emblematica. Il primo progetto, stilato nel 1841, prevedeva una cupola sostanzialmente modesta, ispirata a quelle della cattedrale londinese di S. Paolo e del Pantheon di Parigi: un giro di colonne sorreggenti una calotta emisferica. Ma pochi anni dopo i lavori dovettero essere sospesi a causa della Prima guerra d'indipendenza, che assorbì tutte le energie (e i fondi) del Paese. Antonelli sfruttò la sospensione per ripensare e perfezionare l'idea, presentando nel 1855 un secondo progetto che prevedeva di innalzare il giro di colonne su un basamento (uno "stilobate" secondo la definizione dell'architetto). Nuova sospensione e puntuale, nel 1860, un terzo progetto, in cui veniva previsto un secondo giro di colonne, mentre la cupola assumeva un profilo ogivale e doveva a sua volta essere coronata da una lanterna a due piani. Il Consiglio Comunale si spaventò e respinse il progetto, ma cambiò idea dopo un'appassionata perorazione di Antonelli che riuscì a dimostrare come la nuova struttura, pur molto più alta e complicata, sarebbe pesata e costata meno di quella precedente, perché avrebbe usato meno materiale. E si arriva fino all'imposta del cupolino. Ennesima interruzione e nuovo progetto, che prevedeva un raddoppio della lanterna, mediante un'altra vertiginosa serie di giri di colonne sormontate da una slanciata cuspide: sulla quale, finalmente, si sarebbe posata nel 1878, la statua dorata del Salvatore.

Trentasette anni di ripensamenti e di continui slanci verso l'alto, a dimostrare di che cosa fosse capace il mattone. L'intera cupola posa infatti su una struttura a scheletro in laterizio: quattro arconi posati sui piloni ai vertici del transetto, su cui si innalzano tre corone concentriche di pilastri in muratura, che reggono cinque successive cupole interne. Una interminabile salita fino ai 121 metri della sommità realizzata grazie a una sovrumana intenzione statica, a un controllo scrupoloso dei materiali, a una rabdomantica abilità di posa. C'era forse, in tutto questo, poca attenzione ai bisogni della liturgia, alle funzioni di una chiesa. Ma c'era, fortissima, la spinta a raggiungere, e a superare ogni volta, i propri limiti, che avvicina l'opera creativa dell'uomo a quella del suo Creatore.

◼ 2. *Il Polittico di Gaudenzio Ferrari, attivo tra la fine del '400 e la prima metà del '500 nel Vercellese (a Varallo lavorò al Sacro Monte) e a Milano in S. Maria delle Grazie.*

◼ 3. *Particolare di un affresco sulla volta di una cappella. L'apparato architettonico e decorativo della basilica, pur di notevole interesse, è visibilmente subordinato alla schiacciante presenza dell'arditissima cupola.*

MADONNA DEI POVERI A MILANO
CAPANNONE DIVINO

È dedicata, in modo inconsueto e anche un po' provocatorio, a un aspetto quasi sconosciuto della Madonna, quella di patrona dei poveri. Ed è, coerentemente, realizzata con materiali di grande povertà: radi conci di pietra grezza, pilastri e travi in calcestruzzo a vista, pavimenti in "palladiana", cioè ad ampio mosaico di pietre irregolari, come quelli delle case popolari. La facciata (peraltro mai completata) è sostanzialmente quella di un capannone industriale, sia pure proporzionata con una cura che raramente si trova in un'architettura produttiva e che risente molto della lezione di Mies van der Rohe. La stessa collocazione all'interno del quartiere sembra casuale, su un lato qualsiasi di una anonima strada di periferia, senza nessuna posizione di privilegio. Indubbiamente, una chiesa povera, fatta per poveri

> ◻ **Dove si trova**
> *Le tracce del vecchio impianto testimoniano che Baggio, oggi sobborgo alla periferia occidentale della città, era un tempo un nucleo rurale, comune autonomo fino al 1923. Per raggiungerlo si percorre da piazzale Gambara la lunga via Forze Armate, definita da quinte architettoniche di case popolari. E la chiesa della Madonna dei Poveri si trova proprio al centro del quartiere INA Casa Baggio II, uno dei primi interventi pubblici del dopoguerra.*

o quasi poveri, quali erano in stragrande maggioranza, all'inizio degli anni Cinquanta, gli abitanti del quartiere di edilizia popolare Baggio II, all'estrema periferia occidentale di Milano: contadini inurbati, quasi tutti, e poi piccoli impiegati, qualche profugo, diverse famiglie che avevano avuto la casa bombardata. Ma non, come disse qualche spregiatore, "una povera chiesa". Al contrario: è forse una delle opere d'architettura religiosa più "impegnate" e concretamente innovative erette in Italia negli ultimi cinquant'anni.

Era sorta tra il 1952 e il 1954 in seguito a un concorso vinto da due relativamente giovani (stavano entrando all'epoca nella cinquantina) ma già assai noti architetti razionalisti, Luigi Figini e Gino Pollini. L'idea era di dare al composito quartiere che stava sorgendo tutto intorno un centro di vita comunitaria che potesse facilitare l'integrazione di persone provenienti da realtà geografiche, economiche e sociali profondamente diverse. Per questa ragione il progetto prevedeva, oltre alla chiesa vera e propria, un grande quadriportico, simile a quello delle chiese paleocristiane, che facesse da raccordo tra il complesso religioso e gli spazi urbani circostanti, una cappella esagonale dedicata alla Madonna dei Poveri, con un intero lato vetrato affacciato su un piccolo spazio verde (un *hortus conclusus* anch'esso ripreso dalla tradizione antica, secondo le parole degli architetti), due navatelle minori accanto alle tre principali della chiesa. E poi, ancora, un nartece con funzioni di filtro tra esterno e interno del luogo di culto, un battistero, una torre campanaria.

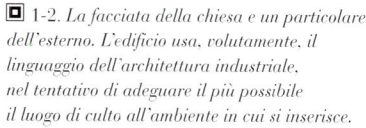

◻ *1-2. La facciata della chiesa e un particolare dell'esterno. L'edificio usa, volutamente, il linguaggio dell'architettura industriale, nel tentativo di adeguare il più possibile il luogo di culto all'ambiente in cui si inserisce.*

Di tutto questo insieme si poté realizzare, per ragioni economiche, solo il corpo principale della chiesa. La percezione dell'opera viene così snaturata, e l'edificio assume, oltre alla voluta immagine di povertà, anche un aspetto casuale, un po' trasandato, che invece non era affatto nella volontà degli architetti. La stessa struttura interna della chiesa dovette venire, sia pure in piccola misura, modificata, per esempio inserendo nelle navate una serie di travi trasversali originariamente non previste. Tuttavia il nucleo del "messaggio" che l'opera vuole trasmettere – ottenere una chiesa spiritualmente ed emotivamente significativa utilizzando un'architettura di tipo industriale – non è andato perso. Anzi, acquista forse dalla natura "monca" del complesso maggiore risonanza e validità: eliminati gran parte degli elementi che avrebbero dato una caratterizzazione più "tradizionale" all'insieme, ciò che resta ha un impatto ancora più forte.
Dietro all'apparenza "povera" dell'architettura industriale il ripensamento delle funzioni di un edificio liturgico nel mondo di oggi è infatti profondo e condotto con rigore. Il progetto usa il linguaggio dell'architettura razionalista, ma si rifà scopertamente, nell'impostazione planimetrica e distributiva, alle creazioni paleocristiane. La chiesa a tre navate è una versione moderna della basilica tardoantica, e risponde alle stesse esigenze di razionalità, velocità costruttiva, semplicità espressiva. L'altare, anticipando quelle che poi saranno le scelte del Concilio Vaticano II, è rivolto verso i fedeli, riportando così la celebrazione del rito alla sua origine comunitaria. C'è, soprattutto, il desiderio, tenacemente perseguito, di spogliare l'edificio liturgico di tutti gli orpelli, le sovrastrutture non strettamente necessarie, che gli sono incrostate nel corso dei secoli, per riportare di nuovo l'architettura delle chiese in diretto collegamento con quella degli edifici "normali", di tutti i giorni, ricostituendo per questa via un legame con la società che si sente in qualche modo perso. È, forse, un'illusione. Ma, comunque, una nobile illusione.

◻ 3. *Veduta della chiesa da una delle navate laterali. Nonostante la voluta povertà dei materiali impiegati, la spazialità della costruzione è assai ricca, con un uso raffinato degli effetti luminosi.*

◻ 4-5. *Il presbiterio e la grande croce che lo domina, sospesa nel vuoto. Si tratta dell'unica parte della chiesa illuminata direttamente, tramite il lucernario inserito nel tiburio. L'altare, anticipando quelle che poi saranno le decisioni liturgiche del Concilio Vaticano II, è rivolto verso i fedeli e non verso l'abside.*

□ ALLA RICERCA DEL DIO PERDUTO □

S. Giovanni Battista a Campi Bisenzio
COLLINA ARCHITETTONICA

L'idea fondamentale, ampiamente documentata dai numerosi schizzi autografi dell'architetto, è quella di una gigantesca tenda sorretta dai rami di alberi disseccati, sui quali la copertura si adagia. Ma l'immagine immediata che si coglie, arrivando nella piana del Bisenzio lungo l'autostrada, è quella di una piccola collina artificiale dolcemente tormentata, le cui ondulazioni entrano in naturale, armoniosa sintonia con i colli che circondano l'orizzonte. Anche il progettista, del resto, deve aver avuto la stessa sensazione se, proprio come succede su una collina, aveva inizialmente disegnato una serpeggiante "strada di cresta" che si arrampicava sino alla sommità, là dove è piazzata la grande croce che segna sia il punto più alto dell'edificio sia, simbolicamente, la posizione dell'altar maggiore. La realizzazione di questa inedita "passeggiata architettonica" fu poi impedita dalla Curia fiorentina, che la riteneva troppo pericolosa, ma l'intenzione era evidente. Del resto, proprio come una collina, anche la chiesa di S. Giovanni Battista a Campi Bisenzio, da tutti conosciuta come "chiesa dell'Autostrada", ha nelle viscere cunicoli, passaggi, grotte, improvvise caverne. È, insomma, una sorte di miniera di pacato, solare misticismo. In effetti, si tratta di un'architettura stupefacente. È probabilmente l'unica chiesa moderna su cui i pareri della critica e del pubblico siano stati fin dall'inizio unanimemente positivi, sia pure con diverse gradazioni che andavano dal tiepido all'entusiasta. La cappella di Notre-Dame-du-Haut a Ronchamp, capolavoro di Le Corbusier e certo non inferiore, per pregi architettonici e ambientali, alla costruzione italiana, ha avuto enormi elogi ma anche feroci critiche. La chiesa californiana di Wright, in legno e vetro, è stata spesso indicata come

> □ **Dove si trova**
> *Dedicata a S. Giovanni Battista, sorge presso l'uscita Firenze Nord (km 10 dal centro cittadino), là dove l'autostrada A1 del Sole Milano-Napoli si allaccia con la A11 Firenze-Mare. Provenendo dal capoluogo toscano, è possibile raggiungerla anche percorrendo la statale 325 fino a Campi Bisenzio; da qui basta seguire le indicazioni, contando sul sicuro riferimento rappresentato dall'autostrada.*

□ 1. *Il fianco d'ingresso della chiesa e, sul fondo, la sporgenza corrispondente al battistero. Le pareti dell'edificio sono in pietra di S. Giuliano, dalla calda tonalità dorata, posata a blocchi irregolari.*

una delle più convenzionali e meno riuscite opere del grande architetto americano. La fatica dell'architetto pistoiese Giovanni Michelucci, sorta in memoria degli operai caduti nella realizzazione dell'Autostrada del Sole, ha invece convinto tutti. Proprio come Ronchamp, e più nettamente ancora di Ronchamp, si tratta di un edificio non disegnato ma "plasmato". La riga e la quadra non sono entrate per nulla nella sua definizione, che è invece frutto di una serie sensazioni tradotte prima su carta e poi sul terreno. È una costruzione i cui disegni dicono poco, quasi nulla, a meno che non si abbia la grande – e non frequente, nemmeno per gli "addetti ai lavori" – capacità di ricostruire, dai segni sulla carta, i percorsi, gli ambienti, le gerarchie dei vari spazi che si susseguono sotto l'ondulata "tenda" ricoperta di rame. Nessun disegno, nessuna fotografia, e nemmeno nessun filmato (il mezzo più adatto, in mancanza dell'originale, per rendere le suggestioni di un'architettura) riesce in ogni caso a trasmettere in maniera efficace le impressioni create dagli improvvisi raggi luminosi che penetrano nell'edificio dalle varie aperture, il rapporto di volta in volta colloquiale e intimidente che si ha con le strutture di calcestruzzo (gli architettonici "rami secchi" dell'ispirazione iniziale) che solcano in maniera imprevista l'interno, il senso di calma serena che si ha percorrendo alcuni degli ambienti interni, come il battistero in cui le finestre si aprono su un piccolo prato con gli ulivi.

Come spesso succede, c'è una parte di casualità in questi risultati. Nel momento in cui disegnò la chiesa dell'autostrada, all'inizio degli anni Sessanta, Giovanni Michelucci era nel pieno della sua attività professionale e al tempo stesso ormai padrone di un linguaggio personalissimo, elaborato nel corso di una lunga e fortunata carriera. Settantenne (era nato nel 1891), aveva via via abbandonato il lineare razionalismo delle opere iniziali (celebre tra tutte la stazione di S. Maria Novella a Firenze, progettata insieme ad alcuni dei migliori architetti italiani) a favore di forme che, nel dibattito

2-3. *Da una idea iniziale – la tenda adagiata sui rami – Michelucci elaborò il suo progetto in costante confronto con l'ambiente e il cantiere, adattando e plasmando i volumi in rapporto alla luce e inventando un percorso fatto di sensazioni. Sopra, l'incastro dei volumi architettonici quali si presentano a chi avanza verso l'ingresso. Sotto, la copertura e la postazione della campana.*

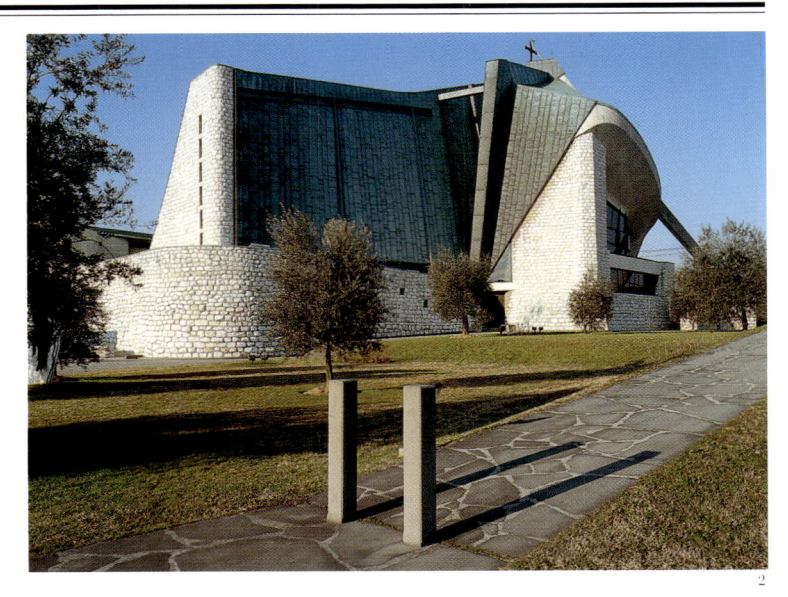

architettonico dell'epoca, venivano spesso definite "organiche", ma che erano, molto più semplicemente, istintive, frutto di un attento e lungamente meditato rapporto con l'ambiente, per quanto riguarda le forme esterne, e per gli interni di un'ancora più accurata, verrebbe da dire medianica, identificazione con il futuro fruitore delle sue architetture. L'edificio non nasce infatti da rapporti geometrici, da proporzioni stabilite a tavolino, ma da un percorso, o un insieme di percorsi, che vengono offerti al fedele che entra e lungo i quali egli incontra spazi ampi e ristretti, e vive momenti di suggestione e momenti di riposo. Le pareti, le coperture, i sostegni di calcestruzzo non sono plasmati tanto per accogliere funzioni quanto per suggerire sensazioni adatte alle funzioni che si svolgono all'interno.

È come un'immensa sinfonia che segue i percorsi fissati dal progettista.

E forse proprio qui sta la ragione vera per cui l'opera ha immediatamente colpito e conquistato tutti. Si sente in questo modo di progettare e di articolare gli spazi, che il tentativo di parlare direttamente, attraverso le suggestioni trasmesse dalle forme e dalla luce, alle emozioni del fedele è forse l'unico modo che abbiamo attualmente a disposizione per recuperare il senso del divino, quella comunione dell'uomo con Dio che riusciva, o sembrava riuscire, tanto facile nelle epoche passate.

L'architettura moderna è sostanzialmente di origine "laica", quando non addirittura ostile alle suggestioni religiose. Essa è nata come risposta ai materiali nuovi e alle nuove esigenze introdotte dalla rivoluzione industriale: cemento armato, ferro, vetro; stazioni ferroviarie, moli, magazzini, fabbriche, palazzi per uffici, ospedali, case di abitazione multipiano.

Soprattutto, è nata dalla rivolta totale, radicale, persino aggressiva contro le forme del passato: quelle forme che proprio nelle chiese hanno trovato la loro massima e più evidente espressione. Trova perciò difficilissimo recuperare il senso del divino, esprimere con un linguaggio nato dai problemi materiali le esigenze legate proprio alle forme "nemiche". Quando ci riesce, trasformando la prosa in poesia, è un avvenimento, una rara e felice scoperta. Come quella che si incontra, serena e senza tempo, ai margini dell'autostrada, presso Firenze.

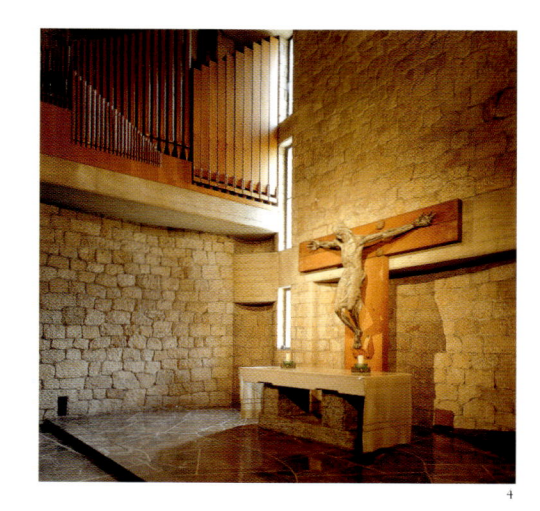

◻ 4. *L'altare, dominato dal grande crocifisso e dall'organo nella parte superiore. La grande complessità spaziale dell'edificio e la varietà dell'illuminazione, affidate ad aperture disseminate in maniera irregolare, rende ogni ambiente sorprendente e altamente suggestivo.*

◻ 5. *La porta di ingresso principale della chiesa con i due pannelli scorrevoli di bronzo.*

◻ 6. *Il nartece posto come filtro tra l'esterno e l'area sacra. È decorato con pannelli raffiguranti i santi patroni delle città toccate dall'autostrada.*

◻ 7. *Il battistero, dalle forme avvolgenti. Il fonte battesimale si trova immerso in un "pozzo di luce" che gli dà particolare risalto, soprattutto per il contrasto con la penombra degli spazi intorno.*

◻ 8. *Come una selva di rami gli elementi verticali di calcestruzzo sorreggono una copertura a tenda.*

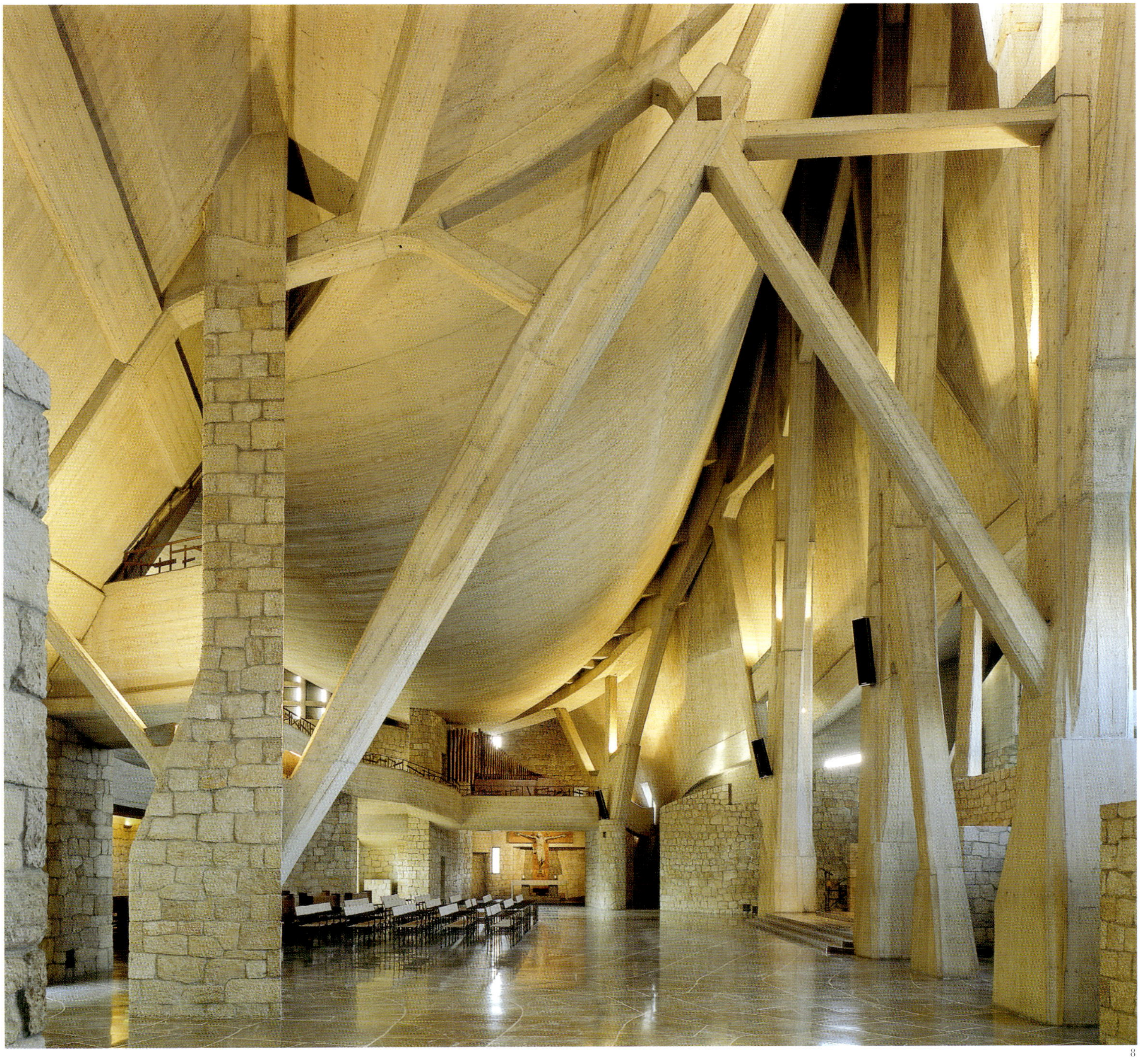

8

OLTRE LE MURA
Quando le chiese non sono solo edifici di culto

Chiunque abbia trascorso qualche tempo in Liguria ha senz'altro visto – e troverà difficile dimenticare, per l'indubbia suggestione e il carattere intimamente coinvolgente – una di quelle processioni in cui si esibiscono con ascetica, concentrata applicazione, muscolosi esponenti di antiche e gloriose confraternite, votati a portare a spalla, lungo tutto il percorso processionale, immensi crocifissi appesantiti da rutilanti e tintinnanti decorazioni argentate o dorate di gusto barocco, così da arrivare a pesare cento, centocinquanta, talvolta centottanta chili.

È una fatica immane e gratuita ("pescatore di canna, cacciatore con il vischio, portatore di Cristo sono i mestieri più disgraziati che ci siano", recita – in versione un po' purgata rispetto all'originale – un antico proverbio ligure), a cui tuttavia gli aderenti di queste confraternite si assoggettano con slancio e orgoglio. Sperimentano, attraverso la loro sudata destrezza, il fervore religioso che li anima e che trova la sua massima espressione nella "danza" improvvisata sul sagrato della chiesa processionale: qui i più bravi ed esperti fanno "danzare" l'enorme e squilibrato carico, ruotandolo, muovendolo e mantenendolo dritto non staticamente ma dinamicamente, come risultato della perfetta coordinazione dei movimenti, quasi fosse sospeso per aria. La danza avviene sul sagrato della chiesa, rispettando i tempi della liturgia che si svolge all'interno.

Perché dalla chiesa partono, e alla chiesa arrivano, rendendo grazie per la prova

1. Concerto di chiusura del Festival dei Due Mondi a Spoleto, davanti al Duomo. Lo splendido ambiente architettonico aggiunge dignità e fascino alla manifestazione.

superata, i partecipanti al devoto spettacolo: anche se non c'è dubbio che si tratti, da un punto di vista cultuale, di un fatto "esterno", che poco ha da spartire per lo meno da un punto di vista logico, con la fede in Cristo (pur se molto ha a che vedere con la religiosità popolare, di cui tale fede è la sublimazione).

Non è tuttavia un esempio unico, e nemmeno uno dei più singolari. Ci sono quasi ovunque processioni ancor meno "religiose" (anche se profondamente intrise di spirito religioso) e che pure hanno in una chiesa l'insostituibile punto di riferimento e di identificazione: dalle ormai tradizionali "marce della pace" di Assisi al vociante, delirante, dirompente corteo di ringraziamento che porta i contradaioli di Siena – in un'unica turbolenta e disordinata calca con fantini, cavalli, figuranti storici, sbandieratori, turisti, fotografi e cineoperatori – a riversarsi in Duomo per portarvi il "drappellone" appena conquistato nel Palio. E ancora le "novene" tipiche della Sardegna, in cui gli intervenuti alla celebrazione della festa di uno dei tanti, caratteristici santuari campestri dell'isola, ospitati per vari giorni nelle tipiche *cumbessias*, le "case di ospitalità" che circondano il santuario, intervallano alle preghiere cori e pranzi comunitari; o, per meglio dire, fanno di queste profane pur se legittime attività, le "preghiere di contorno" della festa religiosa, secondo un rituale che risale probabilmente all'età nuragica.

È normale che sia così. Le chiese sono

senza dubbio, anche nel mondo dissacrante e scristianizzato di oggi, la presenza più sacra delle nostre città. Ma non sono solo – e, talvolta, nemmeno soprattutto – quello. Dentro e intorno alle loro mura si svolgono cerimonie, riti, manifestazioni, attività che con la religione, in senso stretto, hanno poco o nulla a che fare, ma che tuttavia sono importanti, spesso addirittura centrali, per la vita – e non solo quella spirituale – della società. Vi si mescolano, in un groviglio affascinante e inestricabile, sacro e profano, credenze antichissime che affondano nella memoria ancestrale della popolazione di un territorio, e nuovissime suggestioni, fede profonda e ribalda grossolanità, nonché memorie, leggende, miti, credenze di ogni tipo: tutte in qualche modo purificate e inglobate, "metabolizzate" per così dire, dalla fede di cui l'edificio è espressione e testimonianza.

La radice di queste manifestazioni sta forse nella stessa parola "chiesa", derivata dal greco *ecclesìa*, oggi liturgicamente tradotto con "assemblea". La chiesa cristiana non è solo un luogo di preghiera: è, prima e sopra ogni altra cosa, un luogo di riunione, la sede in cui la comunità dei fedeli si ritrova e agisce come tale. Non a caso l'impianto e il nome stesso delle prime chiese venne mutuato non dai templi pagani (la stessa parola "tempio" fu accuratamente evitata per secoli dalla nuova religione, come troppo legata alle credenze idolatre), ma dalle basiliche, i luoghi di adunanza in cui i magistrati roma-

2. *Concerto in una chiesa. L'uso del luogo di culto come sede per l'esecuzione della musica (uno dei mezzi privilegiati con cui avvicinarsi a Dio) è una tradizione antica e ben consolidata.*

ni discutevano le loro cause, in cui i cittadini si incontravano per stipulare i contratti, in cui insomma si "con-veniva", ci si recava insieme, per partecipare alla vita della comunità. Ed ecco allora le chiese fungere durante il medioevo da piazza coperta per le assemblee comunali, luogo di ritrovo e benedizione del Carroccio e dei cittadini in armi, rifugio per gli sbandati, i poveri e i peccatori, sede privilegiata dei grandi avvenimenti cittadini, fossero questi l'incoronazione di un sovrano, il pentimento di un grande peccatore, la condanna di un ribelle, una processione contro la peste, l'ingresso di un ambasciatore straniero. Erano insomma – e in parte sono rimaste – i grandi "palcoscenici" della vita comunitaria.

È a questa tradizione che ci rifacciamo ancor oggi quando usiamo le strutture delle chiese come ricovero di terremotati, di profughi, di sfollati; quando ne facciamo il punto focale di meditazione sociale in occasione dei funerali di Stato di vittime del terrorismo o della criminalità (la fremente invettiva, derivata da Tito Livio,

3. Benedizione del "barbero", il cavallo sorteggiato per correre il Palio, in una parrocchia di Siena. La cerimonia religiosa solennizza una festa per molti aspetti profana, anche in onore dell'Assunta.

4. Processione in occasione della festa di S. Domenico a Cocullo, in provincia dell'Aquila. Processioni, sagre, feste e manifestazioni popolari sono una parte non secondaria dell'attività che ruota intorno a ogni chiesa.

in cui proruppe il cardinale di Palermo Pappalardo alla cerimonia funebre per il generale Dalla Chiesa e sua moglie, "mentre a Roma si parla, a Palermo si muore", è rimasta nelle coscienze ben più delle migliaia di articoli scritti nell'occasione); quando raduniamo nelle chiese artisti famosi, autorità e folla per l'esecuzione di concerti o per grandi cerimonie culturali e sociali.

Tale concezione "assembleare" del luogo di culto è talmente vera che talvolta possiamo prescindere dalle sue stesse strutture architettoniche e tuttavia mantenerne pienamente l'essenza. In occasione dei viaggi papali, per esempio, fungono benissimo da chiese gli stadi, le piazze, magari un vasto prato su cui si è rizzato il baldacchino per il pontefice: presbiterio improvvisato, ma certo non meno funzionale né meno degno di rispetto di quello di tante secolari e venerate basiliche. E chiunque – da giovane esploratore, da militare, da marinaio – abbia partecipato alla magia di una messa al campo (o celebrata sulla

5. Ogni anno a giugno nella chiesa di S. Lorenzo a Genova si celebra la festa di San Giovanni a cui è dedicata un'apposita cappella.

oscillante tolda di una nave, tra la doppia e incombente immensità del cielo e del mare), non avrà dubbi sul fatto che, nonostante la mancanza di volte di pietra, di arredi elaborati, di affreschi o statue di raffinata fattura, la chiesa "c'era", e come: è l'assemblea, non l'architettura, che ne costituisce l'essenza. Allo stesso modo ci sembra normale raccogliere nelle chiese i convenuti a manifestazioni ecumeniche, siano essi ebrei, cristiani ortodossi, buddisti, mussulmani. In questi casi la funzione "assembleare", di privilegiato luogo di riunione, prevale su quella cultuale, di sede di particolari cerimonie religiose.

Già questa situazione dà alle nostre chiese un ruolo e un rilievo che pochissimi altri edifici – o forse nessuno – possono vantare, e ne fa il perno, urbanistico e civile non meno che religioso, dei nostri abitati. E tuttavia si tratta solo di una parte, forse la più consistente ma certamente non l'unica, dell'immensa, variegata gamma di significati che le chiese hanno assunto, in duemila anni, nella nostra vita e nel nostro immaginario collettivo. All'interno della vasta e complessa comunità dei fedeli, o di quella nazionale, esistono infatti numerosissime comunità particolari – professionali, territoriali, ideali – ognuna delle quali trova in una particolare chiesa il suo punto di raccolta, di identificazione, di coagulo. I ciclisti di tutt'Italia hanno nel piccolo santuario montano del Ghisallo, alla sommità di una aspra salita - che un tempo chiudeva, nell'ambito dell'autunnale giro di Lombardia, la stagione ciclistica di cui costituiva l'ultima fatica - la chiesa loro dedicata: alle pareti pendono le biciclette, le maglie, le coppe, le medaglie, le fotografie dei grandi campioni come Bartali, Coppi, Magni, Girardengo, Gaul, Koblet, ma anche quelle di comprimari o di sconosciuti gregari, che magari hanno fatto voto di lasciarvi un ricordo dopo una avventurosa caduta o un'impresa che per un giorno li ha strappati dalla mediocrità o di cui, dopo la morte in corsa, i parenti hanno voluto lasciare una testimonianza là dove passano tutti coloro che svolgono questa professione. Allo stesso modo i cinofili si ritrovano, ogni 16 agosto, a S. Rocco di Camogli, per celebrare in questa tipica chiesa barocca di campagna, sospesa tra l'azzurro cangiante del golfo Paradiso e il verde cupo del monte di Portofino, la fedeltà dell'amico dell'uomo, al quale è stata eretta, accanto all'abside, una statua e di cui un premio annuale ricompensa gli episodi più significativi. E ci sono analoghe chiese per i subacquei, per i fiorai, per i marinai scampati ai naufragi, per i caduti in guerra, per le spose appena maritate e per le zitelle (quasi) senza speranza. Ognuna di queste categorie o classi sociali trova in una specifica chiesa, che sente come tipicamente "sua", l'orgoglio e talvolta la sublimazione della sua condizione.

C'è forse, in questo un riflesso pagano,

6. Il campanile della vecchia chiesa di Curon Venosta, paese dell'Alto Adige sommerso dal lago artificiale di Resia, formato da una diga, è estrema e toccante testimonianza storica.

un identificarsi con un santo, o addirittura un luogo particolare, come faceva Roma con il tempio di Giove Capitolino o Troia con il suo Palladio, in cui vedeva ben più di un oggetto divino: lo sentiva come la propria stessa anima fisicizzata, che non poteva esserle tolta senza causare la morte. Ma c'è anche l'insopprimibile bisogno umano di avere un "ancoraggio" visibile per la propria fede, un aspetto della divinità, e un luogo a questo dedicato, su cui focalizzare le proprie preghiere, suppliche, gioie, intenzioni e aspirazioni. Che piaccia o no ai puristi della fede, una chiesa è anche questo, ed è bene che sia così: è un aspetto che parla non solo alla nostra ragione ma alle nostre più intime pulsioni.

Del resto, l'esoterismo, l'agganciarsi ad antichissime credenze – se vogliamo, a superstizioni, secondo la dottrina cristiana – "riciclate" nelle pieghe della fede, è un tratto quasi costante dell'architettura religiosa. Anche trascurando i casi, tutt'altro che infrequenti, in cui un sito pagano ricco di valenze religiose è stato trasformato in un luogo di culto cristiano, "ribattezzandolo" e assorbendone i significati (come per esempio successe a Bologna con la chiesa di S. Stefano, sorta sulle strutture di un tempio dedicato alle divinità egizie), sono quasi infinite le tracce – vere o presunte – di credenze esoteriche che sono celate (o, talvolta, messe in bella vista) negli edifici cristiani. Le cattedrali europee sono piene di labirinti dai reconditi significati, di statue dai miracolosi influssi, di "segni" leggibili (a quanto dicono gli iniziati) solo dagli iniziati stessi. L'impianto stesso degli edifici di culto è stato pensato, in certe epoche e da molti architetti, come simbolo dell'organizza-

QUANDO LE CHIESE NON SONO SOLO EDIFICI DI CULTO

7. Processione durante la Settimana Santa a Ceriana, piccolo borgo disabitato sopra Sanremo.

zione del cosmo, come "replica" a misura umana dell'ordine divino.

A volte, l'esoterismo lascia il posto alla scienza. Fu forse casuale che Galileo abbia scoperto le leggi del pendolo osservando un lampadario della cattedrale di Pisa (forse non stava troppo attento alla cerimonia, magari noiosa); e fu probabilmente per necessità (non esistevano lì intorno altre torri così alte, e per di più inclinate, così da garantire che gli oggetti lasciati cadere dall'alto non si impigliassero in cornicioni, doccioni o altre sporgenze) che si servì della Torre Pendente per i suoi esperimenti sulla forza di gravità. Ma quando un'intera grande chiesa, come il S. Petronio di Bologna, viene utilizzata come gigantesco gnomone solare, non c'è dubbio che si tratti di una scelta voluta e premeditata, ampiamente condivisa dalle autorità ecclesiastiche.

Ruotano e si intrecciano intorno alle nostre chiese infinite suggestioni, memorie, credenze e manifestazioni, che ne fanno ben di più – ammesso che si possa azzardare una simile osservazione vagamente blasfema – di un luogo di culto, e le identificano strettamente, indissolubilmente, con il territorio e la comunità di cui fanno parte, fino a farne un simbolo: spesso "il" simbolo.

Quasi ogni chiesa, piccola o grande, è in effetti il simbolo, la bandiera, l'immediato "segnale" di un territorio o di una comunità: Milano "è" il suo Duomo così come Firenze è il "cupolone" della sua cattedrale, "ampio da coprire con la sua ombra tutti i popoli toscani", come lasciò poeticamente detto Leon Battista Alberti. Per non parlare di Pisa che è, per il mondo intero, la sua stupenda, miracolosa piazza, senza la quale non sarebbe che una piccola città in riva all'Arno, onusta di vecchie glorie marinare. E si potrebbe continuare all'infinito: Orvieto con il suo Duomo lavorato come un merletto, Amalfi con la superba scalinata in cima alla quale troneggia la chiesa; Spoleto con l'indimenticabile immagine del concerto di chiusura del Festival dei Due Mondi davanti alla cattedrale, con gli spettatori assiepati sulla via che conduce alla basilica e la facciata della chiesa eretta a fare da superba quinta al "teatro naturale" della piazza e delle vie intorno; Trani con il suo Duomo a specchio dell'Adriatico, perfetta rappresentazione simbolica della sua gente bizantino-normanna, proiettata sul mare; Torcello che non è più una città ma una antica cattedrale, immersa nel verde di quello che fu un glorioso abitato, e via di questo passo.

La correlazione è talmente vera e profonda che funziona persino, per così dire, in negativo: niente esprime la natura pastorale della società sarda meglio delle sue antiche chiese, non erette nei centri abitati, ma isolate nelle campagne, circondate dall'enigmatico silenzio della natura. E poche immagini sono così eloquentemente e dolorosamente coinvolgenti del moncone di campanile che emerge dalle verdi, fredde acque del lago di Resia: com-

8. Raccolta di quadri votivi nel santuario di Stezzano, presso Bergamo. Il voto ai santi tutelari del luogo, in caso di malattie, disgrazie o avversità, è una delle forme più frequenti e antiche di devozione.

9. Piccola edicola di Trastevere circondata dalle offerte "per grazia ricevuta". Questa "fisicizzazione" della fede è connaturata alla religiosità popolare.

movente testimonianza archeologica di un paese sacrificato in nome del progresso e sommerso per sempre dalle acque, e il cui ultimo palpito di vita è il rintocco delle campane mosse dal vento montano.

Proprio il campanile, la parte più alta, emergente della chiesa, il suo "segnacolo" sopra i tetti delle case, l'inconfondibile elemento che indica immediatamente – da lontano, anche quando dell'edificio è visibile solo il profilo, la natura della costruzione – è l'elemento che spesso riassume in sé tutte queste considerazioni, che rappresenta per sineddoche l'immenso groviglio di emozioni e convinzioni che ogni chiesa rappresenta. Del resto, non si dice "amore di campanile", o "spirito di campanile" per indicare l'attaccamento profondo, viscerale, primordiale al proprio paese e alla propria comunità? Amor di chiesa, insomma, come sinonimo di amor di patria. Una riprova, ancora, che c'è ben di più, in quelle mura, dell'assolvimento di una funzione liturgica. C'è, molto spesso, la storia, l'anima, il cuore di una comunità.

Flavio Conti

ARCHITETTURA RELIGIOSA ITALIANA

Chiese: tipologie e funzioni

Repertorio delle principali chiese italiane

Glossario

*La facciata gotica di S. Croce, Firenze,
prima dei restauri ottocenteschi.*

◧ TIPOLOGIE ARCHITETTONICHE DELLE CHIESE ITALIANE ◧

a cura di Flavio Conti

ESSENZIALITÀ PALEOCRISTIANA

Nella stragrande maggioranza dei casi le chiese paleocristiane sono delle varianti, più o meno raffinate, di un unico schema, quello basilicale, così detto perché derivato piantisticamente dalla basilica romana, modificata secondo le esigenze della nuova religione. Si tratta di costruzioni a tre, o più raramente a cinque navate, sorrette da colonne architravate (o, talvolta, collegate da archi), con una grande abside sul fondo.

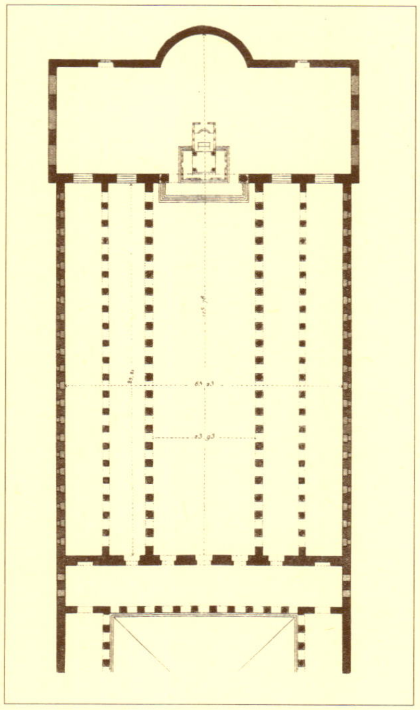

La copertura è regolarmente a capriate lignee; grandi finestre sulle pareti inondano l'interno di luce. Davanti alla chiesa è disposto un quadriportico, frequentemente con fontana centrale. Solo raramente e in casi speciali, come per esempio per le chiese collegate alla famiglia imperiale, si ricorre a un altro schema, quello a pianta centrale, a quadrato quadriconco o a ottagono, che riprende gli elaborati schemi delle aule delle grandi ville.

Molto frequente infine un terzo tipo di architettura, il *martyrion* o *martyrium*, costruito non per il culto ma a protezione delle spoglie di un martire o di un santo: un edificio di piccola dimensione, quasi sempre a pianta cruciforme con braccia uguali, qualche rara volta con schemi più complessi, ma sempre a pianta centrale.

1. *S. Paolo Fuori le Mura, Roma (V-VII sec.).*
2. *S. Costanza, Roma (IV sec.).*
3. *S. Lorenzo Maggiore, Milano (IV-V e XII sec.).*

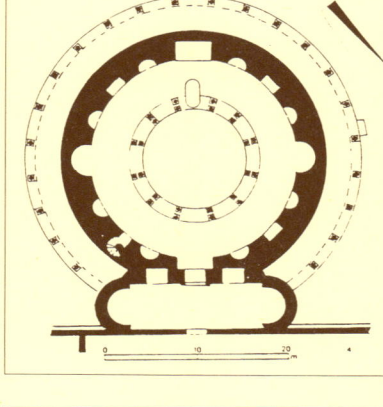

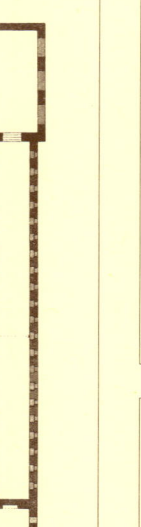

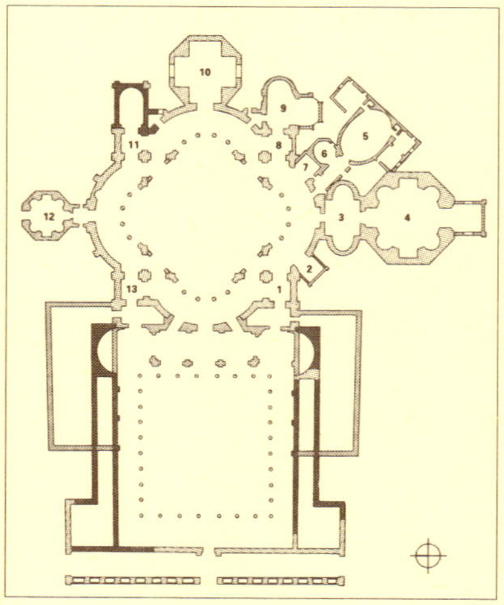

SOLENNITÀ ROMANICA

Concettualmente il cuore di una chiesa romanica è il suo sistema di copertura con grandi volte di pietra. Tutto l'organismo dell'edificio è articolato in modo da ricevere senza pericolo i grandi sforzi generati da questa pesante copertura e trasmetterli a terra. Ne nasce un'architettura cadenzata, tutta modulata sulla base del suo elemento centrale, la campata (rigorosamente quadrata) della navata principale. Anche gli edifici – frequenti in Italia, soprattutto in area toscana – che non adottano una copertura voltata, o che non utilizzano volte a crociera, ma strutture a botte, o con cupole, riprendono molti elementi di questo schema base.

4. *S. Michele, Pavia (XII sec.).*

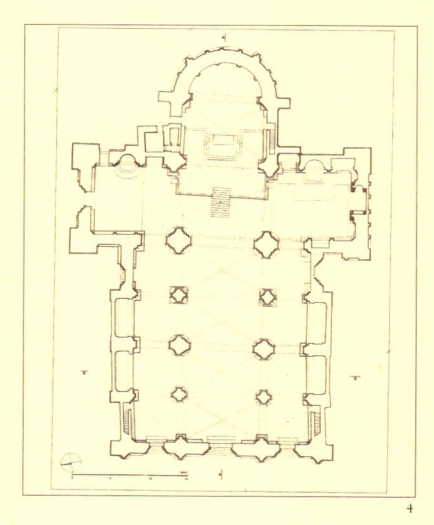

in particolare la scansione degli spazi con sostegni alternati – uno maggiore, uno minore – che costituisce, come la presenza degli archetti ciechi, una delle caratteristiche distintive del romanico. La tipica chiesa romanica è la costruzione a croce latina su tre navate, generalmente absidate, con presbiterio rialzato per la presenza della cripta. Ma l'epoca è fecondissima di varianti e anche di tipologie specifiche o peculiari di un territorio - tali sono per esempio le chiese a croce greca con cupolette, tipiche dell'area bizantina e che si incontrano nel Mezzogiorno d'Italia – o di un filone concettuale, come le chiese tonde, a imitazione della loro capostipite di Gerusalemme, dedicate al S. Sepolcro.

5. *Il Duomo Vecchio, Brescia (XI sec.).*

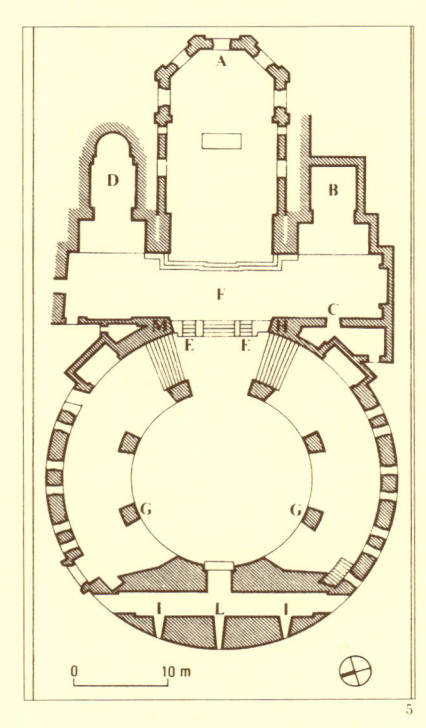

Ariosità gotica

In Italia, l'epoca gotica è soprattutto quella delle grandi chiese degli ordini mendicanti, tutte pensate e costruite in funzione della predicazione: ampi spazi con sostegni radi e distanziati, così da non impedire la visione e l'ascolto del predicatore. La pianta è molto frequentemente a croce commissa, cioè a "T", con numerose cappelle (sovente a terminazione piatta) sui bracci del transetto; la copertura, proprio per di-

6. *Il Duomo, Milano (XIV sec.).*

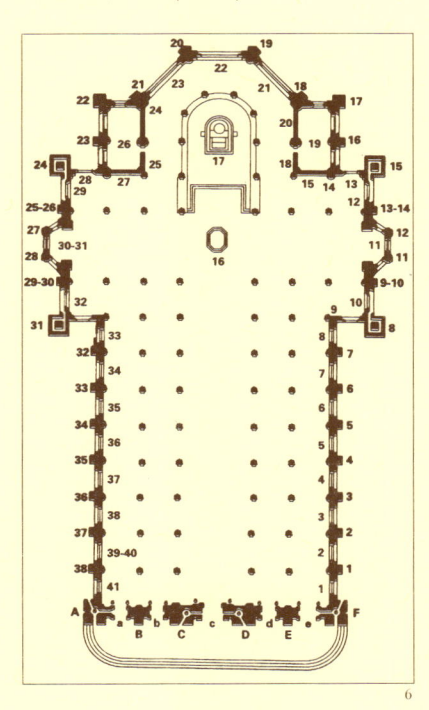

radare i sostegni, è regolarmente lignea. Alle pareti, invece delle vetrate tipiche delle costruzioni gotiche dell'Europa settentrionale, vi sono frequentemente cicli di affreschi, da cui si svilupperà la grande pittura italiana.

Relativamente rare sono le costruzioni che riprendono la rigorosa logica costruttiva delle chiese francesi, basata sul perfezionamento del sistema strutturale romanico, e ancora più rare (in pratica, tra le grandi chiese, solo il Duomo di Milano) quelle che utilizzano come materiale la pietra da taglio lasciata in vista.

Armonia rinascimentale

Il Rinascimento propose sostanzialmente tre tipi di chiesa. La prima, più diffusa, è la riedizione, riveduta secondo i canoni rinascimentali, della basilica paleocristiana: una chiesa a triplice navata, coperta da capriate, con pianta a croce latina o a croce commissa, scandita da colonne. Può essere in versione concettual-

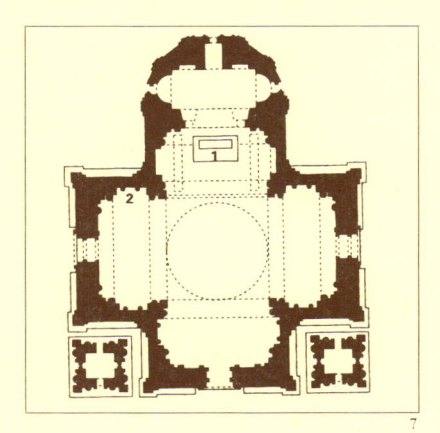

7. *S. Biagio, Montepulciano. Antonio da Sangallo il Vecchio, 1518-1545.*

mente più semplice, come nel S. Lorenzo di Brunelleschi, o più articolata sulla base di rapporti matematici semplici, come il S. Spirito, sempre di Brunelleschi.
La seconda è la chiesa a pianta centrale, a croce greca o circolare: senza al-

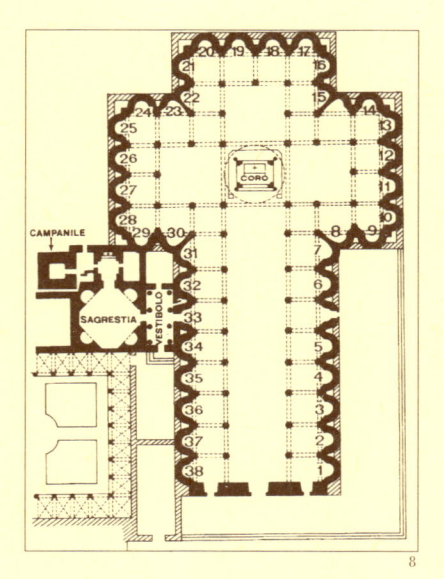

8. S. Spirito, Firenze. Filippo Brunelleschi, 1444-1481.
9. S. Andrea, Mantova. Leon Battista Alberti, 1470.

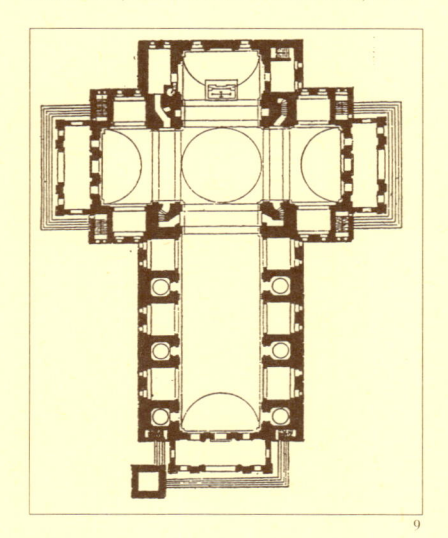

in una sola opera, il S. Andrea di Mantova di Leon Battista Alberti: è l'edificio a navata unica con cappelle laterali, derivato (con molta libertà) dalle basiliche romane d'età tardoimperiale, come quella di Massenzio. Un caso isolato al momento, ma di immensa fortuna in età manieristica e barocca.

RIFONDAZIONE MANIERISTA

La Controriforma ripensò sostanzialmente ogni aspetto della dottrina e della pratica religiosa cattolica, comprese naturalmente le chiese, il cui impianto e la cui costruzione vennero codificati secondo regole precise e omogenee. Queste si coagularono in pratica in un tipo di edificio unico, diffuso a migliaia di esemplari in ogni continente: la chiesa a navata unica con cappelle laterali comunicanti, sul tipo del Gesù di Roma. Il presbiterio è addossato al fondo della costruzione, separato da alcuni gradini e da una balaustra dalla parte riservata ai fedeli. Nella facciata si generalizzano le volute laterali, introdotte per la prima volta da Leon Battista Alberti in S. Maria Novella, come elemento di raccordo tra il registro inferiore, largo quanto l'intera chiesa, e quello superiore, avente la larghezza della sola navata centrale.

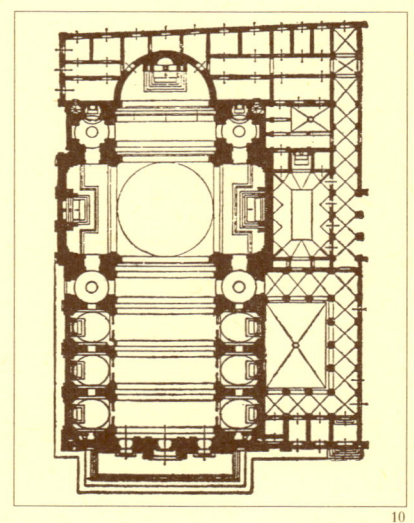

MAGNILOQUENZA BAROCCA

Il più diffuso tipo di chiesa barocca è molto probabilmente ancora quello a navata unica e croce latina di tipo albertiano, diretta derivazione delle norme controriformistiche. Ma quelli più caratteristici sono gli edifici a pianta ellittica, stellare o composita dove la fantasia e il gusto del meraviglioso propri dell'epoca possono maggiormente sbrigliarsi, con risultati scenografici di sba-

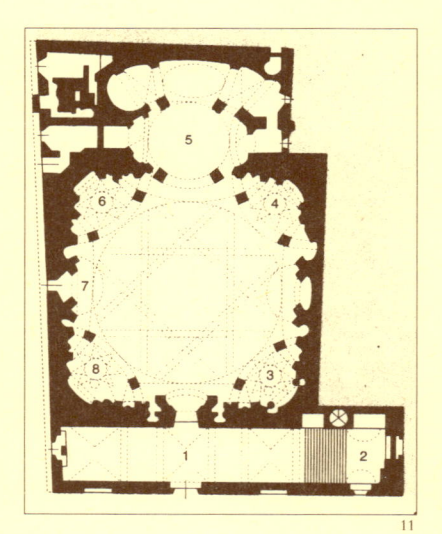

cun dubbio il tipo di edificio più tipicamente rinascimentale, realizzato in pochissimi esemplari, ma tutti di altissimo livello. Avrebbe trovato la sua massima espressione nelle opere di Bramante: la tribuna di S. Maria delle Grazie, S. Pietro in Montorio, il nuovo S. Pietro.
La terza compare, in forma compiuta,

10. Chiesa del Gesù, Roma. Jacopo Barozzi detto Vignola, 1568.

11. S. Lorenzo, Torino. Guarino Guarini, 1666-1680.

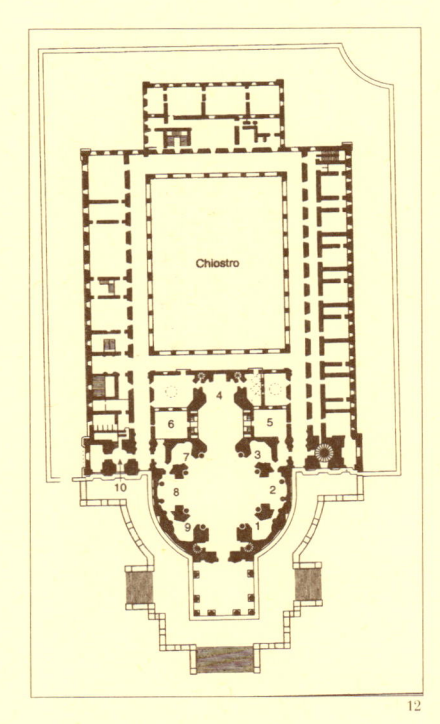

Le piante predilette sono quelle centrali, ma anche questa non è una norma rigida. Lo è invece l'integrazione stretta, fino quasi ad annullare le distinzioni, tra architettura, decorazione architettonica, pittura.

SEVERITÀ NEOCLASSICA

Il carattere razionale e didascalico dell'epoca si riscontra anche nelle sue chiese, quasi uniformemente ispirate a un unico esempio, il Pantheon di Roma: un grande spazio circolare coperto da una cupola schiacciata e preceduto da un pronao colonnato. Assai più raro, in Italia, l'altro schema neoclassico, molto diffuso invece all'estero, quello del tempio classico periptero o pseudoperiptero. L'interno dell'edificio presenta spesso cappelle radiali e decorazione della cupola a lacunari, motivi anch'essi derivati dal Pantheon.

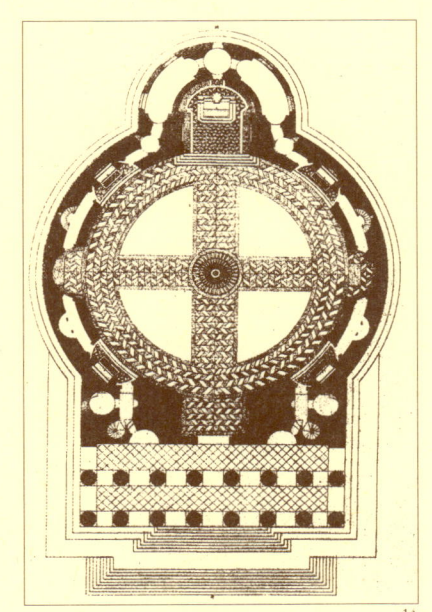

LIBERTÀ MODERNA

L'architettura moderna si basa sull'adozione di un metodo progettuale e non di forme predefinite, e questo si rivela anche nelle chiese. Le loro piante sono quantomai disparate, senza alcun elemento in comune che non sia l'immensa, totale libertà concettuale e formale. Prevalgono di gran lunga le forme libere, spesso complesse, raramente riconducibili a esempi del passato. Anche la "sintassi" che legava tra di loro le varie parti dell'edificio (presbiterio, sagrestie, battistero e così via) viene regolarmente sconvolta. Non si è ancora creata una tradizione a cui riferirsi, anche per il relativamente basso numero di edifici costruiti.

12. Basilica di Superga, Torino.
Filippo Juvarra, 1717-1731.
13. S. Carlo alle Quattro Fontane.
Francesco Borromini, 1634-38.

lorditiva abilità. Non c'è una regola unitaria, se non quella di ottenere un risultato il più possibile stupefacente.

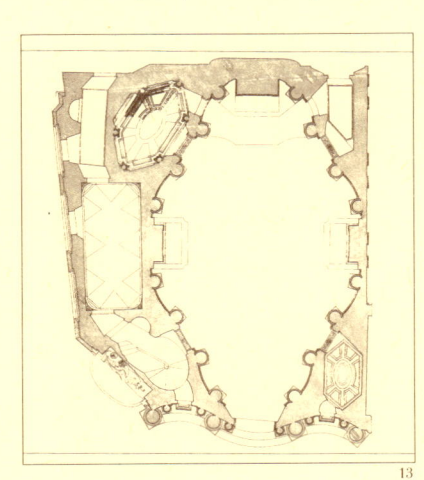

14. Il Tempio di Possagno (TV).
Antonio Canova, 1818.

15. SS. Giovanni e Paolo, Milano.
Luigi Figini e Gino Pollini, 1964.

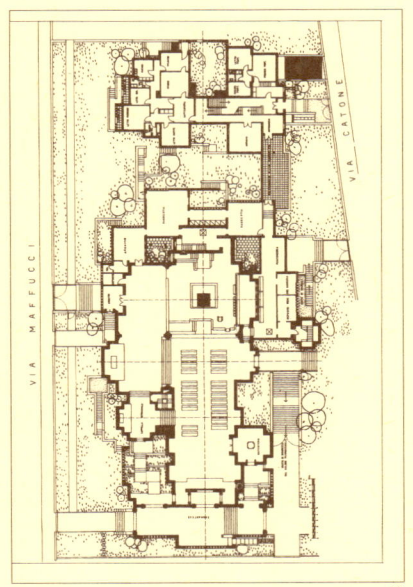

REPERTORIO DELLE PRINCIPALI CHIESE ITALIANE

a cura di Flavio Conti e Mariarosa Fonio

Questo repertorio raccoglie alcune centinaia di chiese di tutte le regioni italiane: una scelta che riteniamo sufficientemente vasta per illustrare le realizzazioni più significative. Gli esempi sono riportati in ordine alfabetico secondo il Comune di appartenenza. Oltre all'indicazione del Comune è sempre riportata la provincia di appartenenza e la distanza dal capoluogo provinciale. Sono riportate inoltre la denominazione o le denominazioni correnti della chiesa, con la dedicazione al santo (S. Giovanni, S. Maria Maggiore e così via), ma anche con il termine generico Duomo o cattedrale.

Un simbolo – che è, a tutti gli effetti, un vero e proprio "riassunto grafico" dell'edificio – consente a chiunque conosca le "regole" di costruzione del simbolo stesso di apprendere con un solo sguardo i dati essenziali riguardanti il complesso.

Si tratta di una tecnica messa a punto negli studi di architettura fortificata e che si è rivelata, per la "lettura" e la valutazione sintetica delle opere costruite, tra le più efficienti e foriere di utili risultati. Essa è stata impiegata, riteniamo con utili risultati, anche per gli altri volumi della collana "Il Bel Paese".

Per la prima volta in assoluto tale tecnica è ora applicata alle chiese: un'innovazione che riteniamo di grande utilità e che pensiamo possa non solo far progredire gli studi sull'argomento, ma anche essere di notevole aiuto al normale lettore, che potrà assimilare rapidamente i caratteri essenziali del complesso architettonico, la sua collocazione stilistica, l'epoca cui sono attribuibili i maggiori interventi, la presenza o meno di cori, organi, affreschi, arredi di interesse notevole. La base della simbologia è una facciata stilizzata di chiesa, in cui sono inseriti uno o più simboli allusivi al periodo cui appartiene la chiesa: paleocristiano/altomedievale, romanico, gotico, rinascimentale/manierista, barocco/rococò, neoclassico/eclettico, moderno.

Ai lati del simbolo possono comparire uno o più numeri in cifre romane, che indicheranno, rispettivamente, il secolo di costruzione del complesso (se esso conserva ancora in tutto o in parte le strutture originarie), o quello in cui furono costruite le parti più vecchie tuttora rintracciabili (se le strutture iniziali sono andate perdute), e il secolo in cui furono apportate le ultime consistenti aggiunte o modifiche. Le indicazioni cronologiche si riferiscono di regola all'architettura o alla decorazione strettamente collegata con l'architettura e non tengono conto dei restauri, ma solo degli interventi di ristrutturazione, ampliamento, ricostruzione totale o parziale.

Sempre ai lati, ma in alto, possono infine apparire due piccoli simboli: un quadratino nero (indicante la presenza di affreschi, mosaici, stucchi e altre opere d'arte di particolare importanza) e una sagoma a 'u' rovesciata (indicante la presenza di arredi d'epoca, come cori o armadi di sagrestie di notevole valore).

La ricerca e la sistematizzazione dei dati per giungere alle "radiografie" grafiche dei monumenti non è stata una fatica lieve. In particolare riassumere in un unico simbolo opere così complesse come sono le grandi chiese è stato problematico: spesso la scelta ha dovuto essere drastica, e potrebbe risultare discutibile.

Riteniamo tuttavia che il lavoro costituisca un contributo, non ancora esauriente ma tutt'altro che disprezzabile, alla migliore conoscenza delle opere trattate e un aiuto concreto per chi voglia avere, in rapida sintesi, un'idea dell'opera.

TAVOLA RIASSUNTIVA DELLE CONVENZIONI SIMBOLOGICHE

TIPOLOGIE
- Paleocristiana e Altomedievale
- Romanica
- Gotica
- Rinascimentale e Manierista
- Barocca e Rococò
- Neoclassica ed Eclettica
- Moderna

DATAZIONE
- Inizio (primo intervento ancora visibile)
- Fine (ultimo intervento significativo)

INTERNI
- Arredi d'epoca
- Affreschi

REPERTORIO DELLE PRINCIPALI CHIESE ITALIANE

ACIREALE (CT)
17 km da Catania

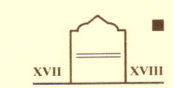

S. Sebastiano
Chiesa di impianto architettonico tardocinquecentesco con pianta a croce latina divisa da pilastri e interno ornato da affreschi del Settecento. La facciata, preceduta da un corto sagrato delimitato da una balaustra con statue della metà del Settecento, ha una ricca decorazione scultorea di gusto manieristico spagnolesco.

ALBA (CN)
61 km da Cuneo

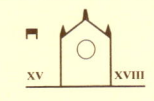

Duomo
Il duomo, dedicato a S. Lorenzo, venne costruito alla fine del Quattrocento su di una precedente chiesa romanica. Rimaneggiato più volte tra XVI e XVIII secolo, fu restaurato da Edoardo Arborio Mella nel 1867-78. La facciata in cotto, ricostruita dai restauri dell'Ottocento, ingloba i tre portali romanici. L'interno, a croce latina, è diviso in tre navate da pilastri cruciformi che reggono archi e volte ogivali. Nell'abside si può ammirare il coro ligneo d'inizio Cinquecento.

ALBENGA (SV)
44 km da Savona

Duomo
Situato in piazza S. Michele, accanto al battistero, ha origine da una antica chiesa paleocristiana a tre navate costruita tra il V e l'VIII secolo, ma subì una radicale trasformazione nel XII secolo e poi nel periodo gotico. Nel XVI secolo sono state rialzate le absidi e il catino; nell'Ottocento è stata affrescata la copertura della navata centrale. La facciata a capanna con archetti ciechi, grande rosone e portale mediano è del 1669. Accanto sorge il campanile, ricostruito alla fine del Trecento, con cinque piani di bifore e trifore e cuspide in piastrelle di maiolica. La zona absidale conserva all'esterno una loggetta romanica con esili colonnine in pietra di Finale. I restauri eseguiti tra il 1964-67 hanno riportato alla luce gli elementi romanici, e le primitive fasi costruttive dell'antica basilica.

ALES (OR)
43 km da Oristano

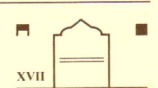

S. Pietro
Chiesa barocca del genovese Domenico Spotorno, costruita in luogo di una precedente chiesa del XII secolo. La facciata, preceduta da un ampio atrio con arco centrale, è affiancata da due massicci campanili le cui celle campanarie sono ingentilite da archetti ciechi e sormontate da cupolette rivestite in ceramica.

ALTOMONTE (CS)
61 km da Cosenza

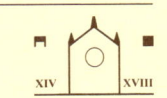

S. Maria della Consolazione
Fu edificata, sul modello delle chiese gotiche francesi, verso la fine del Trecento. La facciata, a capanna, è caratterizzata da un portale ogivale con porta in legno intagliata di fine Cinquecento, da un grande rosone e da due robusti contrafforti laterali. Gotico è anche il robusto campanile con bella bifora. L'interno, a navata unica con cappelle laterali arricchite da stucchi barocchi, subì sostanziali modifiche tra il XVI e XVIII secolo. Conserva notevoli opere di scultura del Trecento e Quattrocento.

ANAGNI (FR)
22 km da Frosinone

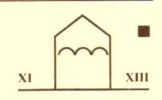

Duomo
La cattedrale sorge all'estremità del centro abitato, sul luogo dell'antica acropoli. Costruita tra l'XI e il XII secolo e rimaneggiata nel Duecento, ha pianta a tre navate con absidi semicircolari. La sottostante cripta, divisa in tre navate da colonne di travertino con capitelli dipinti, è importante per gli affreschi del XIII secolo che decorano le volte e le pareti, e per l'originario pavimento cosmatesco, omologo a quello presente nella chiesa.

ANCONA

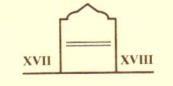

Chiesa del Gesù
Situata in posizione sopraelevata, l'attuale chiesa barocca fu costruita da Luigi Vanvitelli, su commissione dei Gesuiti, in luogo di un preesistente edificio del Seicento. La facciata concava, con coronamento a balaustra, è preceduta da un alto pronao retto da due pilastri a fascio e da due colonne su cui poggia un timpano triangolare. È interamente rivestita di mattoni chiari su cui risaltano le membrature architettoniche in pietra d'Istria. La pianta è a croce latina, con transetto poco pronunciato e grande cupola centrale.

S. Ciriaco

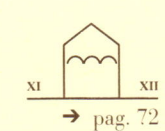

→ pag. 72

S. Maria della Piazza
La chiesa, inserita nel tessuto antico della città, fu costruita nel XII secolo sui resti di una costruzione religiosa paleocristiana. La facciata in marmo, di singolare bellezza, è firmata dal maestro lombardo Filippo e datata 1210-1225. Nel centro si apre il grande arco del bel portale strombato e finemente decorato; nella parte superiore quattro ordini di archetti su colonnine sono intervallati da fasci di semicolonne che raggiungono il coronamento. La pianta è basilicale, a tre navate divise da pilastri ottagonali.

AQUILEIA (UD)
36 km da Udine

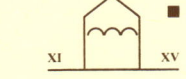

Basilica patriarcale
Fondata nel 310-319 e rifatta nel 452, deve il suo aspetto attuale al rifacimento romanico del 1021-31 e agli interventi gotici di restauro avvenuti dopo un terremoto nella metà del Trecento. Un portico collega la chiesa con la "basilica dei Pagani", il luogo di riunione dei catecumeni, del IX secolo, e col Battistero a pianta ottagonale. L'interno è a tre navate divise da colonne con capitelli corinzi e collegate con archi a sesto acuto; la navata centrale è coperta da un tetto in legno a carena. Il pavimento a mosaico di eccezionale bellezza, con disegni geometrici che racchiudono figure di offerenti, ritratti di donatori e animali, è dell'epoca di Teodoro (310-319). L'ampia zona presbiteriale, sopraelevata, accoglie al centro la tribuna rinascimentale di Bernardino Bissone, autore anche dell'altare del Sacramento. L'abside maggiore è decorata con affreschi di maestranze ottoniane. La cripta, risalente al IX secolo, è interamente coperta da affreschi del XII secolo. Sul lato sinistro sorge isolato il campanile, costruito con materiale di spoglio dell'anfiteatro romano.

AREZZO

Pieve di S. Maria
Edificata dopo il 1140, è un significativo esempio di romanico toscano con presenza, specialmente nell'interno, di elementi gotici. Fu rimaneggiata dal Vasari e poi nell'Ottocento. La facciata, di inizio Trecento, presenta influenze pisano-lucchesi. L'interno ha tre navate divise da colonne che reggono arcate ogivali. La parte più antica della chiesa è il presbiterio, sopraelevato sulla cripta, con abside semicircolare ad arcate cieche. A destra della facciata si innesta il campanile romanico detto "delle cento buche" per la presenza di 40 bifore.

REPERTORIO DELLE PRINCIPALI CHIESE ITALIANE

ASCOLI PICENO

Duomo
Situato nella monumentale piazza, centro della vita civile e religiosa della città, fu eretto sui resti di una basilica romana e trasformato nel tempo. L'aspetto attuale è di fine Quattrocento, mentre la facciata incompiuta è opera cinquecentesca di Cola dell'Amatrice. L'interno a croce latina, in cui sono evidenti le trasformazioni tardo-gotiche e rinascimentali, conserva alcune opere d'arte notevoli, tra cui un polittico di Carlo Crivelli.

ASSISI (PG)
24 km da Perugia

S. Chiara
Bella chiesa gotica, con annesso convento, che prospetta su una piazza trapezoidale tangente alla principale via cittadina. Fu edificata tra il 1257 e il 1265 per le Clarisse. La facciata semplicissima – che riprende lo schema del vicino S. Francesco – è affiancata da poderosi archi rampanti costruito nel corso del Trecento. L'interno, a navata unica, è articolato in quattro campate, terminanti in un'abside poligonale preceduta da un ampio transetto. Vi sono conservate opere di eccezionale bellezza: le volte del presbiterio e i transetti sono ornati da affreschi del XIII e XIV secolo che narrano la vita della Santa ed episodi della Bibbia. La cappella del Sacramento ostenta un ciclo di affreschi di scuola giottesca dovuto ad artisti umbri; l'altare della cappella del Crocifisso è ornato da un prezioso crocifisso su tavola. Nella cripta sono custodite le spoglie della Santa, fondatrice dell'ordine.

S. Francesco
Complesso monumentale centrale dell'ordine francescano, fu iniziato già due anni dopo la morte del Santo, avvenuta nel 1226. La prima costruzione fu la Basilica Inferiore, concepita come chiesa tombale e realizzata su unica navata, con forme ancora ispirate a quelle del romanico lombardo, ma ben presto ampliata con l'aggiunta di cappelle laterali intercomunicanti. Nella seconda metà del Duecento venne innalzata la Basilica Superiore, di forme gotiche di derivazione francese. Anch'essa a navata unica, con quattro campate e transetto in corrispondenza di quella terminale, è coperta da volte a crociera costolonate archiacute. Al di là dell'architettura, eccezionale e di immenso valore è l'apparato pittorico. Tutte le pareti sono ricoperte da affreschi: di Cimabue, Giotto, Pietro Lorenzetti, Simone Martini, Pietro Cavallini, Jacopo Torriti, Filippo Rusiti. Si può dire che da qui trae origine la grande arte pittorica italiana.

S. Pietro
Ricostruzione duecentesca di una precedente chiesa del X secolo, presenta una facciata a terminazione piatta, con tre rosoni. L'ingresso principale è preceduto da uno pseudo-protiro con leonesse stilofore. Accanto all'abside è collocato il robusto campanile decorato con archetti ciechi. L'interno, a tre navate spartite da pilastri, conserva varie tombe trecentesche e alcuni lacerti di affreschi del XIII e XIV secolo.

S. Rufino
Cattedrale cittadina, costruita a partire dal 1140, ha una facciata romanica con tre portali finemente decorati, rosone centrale circondato dai simboli degli Evangelisti e da rosoni minori e ampio frontone decorato da un arco a sesto acuto. Alla chiesa è affiancato un massiccio campanile, anch'esso romanico. La pianta è basilicale, a tre navate divise da pilastri. L'interno venne completamente rimaneggiato verso la fine del Cinquecento da Galeazzo Alessi; anche le volte originarie vennero mascherate da una volta continua, a botte cassettonata. Nell'abside è sistemato un bel coro ligneo, intagliato e intarsiato, degli anni Venti del XVI secolo.

ASTI

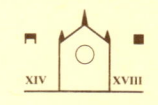

Duomo
Edificato all'inizio del Trecento, subì molti rimaneggiamenti tra XV e XVIII secolo. È una costruzione interamente in cotto, caratterizzata da tre portali gotici molto strombati. Il fianco destro è di notevole interesse sia per le alte monofore contornate da una minuta decorazione in cotto, sia per la presenza di un protiro pregevolmente decorato. L'interno, a croce latina, è diviso in tre navate da pilastri cruciformi. Le originarie proporzioni delle navate sono ancora percepibili nonostante l'intervento distruttivo operato alla fine del Seicento sulle volte gotiche, abbassate e decorate con affreschi. Nella sagrestia dei Cappellani e nell'aula Capitolare sono conservati armadi in legno intagliato; dietro l'altare il coro in legno è della metà del Settecento.

S. Secondo
Chiesa gotica, costruita tra la metà del secolo XIII e XIV su una chiesa precedente. Ha una bella facciata in cotto con tre portali gotici sormontati da altrettanti rosoni. Sul lato sinistro della chiesa si innalza il massiccio campanile romanico. L'interno, a tre navate, è stato ripetutamente rimaneggiato, specialmente in epoca barocca. Nella seconda e terza cappella della navata destra sono visibili pregevoli affreschi del Quattrocento; nel presbiterio sono conservati il coro in legno intagliato e il leggio di fine Seicento.

ATRI (TE)
39 km da Teramo

Duomo
La chiesa, che sorge su un complesso termale romano, fu costruita tra il 1223 e il 1305. La facciata, con coronamento orizzontale sottolineato da archetti ciechi, ha un portale ad arco strombato, opera di mastro Rainaldo, sormontato da un rosone. Altri tre portali si trovano sul fianco destro; per la loro eleganza saranno presi a modello per la produzione abruzzese del XIV secolo. L'interno a tre navate è concluso da un'abside quadrata con volte a crociera, completamente affrescate nella seconda metà del Quattrocento da Andrea de Litio. Sul fianco sinistro si innesta il campanile romanico, concluso da un'edicola ottagonale, con bifore e terminazione cuspidata, eseguita alla fine del Quattrocento.

BARI

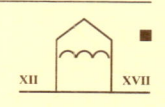

S. Nicola
Consacrata nel 1197, è uno dei massimi esempi di architettura romanica pugliese. Sulla facciata in pietra calcarea – racchiusa ai lati da due campanili, di cui rimane solo la parte inferiore – si aprono tre eleganti portali, di cui quello centrale preceduto da un protiro finemente decorato. Sul fianco sinistro, movimentato da arcate su cui corre una galleria ad archetti, si apre la "porta dei Leoni", riccamente ornata da sculture. L'interno presenta tre navate, separate dal presbiterio da tre archi su colonne bizantine, ed è arricchito da un matroneo. Il soffitto a capriate della navata centrale fu mascherato nel Seicento da un soffitto piano a intagli dorati. Da segnalare alcuni resti di affreschi trecenteschi, l'antico ciborio del 1150, la sedia episcopale del XII secolo e la cripta, consacrata nel 1089.

BARLETTA (BA)
55 km da Bari

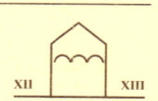

S. Maria Maggiore
Organismo complesso, formato da due parti: una anteriore romanica, del XII secolo, e una posteriore gotica, del XIII secolo. La facciata romanica con

REPERTORIO DELLE PRINCIPALI CHIESE ITALIANE

timpano e archetti ciechi è caratterizzata da tre portali d'ingresso con bassorilievi e da due bifore con transenne marmoree. Nell'interno a triplice navata sono visibili le due fasi costruttive: le prime campate, con copertura lignea e scandite da colonne di marmo, corrispondono alla chiesa romanica; le successive, con volte a crociera costolonate, scandite da pilastri a fascio, corrispondono all'ampliamento gotico. La cattedrale termina con un grandioso coro gotico, con abside poligonale e deambulatorio con cappelle radiali. Sul fianco destro si addossa il campanile romanico alleggerito da monofore, bifore e trifore; la cella campanaria e la cuspide furono rifatte nel Settecento.

BENEVENTO

S. Sofia — VIII / XII

La chiesa, fondata nel 762, pres[enta una pianta centra]le a tre anelli concentrici: un primo giro di colonne centrali disposte ad esagono (su cui si imposta la cupola), un secondo anello delimitato da dieci pilastri, e un terzo anello delimitato dalla muratura perimetrale, che presenta un andamento seghettato interrotto dalle tre absidiole e dal portale d'ingresso. Nelle absidi sono conservati affreschi del VIII secolo. Nel XII secolo furono aggiunti il portico d'ingresso e il campanile.

BERGAMO

S. Maria Maggiore — XII / XVII

Priva di facciata e stretta da numerose costruzioni, tra cui la quattrocentesca Cappella Colleoni, opera di Antonio Amadeo, è una complessa costruzione romanica della seconda metà del XII secolo. L'ingresso principale avviene dal transetto sinistro, mediante un portale preceduto da un protiro gotico di Giovanni da Campione, autore anche del corrispondente portale del transetto di destra. L'interno fu rimaneggiato tra la fine del Cinquecento e l'inizio del Seicento: stucchi e affreschi barocchi presero il posto della decorazione a fresco originale di cui rimangono poche tracce. La cupola centrale fu ricostruita da Francesco Richini e Lorenzo Binago. È ricca di pregevoli opere d'arte, tra cui il coro ligneo, in parte su disegno di Lorenzo Lotto, e il confessionale barocco opera di Andrea Fantoni.

BEVAGNA (PG)
38 km da Perugia

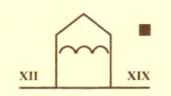

S. Michele Arcangelo — XII / XIX

Situata in piazza Silvestri, fulcro della città medievale, fu edificata alla fine del XII secolo dai maestri Binello e Rodolfo. La facciata, a terminazione piatta, è abbellita da un ricco portale a ghiere concentriche, ornato da mosaici cosmateschi e da bassorilievi a volute. In corrispondenza delle navate laterali si aprono due trifore e al centro un grande rosone inquadrato da lesene: tutti elementi tipici del romanico umbro. L'interno a tre navate fu rimaneggiato nel Settecento e nell'Ottocento con l'aggiunta di stucchi, rimossi completamente durante i restauri del 1954.

S. Silvestro — XII

La chiesa, costruita nel 1195 dal maestro Binello, ha un bel portale ad arco e, nella parte superiore, un'elegante trifora fiancheggiata da due bifore con colonnine tortili. La facciata è conclusa da una cornice scolpita con figure animali. La pianta è basilicale, divisa in tre navate da colonne con capitelli sbozzati. Nel presbiterio si conservano alcuni affreschi di scuola umbra.

BIELLA

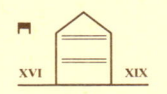

S. Sebastiano — XVI / XIX

Costruita nella prima metà del Cinquecento, è un buon esempio di architettura rinascimentale piemontese. L'impianto è a croce latina su tre navate, suddivise da esili colonne con capitelli sormontati da un alto dado. La navata centrale ha volta a botte affrescata da Gerolamo Tornielli. Quelle laterali hanno volte a crociera con arcate lievemente acute. Nell'abside è conservato un pregevole coro ligneo, opera di Gerolamo Mellis (1546). Nella seconda metà dell'Ottocento i restauri modificarono profondamente la facciata.

BITONTO (BA)
16 km da Bari

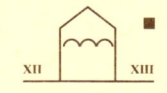

Duomo — XII / XIII

Costruito nel XII-XIII secolo sul modello della cattedrale di Bari ha la facciata tripartita da poderose lesene che ne accentuano la verticalità e decorata da un rosone con arco e da due bifore. Un ricco portale, preceduto da un protiro, immette nella navata centrale, mentre due porte con lunette conducono in quelle laterali. Il fianco meridionale è alleggerito da arcate sormontate da un loggiato a esafore. L'interno, a tre navate divise da colonne con capitelli scolpiti di varia foggia, è arricchito da preziose opere marmoree, tra cui il pulpito duecentesco e la vasca battesimale. Nella cripta pregevoli affreschi trecenteschi.

BOLOGNA

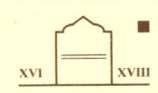

S. Pietro — XVI / XVIII

Chiesa metropolitana originaria dell'XI secolo, ma trasformata a partire dalla fine del Cinquecento, quando Domenico Tibaldi realizzò il nuovo presbiterio al posto delle tre absidi precedenti. All'inizio del Seicento la chiesa fu ricostruita su progetto di Floriano Ambrosini; mentre verso la metà del Settecento fu edificata la facciata, disegnata da Alfonso Torreggiani. All'interno, a navata unica con cappelle laterali intercomunicanti, si conservano tracce della chiesa romanica. Nell'abside centrale si può ammirare l'*Annunciazione* di Ludovico Carracci (1618-1619). Sul lato sinistro, il campanile a pianta quadrata, iniziato nel 1184, ingloba una torre rotonda probabilmente d'età romanica. La parte terminale, con copertura a cuspide, è dei primi del Quattrocento.

S. Giacomo Maggiore — XIII / XVI

Chiesa gotica, costruita tra il XIII e il XIV secolo fu trasformata nel secolo successivo. Sulla facciata in laterizio si apre un bel portale con colonne su leoni, affiancato da nicchie sepolcrali. La pianta è a navata unica, con cappelle laterali poco profonde e abside con deambulatorio. Nel Quattrocento l'originaria copertura fu sostituita da tre cupole ribassate, mentre nella zona absidale fu costruita la cappella Bentivoglio, affrescata all'inizio del Cinquecento. Nel Cinquecento Pellegrino Tibaldi realizzò, a destra dell'altare, la cappella Poggi, poi completata con stucchi e affreschi.

S. Maria dei Servi — XIV / XIX

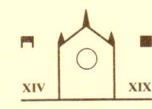

Chiesa trecentesca sulla strada principale della città, si distingue per una serie di porticati di epoche differenti. Il primo tratto risale alla fine del Trecento e fu completato a fine Quattrocento; il tratto in facciata è invece di inizio Cinquecento, e fu completato solo verso la metà dell'Ottocento, in seguito al riassetto urbanistico della zona. La pianta, a tre navate è molto allungata; le volte, costolonate, sono rette da pilastri ottagonali e colonne. Interessante è il presbiterio con deambulatorio e cappelle radiali. Dietro l'altare maggiore si conserva un coro ligneo della metà del Quattrocento. Nelle cappelle laterali, in gran parte barocche, sono collocate opere di rilievo, tra cui la *Maestà* di Cimabue e vari affreschi di Lippo di Dalmasio.

REPERTORIO DELLE PRINCIPALI CHIESE ITALIANE

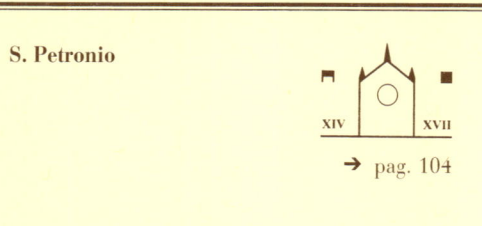

S. Petronio

XIV XVII
→ pag. 104

S. Stefano

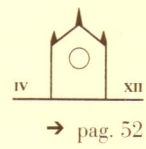

IV XII
→ pag. 52

BRESCIA

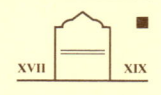

XVII XIX

Duomo Nuovo
Le vicende costruttive del Duomo Nuovo, situato tra il Broletto e il Duomo Vecchio, iniziano nel XVII secolo e proseguono sino all'Ottocento, quando Luigi Cagnola progettò la cupola di gusto neorinascimentale. L'interno, a croce greca, è diviso in tre navate da grandi colonne d'ordine composito. La facciata a due ordini, con alte colonne e timpano sormontato da sculture, è opera di G.B. Marchetti e risale alla fine del Settecento.

Duomo Vecchio
Sorge sull'omonima piazza, sul luogo già occupato da una basilica del VI secolo, di cui ha recuperato il livello originario e a cui si accede tramite un portale del Settecento. Presenta pianta centrale circolare, con ambulacro anulare coperto da una calotta emisferica poggiante su otto arconi retti da massicci pilastri. Alla fine del Quattrocento vi fu aggiunto un profondo presbiterio sopraelevato e fiancheggiato da due cappelle. All'interno sono conservati affreschi della seconda metà del Duecento, resti di mosaici romani e della pavimentazione paleocristiana. Dietro l'altare maggiore trecentesco si conservano il coro a stalli lignei del Cinquecento e un organo dello stesso periodo.

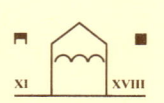

S. Maria dei Miracoli
Costruita alla fine del Quattrocento come cappella per ospitare un'immagine della Madonna, fu ampliata a più riprese tra l'inizio del Cinquecento e la fine del Settecento. La facciata rinascimentale ingloba, nella parte centrale, l'antica cappella in marmo con quattro colonne finemente decorate nella parte inferiore del fusto e del basamento. L'interno, a pianta quadrata entro cui si inserisce una croce latina su triplice navata, è arricchito da quattro cupole e da un'absidiola pentagonale. Una fitta decorazione a bassorilievo copre archi, pilastri, cornicioni.

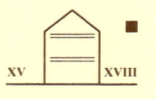

Facciata del Duomo Vecchio di Brescia (XII sec.).

BRESSANONE (BZ)
40 km da Bolzano

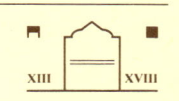

XIII XVIII

Duomo
Affacciato su un'ampia piazza di origine medievale, fu costruito nel XIII secolo sul luogo di un precedente edificio religioso, poi rimaneggiato nel XV secolo, quindi rifatto alla metà del Settecento per opera di Giuseppe Delai. A fine Settecento venne addossato alla facciata con due alti campanili barocchi un portico neoclassico per allineare la chiesa alla piazza. L'interno, a navata unica con cappelle laterali, è ricco di stucchi e di marmi; le volte sono affrescate da Paul Troger.

CAGLIARI

VI XII

S. Saturno
La chiesa, di antica fondazione, sorge su un'area archeologica di grande interesse. È formata da un corpo centrale del VI secolo, a pianta quadrata con cupola emisferica, da un braccio terminale a tre navate con volte a botte e a crociera (fine XI-inizio XII sec.) e da un corpo anteriore (in parte crollato) prospettante sulla piazza e caratterizzato da due portali.

CAMPI BISENZIO (FI)
11 km da Firenze

XX

S. Giovanni Battista
→ pag. 166

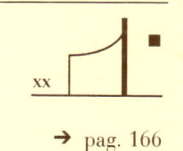

CANTÙ (CO), loc. Galliano
10 km da Como

X

S. Vincenzo
Sorse, forse sui resti di un preesistente edificio paleocristiano, tra la fine del X e l'inizio dell'XI secolo sulla cima di un colle, un tempo isolata dall'abitato. L'aspetto attuale deriva dai restauri condotti, all'inizio del Novecento, da Ambrogio Annoni, cui si deve anche l'originale idea di sostituire con una grande vetrata una delle navate laterali, distrutta. L'esterno, in pietra non squadrata, è quasi del tutto privo di ornamenti. L'interno è, invece, quasi interamente coperto da affreschi per la maggior parte coevi o di poco posteriori alla costruzione.

CAPUA (CE), loc. S. Angelo in Formis
12 km da Caserta

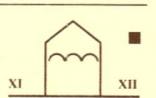

XI XII

S. Angelo in Formis
Costruita alla fine del secolo XI sui resti del tempio di Diana, la basilica è un notevole esempio di architettura campana, importante per gli affreschi dell'XI-XII secolo. È preceduta da un portico a cinque arcate. L'interno è a pianta basilicale, con colonne corinzie e arcate a tutto sesto, e termina con tre absidi semicircolari in corrispondenza delle navate. Gli affreschi, che decorano quasi interamente la basilica, sono opera di scuola locale di cultura bizantina. Interessante il massiccio campanile a pianta quadrata con basamento in travertino di recupero.

REPERTORIO DELLE PRINCIPALI CHIESE ITALIANE

CARIGNANO (TO)
19 km da Torino

Santuario della Visitazione
Fu edificato tra il 1738 e il 1739 dall'architetto Bernardo Vittone su incarico del banchiere Antonio Faccio. La pianta è costituita da un esagono regolare su cui aprono le sei cappelle. All'esterno forma una struttura compatta a tre volumi sovrapposti e decrescenti, mossi da lesene, da finestre rettangolari e circolari. Lo spazio interno, arricchito da affreschi, è di derivazione guariniana: un intreccio di archi e di cupole sovrapposte, dove la luce, proveniente da ampie finestre non percepibili da chi sta al centro dell'ambiente, è un elemento essenziale della composizione architettonica.

Ss. Giovanni e Remigio
È l'opera più originale di Benedetto Alfieri sia per la singolare pianta a ventaglio, sia per la facciata completamente in cotto. Quest'ultima si articola in tre corpi: uno centrale concavo con timpano e fastigio, e due laterali, leggermente aggettanti. Lo spazio interno è movimentato da un vasto deambulatorio le cui volte si dipartono a ventaglio dal piccolo atrio semicircolare. Le pitture e gli stucchi della volta concorrono a creare un ambiente altamente scenografico.

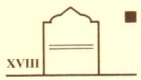

CARPI (MO)
18 km da Modena

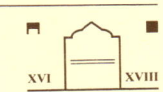

S. Maria Assunta
La cattedrale cittadina fu iniziata nel 1514 su progetto di Baldassarre Peruzzi, secondo un grandioso impianto che l'architetto poi rielaborò proponendolo per la basilica di S. Pietro a Roma; la facciata fu ripresa in linee barocche all'inizio del Seicento. L'interno, in cui sopravvive l'originario impianto rinascimentale, è a tre navate suddivise da pilastri e culminanti in un transetto e in un profondo presbiterio. Nell'abside è ospitato un bel coro ligneo di fine Cinquecento; le cappelle sono arricchite da numerose opere di artisti del Cinquecento e del Seicento.

CASALE MONFERRATO (AL)
30 km da Alessandria

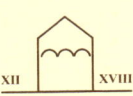

Duomo
L'originario edificio romanico-gotico, dedicato a S. Evasio, fu rielaborato nell'Ottocento, specialmente in facciata, dall'architetto Edoardo Arborio Mella. L'esterno, con facciata a capanna decorata da archetti ciechi rampanti, è fiancheggiato da due esili campanili cuspidati duecenteschi. L'interno, cui si accede tramite un nartece coperto da una insolita volta ad archi incrociati, è diviso in cinque strette navate da pilastri cruciformi. Nel braccio destro del transetto fu costruita, nella seconda metà del Settecento la cappella ellittica di S. Evasio, opera di Benedetto Alfieri.

S. Caterina
Chiesa congregazionale su progetto dell'architetto Giovanni Battista Scapitta, che lavorò a Casale nei primi anni del Settecento. La facciata, con leggero andamento curvilineo, è percorsa in verticale da lesene e colonne ed è divisa in due piani da una cornice aggettante. Un alto tamburo ellittico, con finestre inquadrate da sottili lesene, sorregge la cupola e il lanternino centrale. L'interno, completamente affrescato, è a pianta ellittica.

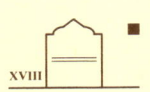

CASERTA,
fraz. Casertavecchia

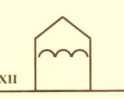

Duomo
Costruito nella prima metà del XII secolo, presenta elementi derivati dall'architettura romanica pugliese e siculo-musulmana. La facciata, in tufo, ha tre portali in marmo sormontati da un arco e da un frontone con archi di tipo moresco. L'interno è diviso, tramite colonne di spoglio, in tre navate concluse da absidi semicircolari; al termine della navata centrale è il pergamo con decorazione musiva. Il poderoso campanile, che scavalca la strada con un arco ogivale, è alleggerito da bifore e da archi intrecciati.

CATANIA

S. Agata
Fondata nell'XI secolo, la cattedrale fu ricostruita integralmente in seguito a due rovinosi cataclismi del XII e del XVII secolo. Autori della ricostruzione furono Girolamo Palazzotto e da Giovanni Battista Vaccarini, che disegnò la facciata (1733-1761). Della prima costruzione romanica rimangono le tre absidi semicircolari e il transetto, in blocchi di lava scurissima. L'interno, a tre navate, conserva diverse sepolture di personaggi illustri e la cappella di S. Agata, patrona della città, che è preceduta da un portale in marmo del Cinquecento. La sacrestia è ornata da un affresco del Seicento e da alcuni armadi intagliati di pregevole fattura.

S. Benedetto
Costruita all'inizio del Settecento in via dei Crociferi, caratteristica strada settecentesca, è preceduta da una scalinata racchiusa da una cancellata ottocentesca. Sulla facciata, divisa in due ordini, spicca il portale d'ingresso racchiuso da un fascio di semicolonne, che mette in risalto la settecentesca porta lignea scolpita con scene della vita del Santo. L'interno è a navata unica, con volta a botte decorata da affreschi settecenteschi.

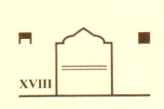

CEFALÙ (PA)
66 km da Palermo

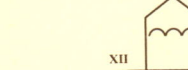

Duomo
Situata ai margini dell'abitato, la costruzione (1131) è preceduta da un ampio sagrato, a cui si accede mediante una scalinata. L'interno è a tre navate, di chiara derivazione islamica. Le navate terminano in tre absidi di cui quella centrale, molto profonda, è rivestita da mosaici bizantineggianti di straordinaria bellezza. La facciata (1240) è serrata tra due torri di derivazione normanna, che racchiudono un portico, eretto a fine Quattrocento in sostituzione dell'originario nartece. All'esterno i fianchi e la zona absidale formano un armonioso gioco di volumi.

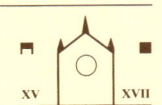

CHIERI (TO)
16 km da Torino

S. Maria della Scala
Tipica chiesa gotica piemontese, costruita nel 1405-35 sul luogo di una pieve dell'XI secolo. Subì rimaneggiamenti nel Seicento e un restauro nel 1875 a opera di Edoardo Arborio Mella. La facciata, in cotto, ha tre portali: di particolare maestosità quello centrale, ornato da un'alta ghimberga arricchita da fregi marmorei. L'interno è a croce latina su tre navate, con pilastri alternati a colonne, su cui poggiano volte a crociera costolonate. Sul fianco destro si apre il battistero ottagonale con affreschi quattrocenteschi. Notevole il coro ligneo del XV secolo.

CIVIDALE DEL FRIULI (UD)
17 km da Udine

S. Maria in Valle
Piccolo tempietto longobardo sulla riva del fiume Natisone, è uno dei più interessanti monumenti religiosi altomedioevali. Costruito nel VII secolo, subì notevoli rifacimenti dopo il terremoto del 1222. È formato da un unico ambiente rettangolare coperto a volta, con la zona absidale, limitata da

REPERTORIO DELLE PRINCIPALI CHIESE ITALIANE

una iconostasi. Le pareti sono decorate da affreschi di ispirazione bizantina e da un fregio in stucco che, in corrispondenza della porta d'ingresso, fa da base a sei splendide figure in stucco, probabilmente dell'VIII secolo. Ai lati dell'aula, pregevoli stalli lignei del Quattrocento.

COGORNO (GE),
loc. S. Salvatore dei Fieschi
48 km da Genova

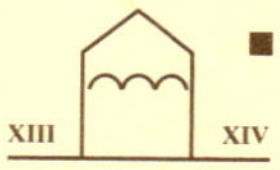

Basilica dei Fieschi
Costruita tra il 1245-1252 per volere di papa Innocenzo IV Fieschi, è uno dei monumenti romanico-gotici meglio conservati della Liguria. Affacciata su una piccola piazza, la fronte decorata nella parte alta da fasce bicolori, è divisa verticalmente in tre parti da sottili lesene che salgono sino al coronamento ad archetti ciechi del tetto. Un unico portale gotico con lunetta affrescata e sormontata dal rosone immette nell'interno basilicale a tre navate. Interessante la torre nolare di derivazione francese, alleggerita da un doppio ordine di quadrifore con sottili colonne in marmo bianco.

COMO

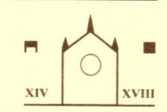

Duomo
L'impianto è basilicale, su tre navate con campate coperte da volte a crociera archiacute; il transetto è terminato da absidi circolari, così da costituire un "tricoro" di ispirazione rinascimentale. La facciata, a salienti interrotti, è tipicamente gotica, anche se incorpora vari elementi rinascimentali. Progettata da Fiorino da Bontà, venne eseguita tra il 1455 e il 1486 da Amuzio da Lugano e Lucchino Scarabota; è arricchita da pregevoli sculture, opere in gran parte di Giovanni Rodari e dei suoi figli. Di Tommaso Rodari è la bella "porta della Rana", sul fianco sinistro, con bassorilievi e sculture di raffinata esecuzione. Alla chiesa lavorarono, tra il 1627 e il 1633, anche Francesco Maria Richini, che completò l'abside settentrionale del transetto, e nel secolo successivo, Filippo Juvarra progettò l'elegante cupola. Ricchissimo l'interno, ornato da numerose e pregevoli opere d'arte.

S. Fedele 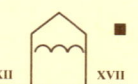
La pianta deriva dall'unione di uno schema basilicale a tre navate con un impianto centrale trilobato, di derivazione forse germanica. La facciata è una ricostruzione dell'Ottocento: la parte più antica è ancora visibile all'esterno solo nella zona absidale. L'interno fu rifatto in età rinascimentale e barocca. Tracce dell'antica decorazione a fresco sono visibili nell'ambulacro destro, negli atri degli ingressi laterali e nelle absidiole.

CORTONA (AR)
28 km da Arezzo

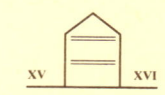

Madonna del Calcinaio
Costruita su progetto di Francesco di Giorgio Martini (1485-1513) è un interessante esempio di chiesa rinascimentale, soprattutto per l'eleganza dell'interno. La pianta, a croce latina ad unica navata, con cupola ottogonale all'incrocio dei bracci, è arricchita da cappelle ricavate nello spessore delle pareti e inquadrate da grandi arcate.

CREMA (CR)
39 km da Cremona

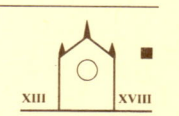

Duomo
Costruita tra fine Duecento e primo Trecento, è un esempio di gotico lombardo. La facciata "a vento" in cotto rosato è divisa da tre alte arcate che incorniciano il portale d'ingresso, il rosone e le bifore, ed è coronata da un loggiato con eleganti colonnine. L'interno, a tre navate, fu trasformato alla fine del Settecento, e poi restaurato negli anni 1952-59, quando sono state eliminate le parti barocche. Sulla navata sinistra resti di affreschi trecenteschi.

CREMONA

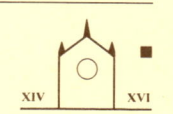

S. Agostino
Costruita per gli Eremitani tra il 1339 e il 1345, fu completata nel Quattrocento e poi trasformata alla metà del Cinquecento. La facciata a capanna, in cotto, è divisa da semicolonne e arricchita da un rosone centrale e quattro laterali più piccoli; la corona una loggia su esili colonnine. Il campanile con bifore è della seconda metà del Quattrocento. L'interno è a pianta basilicale su tre navate e conserva pregevoli opere d'arte, tra cui eccellenti affreschi del Quattrocento e Cinquecento.

S. Pietro al Po 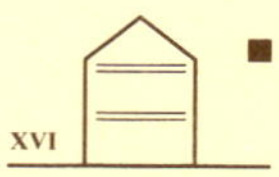
Costruzione manierista del tardo Cinquecento, con facciata a due ordini. Ha pianta a croce latina, divisa da pilastri in tre navate. L'interno è arricchito da stucchi e affreschi che concorrono a rendere lo spazio molto scenografico.

DOLIANOVA (CA)
21 km da Cagliari

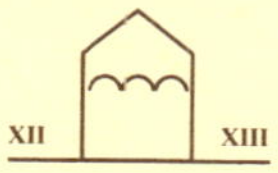

S. Pantaleo
Fondata nel XII secolo ha la facciata divisa orizzontalmente in due parti da una sottile cornice: in basso è ritmata da lesene raccordate da archi ciechi, che intelaiano i tre portali d'ingresso; la parte alta, con tetto a capanna, è movimentata da una fitta decorazione ad archi ciechi. Sulla sinistra si eleva un robusto campanile a pianta quadrata le cui archeggiature riprendono i motivi della facciata.

FAENZA (RA)
31 km da Ravenna

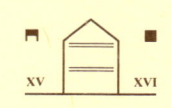

Duomo
Fu costruito a partire dal 1474 sul luogo di una precedente chiesa del IX secolo e su progetto del fiorentino Giuliano da Maiano. L'imponente facciata, preceduta da una scalinata, è rimasta incompiuta. L'interno, a croce latina a tre navate, riprende in parte alcuni elementi architettonici di S. Lorenzo a Firenze. Numerose e di pregio le opere d'arte custodite nelle cappelle laterali, come l'arca di S. Terenzio, con bassorilievi di scuola toscana, e l'arca di S. Savinio, di Benedetto da Maiano.

FERMO (AP)
66 km da Ascoli Piceno

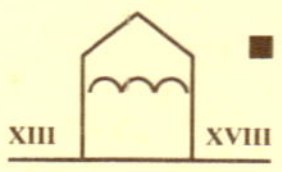

Duomo
Costruito là dove sorgeva una basilica paleocristiana, fu edificato nei primi decenni del Duecento da mastro Giorgio di Como e completato nel secolo successivo. La facciata, resa asimmetrica dall'incorporazione del campanile, è rivestita in pietra d'Istria; il portale strombato è sormontato da un'alta cuspide e da un rosone della metà del Trecento. Il campanile a tre ordini fu completato a fine Settecento. Alla stessa epoca risale il rifacimento dell'interno a opera del Morelli, con affreschi di Pino Panfili.

FERRARA

Duomo
Costruzione del XII secolo, fu progettata dallo scultore-architetto Nicolò. La facciata fu trasformata in epoca gotica, ma conserva nella parte inferiore l'originario aspetto. Il portale centrale strombato, preceduto da un grandioso portico

REPERTORIO DELLE PRINCIPALI CHIESE ITALIANE

romanico-gotico, a sua volta sormontato da una loggia a baldacchino con timpano finemente decorato, è dello stesso Nicolò. La facciata tricuspidata è completata da due ordini di loggette, sormontate da bifore. Il motivo delle loggette è ripreso sul fianco meridionale, la cui parte inferiore, mascherata dai portici dei mercanti, è scandita da semicolonne in marmo. Il campanile al termine del portico è un'opera incompiuta di Leon Battista Alberti. L'interno, a tre navate precedute da un atrio, fu radicalmente trasformato tra la fine del Quattrocento e il Settecento e completamente affrescato nell'Ottocento.

FIDENZA (PR)
23 km da Parma

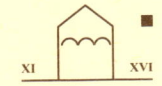

S. Donnino
Costruita da maestranze lombarde, è uno dei più significativi esempi di architettura romanica di influenza antelamica. La facciata incompiuta, con tetto a capanna, è racchiusa tra due torri a pianta quadrata. Vi si aprono due portali scolpiti preceduti da protiri. L'interno è diviso in tre navate da pilastri a fascio che reggono le volte a crociera della navata centrale, sulla quale si affacciano le quadrifore dei matronei. Le sculture che ornano le navate e l'abside sono di scuola antelamica; nella cripta inoltre è conservata la *Madonna in trono con Bambino* dello stesso Benedetto Antelami.

FIRENZE

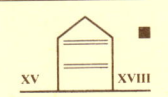

Ss. Annunziata
Michelozzo ne è l'autore (1444-1481), seguito da Rutilio Manetti, che ne modificò parzialmente l'abside. La pianta risulta composta da un'abside circolare, con cappelle radiali, innestata su una navata molto allungata, a sua volta preceduta da un atrio – il cosiddetto "chiostrino dei voti" – affrescato da diversi pittori del XV e XVI secolo, e infine da un portico a sette arcate su esili colonne. Le trasformazioni barocche dei secoli XVII e XVIII – stucchi e marmi policromi – rendono però meno leggibile la struttura rinascimentale. Conserva opere di numerosi artisti fiorentini, tra i quali: Pontormo, Andrea del Sarto, Rosso Fiorentino, Andrea del Castagno.

S. Croce
→ pag. 92

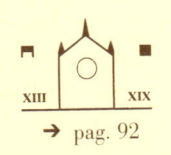

S. Lorenzo
Il complesso monumentale, iniziato nel 1419 e completato all'inizio del Seicento con la Cappella dei Principi, comprende la chiesa, con la notissima facciata incompiuta, le due sagrestie, il chiostro e la Biblioteca Laurenziana. La chiesa, a croce latina con tre navate spartite da colonne corinzie, è il primo grande organismo a impianto longitudinale progettato da Filippo Brunelleschi. La navata centrale, con soffitto a cassettoni, è illuminata da alte finestre; quelle laterali, con volte a padiglione, sono aperte sulle cappelle. A sinistra del transetto si apre la Sacrestia Vecchia, progettata dal Brunelleschi con rigore geometrico e senso delle proporzioni. Sul lato opposto del transetto la Sacrestia Nuova è la prima opera architettonica di Michelangelo, progettata nel 1521 come cappella-mausoleo della famiglia Medici.

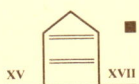

S. Maria del Fiore
→ pag. 88

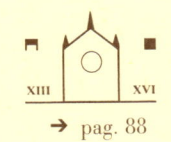

S. Maria Novella
Iniziata nel 1246 dai Domenicani, fu completata, ad eccezione della facciata, nel 1360. La pianta, a croce latina, è divisa in tre navate da pilastri polistili che reggono le volte a vela costolonate. Il coro è affiancato da tre cappelle per lato, con opere di Filippo Lippi e Domenico Ghirlandaio. La bellissima facciata fu eseguita in due tempi successivi. La zona inferiore (1300-1350) è un susseguirsi di arcate cieche, con intarsi di marmo, che racchiudono le nicchie ogivali dei sepolcri. Nel 1470 Leon Battista Alberti completò la facciata, inserendo al centro un portale rinascimentale e definendo la zona superiore, divisa da paraste e affiancata da due volute. Sopra la trabeazione poggia il timpano, decorato con il simbolo dei Domenicani.

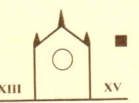

S. Miniato
→ pag. 68

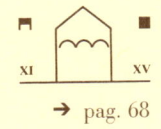

S. Spirito
→ pag. 116

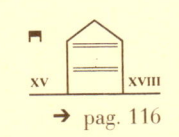

S. Trinita
Fondata nell'XI secolo dai Vallombrosiani, fu trasformata nella seconda metà del XIV secolo. Ha pianta a croce egizia, con tre navate divise da pilastri che reggono le volte a crociera costolonate. È ricca di importanti opere d'arte, tra cui i pregevoli affreschi del Ghirlandaio. La facciata manierista fu realizzata dal Buontalenti nel 1593-94. È divisa inferiormente da lesene che incorniciano i tre ingressi. La zona superiore è caratterizzata da una grande finestra tonda e conclusa da un timpano aggettante.

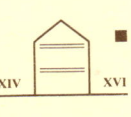

FOLIGNO (PG)
36 km da Perugia

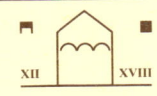

Duomo
L'articolata volumetria della chiesa è difficilmente percepibile per la presenza del Palazzo delle Canoniche tra la facciata e il transetto. La facciata, più antica, mostra un ricco portale e una loggetta affiancata da due bifore, mentre il fronte del transetto, sicuramente più scenografico, è un raffinato esempio di tardo romanico, con decorazioni dei maestri Binello e Rodolfo che ricordano i mosaici romani. All'interno la cripta è l'unico resto della costruzione romanica; l'edificio subì radicali trasformazioni nel Cinquecento e poi nel Settecento, ad opera di Vanvitelli e Piermarini.

GENOVA

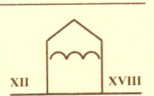

S. Donato
Eretta nell'XI secolo, fu trasformata all'inizio del XII secolo e di nuovo verso la fine dello stesso secolo. A quest'ultima trasformazione si deve l'attuale assetto dell'interno, a tre navate con colonne ornate da capitelli romani di recupero e alternate a colonne a rocchi bianco-nero. Nonostante gli interventi del XVIII secolo la chiesa conserva l'aspetto romanico, grazie anche ai restauri di fine Ottocento di Alfredo d'Andrade e a quelli successivi di inizio Novecento. In facciata spicca il duecentesco portale con architrave romano di reimpiego. Il tiburio è concluso da una raffinata torre nolare a pianta ottogonale con bifore e trifore.

S. Lorenzo
→ pag. 86

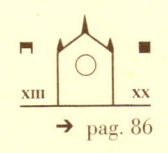

REPERTORIO DELLE PRINCIPALI CHIESE ITALIANE

S. Maria Assunta in Carignano 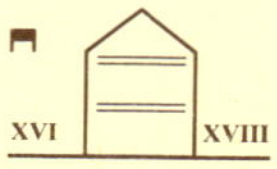
Progettata da Galeazzo Alessi nel 1552, ha pianta a croce greca inscritta in un quadrato, con cupola centrale e quattro cupolette negli angoli; i bracci della croce sono invece coperti a volta. La grandiosa cupola poggia su alto tamburo con loggiato a serliana ed è circondata da una balconata-belvedere da cui si può ammirare la città e il golfo. La facciata principale, appena mossa da lesene con capitelli corinzi, è affiancata da due alti campanili che in parte interrompono la perfetta simmetria del complesso.

S. Matteo 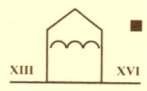
Chiesa gentilizia della famiglia Doria, la cui fondazione risale al 1125. Riedificata alla fine del Duecento, conserva quasi inalterata la facciata a fasce in marmo bianco e nero, con portale d'ingresso impreziosito da un antico mosaico raffigurante san Marco. All'interno l'impianto gotico è mascherato dagli interventi cinquecenteschi operati dal Montorsoli e successivamente dal Bergamasco, che modificò le navate e ne progettò la decorazione ad affresco, eseguita poi da Luca Cambiaso.

S. Stefano 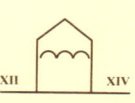
Fondata nel 960 come abbazia benedettina, fu trasformata alla fine del XII secolo. Di questo periodo è l'impianto attuale, a navata unica con presbiterio sopraelevato. Nel XIV secolo maestranze lombarde edificarono un nuovo tiburio e cella campanaria in cotto. Fu restaurata nei primi del Novecento da Alfredo d'Andrade, e nuovamente dopo l'ultima guerra. L'alta facciata, a strisce bianche e nere, ha un portale ogivale strombato ed è conclusa da un frontespizio con quadrifora. La parte absidale, la più antica, è impostata su un alto zoccolo, con finestrelle che illuminano la cripta, e arcate cieche.

GERACE (RC)
91 km da Reggio di Calabria

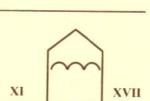

Duomo
Fondato a metà dell'XI secolo, subì numerose trasformazioni in seguito ai terremoti, e specialmente a quello devastante del 1783. Ha un impianto a croce latina su tre navate divise da colonne, in parte provenienti dai templi di Locri. Interessante è la zona absidale che prospetta sulla piazza, con due absidi semicilindriche ornate da archetti ciechi. Attraverso il barocco Arco dei Vescovi, si può ammirare il fianco settentrionale della chiesa e, attraversato un cortiletto, il magnifico portale ad archi concentrici aperto sulla sobria facciata romanica.

GRADO (GO)
42 km da Gorizia

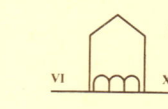

S. Eufemia
→ pag. 34

S. Maria delle Grazie 
Iniziata nel IV-V secolo, fu rimaneggiata nel VI secolo; nel Seicento fu arricchita con decorazioni a stucco. Durante i restauri dei primi anni del Novecento furono eliminate tutte le aggiunte successive, così da mettere in luce il primitivo edificio posto a una quota inferiore. L'interno, con tracce del pavimento del V secolo, è a tre navate con colonne di marmo e capitelli bizantini raccordati da archi a tutto sesto. L'esterno, molto semplice, è tripartito da lesene e arricchito nella parte alta da una trifora con colonne e capitelli in marmo.

GRAVEDONA (CO)
52 km da Como

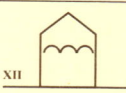

S. Maria del Tiglio
Costruita alla fine del XII secolo, quasi certamente sulle fondazioni di un battistero del VI secolo, presenta una pianta centrale triconca. L'esterno, a fasce alternate di pietra chiara e scura, è caratterizzato dalla presenza del campanile, quadrato nella parte inferiore, ottagonale in quella superiore, impostato sul portale d'ingresso. L'interno, a vano unico, possiede matronei che corrono sui lati.

GRAVINA IN PUGLIA (BA)
58 km da Bari

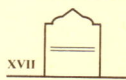

Madonna delle Grazie
Costruita all'inizio del Seicento, ha una curiosa facciata barocca che ricalca lo stemma del committente, monsignor Giustiniano da Chio: un'aquila ad ali spiegate su tre torri merlate. Una semplice cornice divide la facciata in due parti: nella parte inferiore si aprono tre ingressi sormontati da tre torri a bugnato, in quella superiore un rosone è inserito nell'aquila dalle ali aperte.

GRIGNASCO (NO)
37 km da Novara

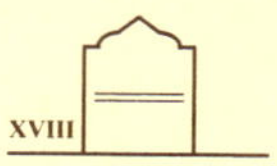

S. Maria Assunta
Costruita nel 1750, è una delle opere migliori dell'architetto piemontese Bernardo Vittone. La movimentata facciata in cotto, preceduta da una scenografica scalinata a doppia rampa, è a due ordini, con colonne e lesene nella parte inferiore, e fastigio molto semplice in quella superiore. L'interno, a pianta esagonale, è coperto da una cupola a sei spicchi. La luce proveniente dai grandi finestroni esalta le eleganti proporzioni dell'ambiente.

GUBBIO (PG)
40 km da Perugia

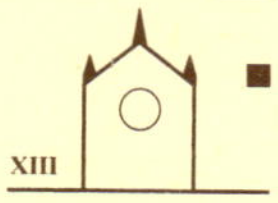

S. Giovanni
La semplice facciata a capanna, in cotto, è abbellita dal portale strombato e dal rosone soprastante; sul lato destro si eleva il campanile con monofore ogivali. All'interno, a navata unica, la copertura è retta da grandi archi ogivali; sulle pareti affreschi del XIV e del XV secolo.

L'AQUILA

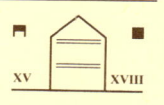

S. Bernardino
Costruita a partire dal 1454, è preceduta da una larga scalinata. La facciata cinquecentesca disegnata da Cola dell'Amatrice è divisa in tre ordini sovrapposti con colonne binate doriche, ioniche e corinzie. L'interno fu in gran parte ricostruito nel Settecento in seguito a un rovinoso terremoto. La pianta a tre navate, con quella centrale coperta da un soffitto barocco intagliato e dorato, termina con una tribuna a pianta ottagonale coperta da una cupola settecentesca. Tra le numerose opere d'arte che ornano le cappelle vanno annoverate una pala in terracotta di Andrea della Robbia e il mausoleo di S. Bernardino, opera di Silvestro dell'Aquila.

S. Maria di Collemaggio 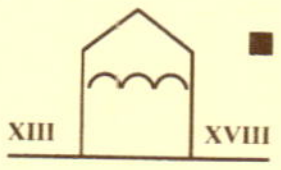
Edificata nel 1287 per volontà del frate eremita Pietro da Morrone, futuro papa Celestino V, ha la facciata rivestita in marmo bianco e rosa secondo un minuto disegno geometrico. Il grandioso portale strombato è decorato con statue di santi in nicchie cuspidate ed è affiancato da due portali minori, sormontati da due rosoni. La parte alta è decorata con un grande rosone centrale. L'interno a tre navate absidate, di cui la mediana molto allungata, è stato restaurato negli anni Settanta del Novecento, eliminando così tutte le sovrastrutture settecentesche, tranne quelle del transetto.

LARINO (CB)
54 km da Campobasso

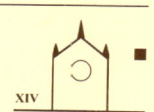

Duomo
Sorge al centro della città medioevale, fiancheggiato

REPERTORIO DELLE PRINCIPALI CHIESE ITALIANE

a destra dalla torre campanaria e a sinistra dal palazzo vescovile. Sulla facciata, divisa da una sottile cornice decorata, troneggia un portale ogivale strombato e scolpito. La parte alta, a terminazione piatta, è vivacizzata da un rosone di ispirazione pugliese, affiancato da due bifore a vento, sormontati, a loro volta, da un timpano simile e quello del portale.

LECCE

S. Croce

→ pag. 142

Duomo

Costruito tra il 1659-70 da Giuseppe Zimbalo ha una facciata principale molto sobria, e una facciata secondaria ricchissima di decorazioni, aperta sulla piazza. L'interno, a tre navate, presenta una ricca decorazione con motivi propri della tradizione locale. La cupola, posta sopra l'altare del Crocefisso, è ornata da putti e affreschi. La navata centrale è coperta da un soffitto piano in legno intagliato e decorato, quelle laterali da vele con stucchi. Gli altari delle cappelle, di fogge diverse, sono ricchi di decorazioni e di marmi pregiati.

LODI

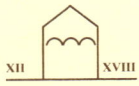

S. Maria Assunta

Sorta nel 1160 come cattedrale del borgo e terminata un secolo dopo, fu modificata ripetutamente nel corso del XVI secolo e poi ancora nella seconda metà del Settecento. La facciata, in cotto, reca evidenti segni dei vari interventi. Il portale romanico, ricco di sculture, è preceduto da un protiro su leoni stilofori e affiancato da due finestre rinascimentali. Sul lato destro della facciata si innalza il massiccio campanile del Cinquecento. L'interno, a pianta basilicale divisa in tre navate da poderosi pilastri a fascio alternati a sostegni cilindrici, è frutto di un radicale restauro attuato nel 1956-64 da Alessandro Degani, che eliminò gli interventi del Settecento rimettendo in evidenza la struttura romanica in cotto e pietra.

Santuario dell'Incoronata

Esempio emblematico e celeberrimo dell'architettura religiosa del Rinascimento lombardo, fu costruito nel 1488-94 da Giovanni Battaggio e completato dall'architetto milanese Gian Giacomo Dolcebuono. Presenta pianta ottagonale coperta da una cupola con lanterna. L'interno è diviso in due ordini, quello inferiore a nicchioni e quello superiore loggiato a colonnine e bifore. La decorazione dell'interno, di ispirazione bramantesca, è arricchita da una splendida serie di opere di autori lombardi.

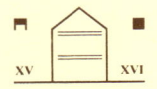

LODI VECCHIO (LO)
7 km da Lodi

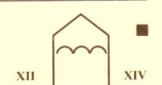

Basilica di S. Bassiano

Costruzione romanica, sopravvisse alla distruzione dell'antica Lodi compiuta dai Milanesi nel secolo XII e costituisce oggi quasi l'unica visibile testimonianza del vecchio centro abitato. Ha facciata "a vento" in cotto tripartita da due semicolonne che salgono sino agli archetti del cornicione. Il portale, le finestre e il rosone centrale sono sottolineati da sottili cordonature in cotto. L'interno, a tre navate con volte a crociera ornate da affreschi trecenteschi, fu massicciamente restaurato da Alessandro Degani.

Assonometria dal basso della chiesa di S. Andrea a Mantova, opera di Leon Battista Alberti.

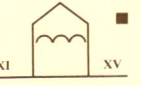

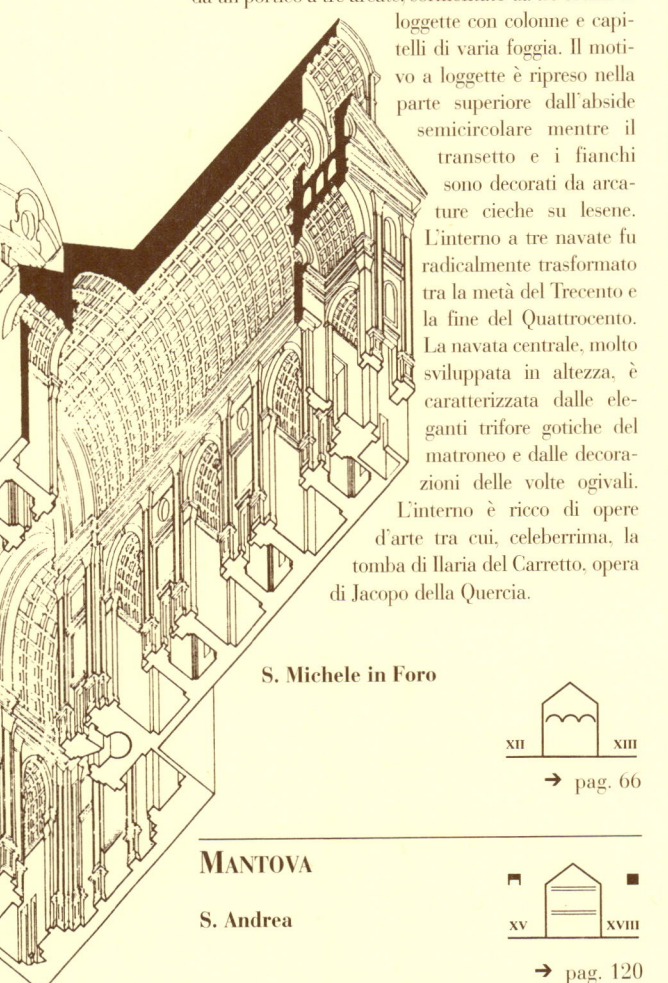

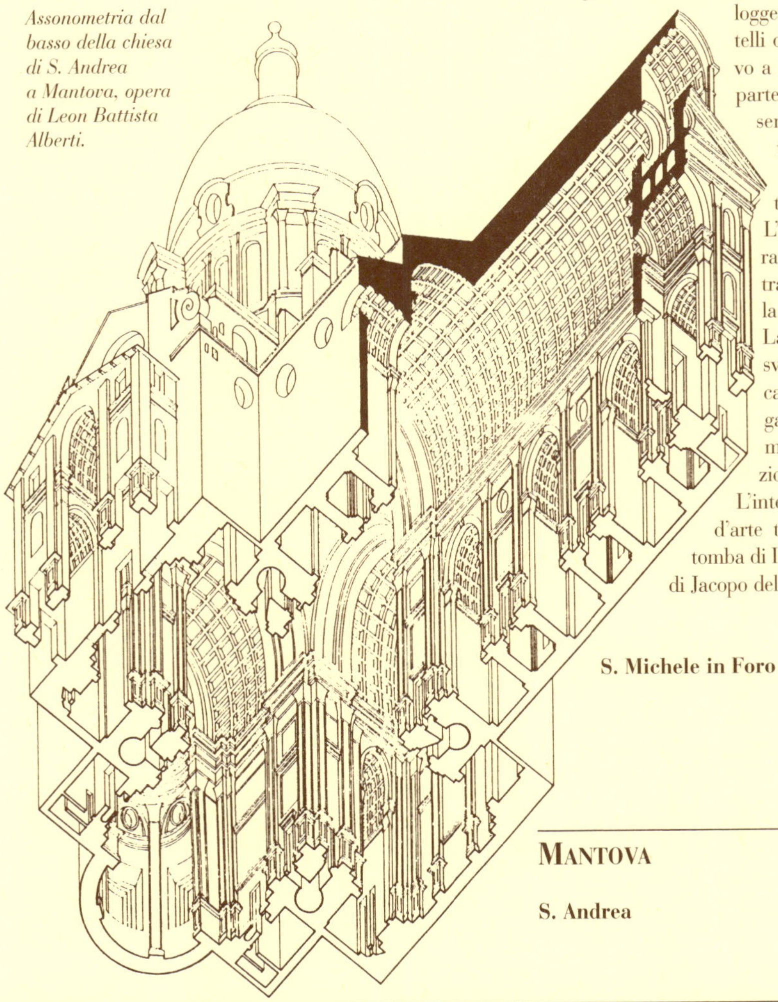

LUCCA

S. Giovanni

Costruita nel XII secolo su resti del I secolo a.C., possiede pianta basilicale a tre navate, con transetto e profonda abside semicircolare. Il portale della facciata, anch'esso romanico, presenta un'architrave scolpita da maestranze lombarde. Il fianco destro, a bande di marmi vari, conserva la decorazione romanica ad archetti ciechi. Addossato alla chiesa si trova il battistero a pianta quadrata, sormontato da una altissima cupola a spicchi, frutto di una ricostruzione in forme gotiche della fine del Trecento.

S. Martino

L'aspetto attuale della cattedrale è riconducibile al secolo XI e agli interventi successivi, tra il XII e il XV secolo. La facciata asimmetrica è caratterizzata da un portico a tre arcate, sormontato da tre ordini di loggette con colonne e capitelli di varia foggia. Il motivo a loggette è ripreso nella parte superiore dall'abside semicircolare mentre il transetto e i fianchi sono decorati da arcature cieche su lesene. L'interno a tre navate fu radicalmente trasformato tra la metà del Trecento e la fine del Quattrocento. La navata centrale, molto sviluppata in altezza, è caratterizzata dalle eleganti trifore gotiche del matroneo e dalle decorazioni delle volte ogivali. L'interno è ricco di opere d'arte tra cui, celeberrima, la tomba di Ilaria del Carretto, opera di Jacopo della Quercia.

S. Michele in Foro

→ pag. 66

MANTOVA

S. Andrea

→ pag. 120

REPERTORIO DELLE PRINCIPALI CHIESE ITALIANE

Duomo
Ricostruita nel Cinquecento da Giulio Romano per volere del committente Ercole Gonzaga, dopo un incendio, la cattedrale fu lavorata quasi solo all'interno suddividendo lo spazio in cinque navate con colonne corinzie architravate. La copertura della navata centrale e delle due esterne è a cassettoni, mentre le altre sono a botte riccamente decorata a lacunari. All'incrocio del transetto con la navata centrale sorge una cupola ottagonale su alto tamburo, arricchita da affreschi nel corso del Seicento. L'esterno, piuttosto disorganico, denuncia le vicende edilizie: il campanile romanico è quanto rimane dell'antica fabbrica e sul fianco destro sono visibili gli interventi gotici. La facciata, settecentesca ma di impronta manieristica, si riallaccia alle analoghe esperienze romane.

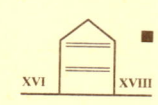

S. Sebastiano
Progettata da Leon Battista Alberti nel 1460, è un esempio importante, anche se molto rimaneggiato, dell'architettura rinascimentale mantovana. I "restauri" eseguiti nel 1925 alterarono le proporzioni della facciata, aggiungendo ai lati due scale anteriori, e trasformando le due finestre del vestibolo in porte d'ingresso. L'interno è a croce greca. Le decorazioni pittoriche, di impostazione manieristica e di gusto neoclassico, contrastano con le raffinate proporzioni rinascimentali degli spazi.

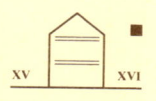

Massa Marittima (GR)
150 km da Grosseto

Duomo
Costruito tra la fine del XIII secolo e l'inizio del XIV, è preceduto da un'ampia gradinata che gira anche sul fianco sinistro. La facciata è divisa in due ordini, quello inferiore con arcate cieche, quello superiore con loggiato sormontato da un timpano ornato da una elegante loggetta ad arcate digradanti; la decorazione ad arcate cieche continua anche sui fianchi. L'interno è a tre navate. Vi si conservano numerose opere d'arte tra cui affreschi del XIII-XIV secolo nella controfacciata, l'arca di S. Cerbone, opera senese del XIV secolo, situata nel coro, e il fonte battesimale del XIII secolo.

Matera

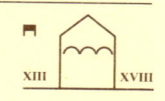

Duomo
Costruito nel 1268-70 in posizione elevata, è ispirato alle coeve chiese romaniche pugliesi. La facciata, tripartita da lesene e colonnine pensili, con grande rosone centrale, ha un coronamento a loggetta pensile su colonnine; è completata da un portale scolpito e da archi ciechi in corrispondenza delle navate laterali. L'interno, rimaneggiato nel Seicento e Settecento, conserva ancora l'impronta romanica. Dietro all'altare maggiore è situato un coro ligneo del Quattrocento.

S. Giovanni Battista
La chiesa, priva di facciata perché incorporata in altri edifici, fu costruita nel 1233 secondo criteri estetici e costruttivi romanico-pugliesi e successivamente trasformata alla fine del Seicento. Sul fianco destro, articolato da profonde arcate, si apre un portale romanico. Quasi intatta è la parte absidale a terminazione piatta, tipica delle chiese pugliesi, con finestre fiancheggiate da colonnine rette da leoni. L'interno è a tre navate, con pilastri polistili e capitelli finemente intagliati.

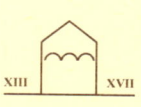

Merano (BZ)
28 km da Bolzano

Duomo
Intitolato a san Nicolò, fu costruito nella seconda metà del XIV secolo al centro della città medioevale. Ha una facciata a capanna, molto sviluppata in altezza, con la parte superiore "forata" da logge cieche e arricchita da cuspidi merlate; a destra del portale ogivale si conservano tracce di affreschi. L'interno è a tre navate divise da pilastri a fascio. Interessante è il campanile, forato alla base da un passaggio voltato, a profilo ogivale, con tracce di affreschi.

Milano

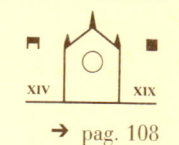

Duomo
→ pag. 108

Madonna dei Poveri
→ pag. 164

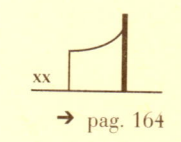

S. Alessandro in Zebedia
Iniziata nel 1601 su progetto di Lorenzo Binago, ha una bella facciata a due ordini con torri campanarie ai lati. La pianta centrale, di ispirazione bramantesca e michelangiolesca, è arricchita da una zona absidale molto ampia, in cui è sistemato un pregevole coro ligneo. Cupole, volte, pennacchi e imbotti sono interamente affrescati da artisti milanesi dell'epoca. Dopo la morte del Binago (1629) vi lavorò Francesco Maria Richini; la facciata fu completata nel Settecento da Marcello Zucca, che modificò in maniera notevole il progetto originale.

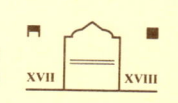

S. Ambrogio
→ pag. 40

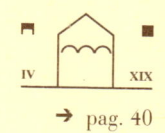

S. Carlo al Corso
Chiesa neoclassica, una delle poche di Milano, costruita tra il 1838-47 dall'architetto Carlo Amati, insieme all'anteposta piazzetta delimitata da portici. È preceduta da un grande pronao con colonne corinzie che sostiene un timpano privo di decorazioni. L'ampia cupola ellittica è sorretta da un alto tamburo, mosso da finestre e nicchie intervallate da colonne. All'interno si alternano, intorno al vano centrale, cappelle semicircolari e vani rettangolari.

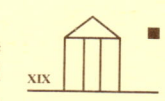

S. Giovanni Battista alla Creta
Costruita su progetto di Giovanni Muzio tra il 1956-58, sorge alla periferia sud-occidentale di Milano. La facciata, rivestita in mattoni a vista disposti in modo da creare un disegno geometrico a tessitura minuta, è caratterizzata dal portale centrale e da un grande mensolone concavo in cemento armato. La pianta ha un andamento "a giglio", con ampio allargamento in prossimità dell'altare; ai lati del presbiterio sono ricavate quattro cappelle. Il soffitto, a vela, è decorato a graffito, come la parete retrostante il tabernacolo.

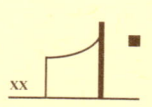

Ss. Giovanni e Paolo
Significativa opera d'architettura moderna realizzata nel 1968 dagli architetti Figini e Pollini. È un articolato insieme di volumi di altezze differenti, completamente rivestito in cotto e caratterizzato dalla quasi completa assenza di aperture. La pianta, racchiusa in un ideale rettangolo allungato, è articolata in numerosi e differenti spazi. La luce penetra all'interno da grandi lucernari in cemento armato. La navata centrale è definita da pareti intonacate, contrastanti con il soffitto piano, rivestito in listoni di abete scuro.

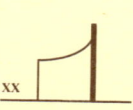

REPERTORIO DELLE PRINCIPALI CHIESE ITALIANE

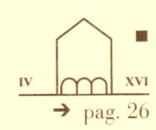

S. Lorenzo
IV — XVI
→ pag. 26

S. Maria delle Grazie
XV — XVI
→ pag. 124

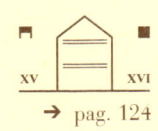

S. Maria presso S. Satiro
XV

La chiesa rinascimentale sorge accanto al piccolo sacello dedicato al fratello di sant'Ambrogio. La costruzione iniziò nel 1476 e due anni dopo il Bramante (1444-1514) ne progettò l'impianto definitivo, a tre navate di cui la maggiore, molto ampia, coperta da una volta a botte decorata a finti cassettoni. La mancanza di uno spazio effettivo in cui costruire l'abside fu risolta in maniera geniale dall'architetto marchigiano creando un finto coro prospettico.
Infatti, chiunque entra nella chiesa percepisce una maggiore profondità grazie alla continuità tra la volta a botte della navata centrale (reale) e quella (disegnata) del coro. Tra la navata di destra e il transetto si innesta la sagrestia, a pianta ottagonale.

S. Simpliciano
XI — XIX

La chiesa paleocristiana era una delle quattro che vennero costruite da sant'Ambrogio appena fuori delle mura di Milano. Si affaccia su una piazzetta del centro storico dal quale sono ancora visibili le antiche strutture d'età romana. Ha subito nel corso del tempo numerose trasformazioni, tra le quali, particolarmente significativi furono l'intervento romanico, risalente al secolo XI, che interessò la zona absidale e la ristrutturazione generale del secolo successivo, che divise il vano unico in navate separate da colonne. La facciata venne ancora restaurata da Carlo Maciachini intorno al 1870. All'interno sono conservati affreschi tardo-trecenteschi e quattrocenteschi mentre il catino dell'abside è stato affrescato dal Borgognone (1515).

MODENA

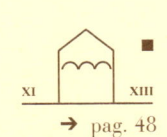

Duomo
XI — XIII
→ pag. 48

Sezione trasversale del Duomo di Modena (XII sec.).

S. Agostino
XIV — XVII

Di fondazione trecentesca, fu radicalmente trasformata nel 1664 da Giovanni Giacomo Monti per ospitarvi le esequie ducali. La sobria facciata, con elegante coronamento, contrasta con lo scenografico interno dove il presbiterio sopraelevato sembra un palcoscenico. La struttura gotica è sostanzialmente mascherata dagli stucchi che incorniciano numerose statue e busti dinastici. Molto raffinato il soffitto piano, a lacunari, che ricopre l'ambiente.

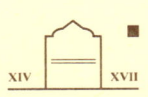

S. Pietro
XV — XVII

Elegante chiesa rinascimentale, costruita tra il 1476 e il 1518 su disegno di Pietro Barabani. La facciata in laterizio è divisa in due registri da una bella cornice in cotto; nella zona inferiore si aprono tre portali, in quella superiore un rosone affiancato da due oculi. L'impianto originario era a tre navate con cappelle laterali; all'inizio del Seicento le cappelle furono trasformate in navatelle. Nella sacrestia si conservano banchi della metà del Cinquecento, intagliati e intarsiati con disegni prospettici di pregevole fattura.

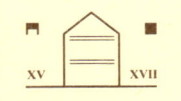

MODICA (RG)
14 km da Ragusa

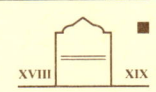

S. Giorgio
XVIII — XIX

La slanciata facciata, opera settecentesca di Rosario Gagliardi, domina l'abitato di Modica. È preceduta da un'ampia scalinata che scende scenograficamente verso la città bassa. La ripartizione interna a cinque navate è leggibile anche in facciata, dove si

193

aprono ben cinque portali. Quello mediano, sormontato da un ricco portale, fa da basamento alla zona convessa centrale, di riguardevole altezza, completata solo verso la metà dell'Ottocento. L'interno è decorato con stucchi dorati che risaltano sulle superfici bianche delle pareti.

MONTEFIASCONE (VT)
17 km da Viterbo

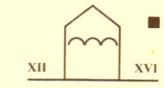

S. Flaviano
Eretta nel XII secolo su un precedente edificio, è formata da due chiese sovrapposte, purtroppo rimaneggiate in varie epoche. La facciata è divisa da una serie di archetti ciechi su cui poggia il loggiato cinquecentesco. La zona inferiore è caratterizzata da tre arcate, con la centrale più ampia che immette nella chiesa. Quest'ultima è a tre navate, spartite da pilastri a fascio e colonne sormontate da capitelli di varia foggia e terminanti con tre absidi semicircolari affrescate. Alla chiesa superiore, sempre a tre navate, si accede attraverso una scala posta al termine della navata destra. Al centro della navata mediana si apre un vano rettangolare da cui è visibile la chiesa sottostante.

MONZA (MI)
15 km da Milano

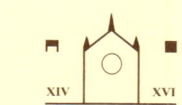

S. Giovanni Battista
Duomo cittadino, ha un'elegante facciata in marmo bianco e verde, opera pregevole di Matteo da Campione del 1370-96 restaurata alla fine dell'Ottocento da Luca Beltrami. Notevole il protiro, con colonne e capitelli a foglie d'acanto. L'interno a croce latina è a tre navate, divise da pilastri ottagonali e da colonne cilindriche. Sulla sinistra si trova la cosiddetta cappella di Teodolinda, affrescata nel Quattrocento, che conserva la "corona ferrea", o Corona del Ferro, con cui venivano incoronati i re d'Italia, così denominata in quanto forgiata, secondo la tradizione, con un chiodo della croce del Salvatore. Nella chiesa sono presenti altri affreschi del Quattrocento, Cinquecento e Settecento e pregevoli opere d'arte tra cui il paliotto dell'altare maggiore.

NAPOLI

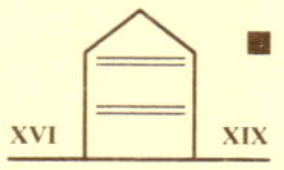

Chiesa del Gesù Nuovo
Fu costruita dai Gesuiti tra il 1584 e il 1597 riutilizzando uno dei più lussuosi palazzi napoletani di fine Quattrocento, disegnato da Novello di San Lucano. Della struttura precedente venne conservato il bugnato a punta di diamante della facciata e il portale rinascimentale, inglobato più tardi in quello barocco. La pianta, a croce greca, è derivata dallo schema bramantesco di S. Pietro. La cupola centrale, traforata da grandi finestre, fu realizzata nell'Ottocento in sostituzione di quella, pericolante, eretta a fine Seicento. L'interno, sontuoso, ha volte affrescate nel Seicento. Le cappelle laterali accolgono opere dei migliori artisti napoletani del XVI e XIX secolo.

S. Caterina a Formiello
Fu costruita all'inizio del Cinquecento dall'architetto toscano Balsimelli. La facciata, insolitamente sobria, è divisa in due registri da una sottile cornice che gira sul fianco destro. Il registro inferiore è percorso da sottili lesene che inquadrano il portale d'ingresso; quello superiore, di dimensioni ridotte, ha un grande rosone centrale ed è raccordato alla parte bassa da due volute. L'interno, ricco di affreschi del Cinquecento e Seicento e di preziose sculture, conserva anche un pregevole coro ligneo della seconda metà del Cinquecento.

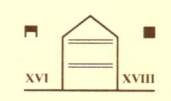

S. Domenico Maggiore
Iniziata alla fine del Duecento inglobando una chiesa precedente, domina con la sua zona absidale la piazza omonima. La facciata invece prospetta su un cortiletto, e risente delle complesse trasformazioni avvenute sino all'Ottocento, quando furono eliminate le decorazioni cinquecentesche e barocche, sostituite con decorazioni neogotiche. La pianta è a tre navate, con bellissime cappelle, ricche di opere d'arte notevoli, tra cui spicca la rinascimentale cappella Caraffa di Ruvo. Nella sagrestia si conservano armadi del Settecento.

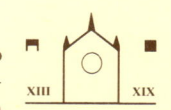

S. Francesco di Paola
→ pag. 156

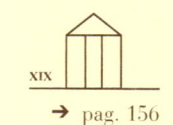

S. Lorenzo Maggiore
Fondata nel VI secolo fu ricostruita a partire dal 1270. È a navata unica coperta con cappelle su ambo i lati, abside poligonale coperta da volte costolonate, deambulatorio e cappelle radiali. I recenti restauri hanno eliminato le decorazioni barocche, e ripristinato le forme gotiche, evidenziando le due fasi costruttive originarie: la prima (abside e transetto) utilizzando maestranze francesi, la seconda compiuta da maestranze locali. Nelle cappelle radiali si conservano affreschi del Duecento e Trecento, lapidi e tombe trecentesche. Da segnalare la cappella di S. Antonio e la cappella Cacace. La facciata, completamente rifatta nel Settecento in forme tardo barocche da Ferdinando Sanfelice, conserva, incastonato tra due lesene, il portale gotico in marmo.

NOLI (SV)
15 km da Savona

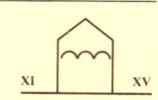

S. Paragorio
È una basilica "pura", senza transetto, a tre navate absidate divise da massicci pilastri, costruita verso la metà dell'XI secolo sull'area di una chiesa paleocristiana o altomedioevale. Fu restaurata alla fine dell'Ottocento, secondo i criteri neostilistici dell'epoca, da Alfredo D'Andrade. L'ingresso avviene sul fianco sinistro attraverso un portale preceduto da un protiro del XV secolo. Nel presbiterio, sopraelevato sopra la cripta, si conservano tracce di affreschi del XV secolo. Sulle pareti esterne dell'abside e in facciata sono murate ceramiche islamiche dell'XI-XII secolo.

NOTO (SR)
32 km da Siracusa

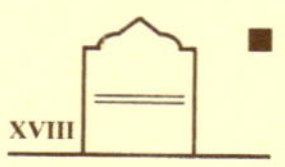

Duomo
Dedicato a san Nicolò, è situato nella parte più alta della centrale piazza del Municipio: lo precede un'ampia scalinata che mette in risalto la scenografica facciata. La sua costruzione risale all'inizio del Settecento. La facciata è caratterizzata da due ordini di colonne corinzie e da due campanili, coronati da una cupoletta, posti ai lati estremi. L'interno, a tre navate con cappelle laterali, era dominato dalla grande cupola ricostruita nel 1860 e affrescata nel 1950, attualmente crollata assieme al tetto della navata centrale.

NOVARA

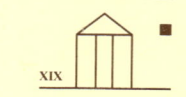

Duomo
Fu ricostruito nel 1854-1865 da Alessandro Antonelli sull'area di una preesistente chiesa romanica. La facciata, con alto pronao tetrastilo, è preceduta da un quadriportico con colonne corinzie, che collega il Duomo al Battistero romanico. Il colonnato prosegue poi sui fianchi a formare un lungo portico. La pianta è basilicale, a tre navate con colonne corinzie architravate e volta a botte e ornata da motivi geometrici in rilievo, sulla navata centrale. Il campanile, appartenente alla chiesa romanica precedente, è concluso da una cella campanaria del Cinquecento.

REPERTORIO DELLE PRINCIPALI CHIESE ITALIANE

S. Gaudenzio

XVI — XIX

→ pag. 162

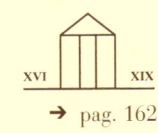

OLBIA (SS)
103 km da Sassari

XI — XII

S. Simplicio
Costruita in blocchi di granito e risalente all'XI secolo, riprende elementi tipici dell'architettura romanica pisana e lombarda. La facciata, con un piccolo campanile a vento, ha un semplicissimo portale d'ingresso affiancato da archi ciechi poggianti su lesene, motivo ripreso anche sui fianchi e nella zona absidale; la parte alta, con tetto a capanna, è alleggerita da una elegante trifora. L'interno, è diviso in tre navate da colonne e pilastri, che sorreggono il tetto a capriata della navata centrale e le volte di quelle laterali.

ORVIETO (TR)
72 km da Terni

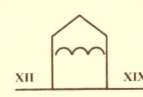

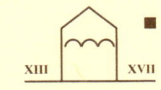

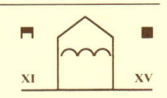

Duomo

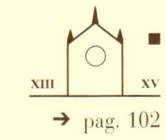

XIII — XV

→ pag. 102

OSIMO (AN)
18 km da Ancona

XII — XIX

Duomo
Edificato in epoca romanica, tra il XII e il XIII secolo, sul luogo occupato da un edificio dell'VIII secolo, subì ampie alterazioni nel Settecento e nell'Ottocento, in parte eliminate dai recenti restauri. L'ingresso principale si apre sul fianco sinistro, dove un'ampia scalinata termina in un portico a tre arcate. Sulla sinistra l'imponente transetto conclude il lato di accesso, con un elaborato rosone ornato da figure animali a forte rilievo; da esso sporge l'abside semicircolare, coronata da archetti ciechi, e illuminata da strette finestre ad arco ornate da sculture umane.

OSTUNI (BR)
35 km da Brindisi

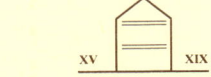

XV — XIX

Duomo
Situato sulla sommità di un colle, fu iniziato nella prima metà del Quattrocento e terminato alla fine dello stesso secolo. Ha una facciata elegante, tripartita da lesene; la parte centrale termina con un timpano formato da due archi inflessi, le laterali sono concluse da due mezze lunette. Al centro spiccano un grande rosone fittamente decorato, e un portale strombato con esili colonnine; ai lati si ripete in tono minore lo stesso motivo. L'interno a tre navate, è stato rimaneggiato nell'Ottocento.

OTRANTO (LE)
38 km da Lecce

XIII — XVII

Duomo
Costruito ai margini della città antica, venne edificato nella seconda metà del Duecento e parzialmente rifatto alla fine del Quattrocento. La facciata abbina un raffinato portale barocco a un rosone gotico con finissimi trafori. L'interno, liberato dalle aggiunte barocche, è a pianta basilicale a tre navate con colonne in marmo e capitelli di varie fogge. Conserva un eccezionale pavimento a mosaico con soggetti religiosi risalente al 1163-66 e, sulle pareti, affreschi del XVII-XVIII secolo. Altri affreschi, di ispirazione bizantina, si trovano nella cripta a cinque navate, retta da ben 42 colonne di marmi diversi e altrettanti diversi capitelli, alcuni del VI secolo.

PADOVA

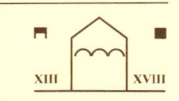

XIII — XVIII

S. Antonio ("Il Santo")
Costruito tra il 1232 e il 1310, subì vari interventi nel Cinquecento e Settecento a causa di incendi e devastazioni. La facciata, con tetto a capanna, è divisa in due parti da una loggia su sottili colonne in marmo. Le sette cupole ricordano S. Marco di Venezia, ma il resto dell'impianto, dalla zona absidale con il giro di cappelle ai due campanili cuspidati a pianta ottagonale, è di ispirazione profondamente diversa. L'interno, a croce latina, è a tre navate divise da robusti pilastri e termina con un profondo presbiterio dotato di deambulatorio e cappelle radiali (la maggiore, costruita nel Seicento, ospita il tesoro della chiesa). La cappella dell'Arca del Santo, progettata nel Cinquecento da Briosco, ha un soffitto a stucchi di Falconetto. Nel transetto destro si apre la cappella di S. Felice, con affreschi del Seicento.

PALERMO

Cappella Palatina

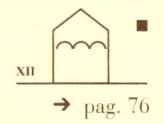

XII

→ pag. 76

S. Cataldo
L'originaria chiesa normanna, costruita a partire dal 1160, fu restaurata alla fine dell'Otto-

XII

cento eliminando gli interventi successivi. È una costruzione parallelepipeda, in pietra squadrata a vista, coi quattro lati ornati da archi ciechi e conclusi da una cornice che mette in risalto le tre cupolette emisferiche della copertura. L'interno è diviso in tre navate da sei colonne di spoglio. Ben conservato il pavimento a mosaico.

S. Giovanni degli Eremiti
Costruita nel 1136 da maestranze arabe, è, grazie anche al giardino fiorito, un incantevole lembo d'oriente. La navata unica è divisa in due campate coperte da cupola. Il presbiterio, con abside semicircolare a sua volta coperta da una cupoletta, è affiancato da due ambienti quadrati: quello di destra serve da base per l'elegante campanile, alleggerito da monofore e da arcate nella parte terminale. Dall'ambiente di sinistra si passa invece in un locale rettangolare costruito tra il X e l'XI secolo, ritenuto da alcuni studiosi una moschea.

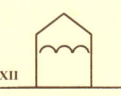

XII

PARMA

XI — XV

Duomo
Dedicata all'Assunta, la chiesa fu costruita tra l'XI e il XII secolo; il campanile, a destra della facciata, fu eretto nel XIII secolo. La facciata in arenaria è preceduta da un protiro su due ordini con leoni stilofori; il fronte vero e proprio mostra due ordini di loggette praticabili e un'ulteriore loggetta a seguire la pendenza del tetto a capanna. Lo stesso motivo di logge su due ordini è ripreso nella grandiosa zona absidale, dominata dalla cupola ottagonale su tamburo. L'impianto è a croce latina con cappelle laterali aggiunte nel XIV e al XV secolo; gli affreschi che rivestono le pareti sono invece cinquecenteschi, ma si adattano con eleganza all'armonica architettura del complesso medievale. Tra le decorazioni pittoriche spiccano quelle della cupola, affrescata dal Correggio, nei primi anni del Cinquecento, con l'*Assunzione della Vergine*. Nel transetto destro si trova un'altra splendida opera d'arte, la *Deposizione* di Benedetto Antelami, autore anche della decorazione della cattedra episcopale situata nell'abside. Di singolare fattura il coro ligneo eseguito a fine Quattrocento da Cristoforo da Lendinara, cui si devono anche gli arredi della sacrestia.

Madonna della Steccata
Costruita nei primi anni del Cinquecento per custodire una immagine della Madonna, è un bell'esempio di architettura bramantesca. È formata da una serie di volumi in cui si aprono bifore e

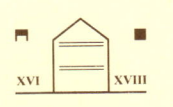

XVI — XVIII

finestre, conclusi da una cupola con loggia arricchita a fine Seicento da statue, festoni, vasi e balaustra. L'impianto è centrale, con quattro absidi semicircolari e quattro cappelle angolari. Nei primi anni del Settecento a ridosso dell'abside presbiteriale fu aggiunto il coro dei Cavalieri. L'interno è ornato da affreschi di scuola parmense del Cinquecento, tra cui, nell'arcone del presbiterio, il ciclo del Parmigianino, autore anche delle due tele poste in origine sulle porte dell'organo. Da segnalare anche gli armadi del Seicento nella sagrestia nobile e, nel presbiterio, il coro ligneo del Settecento.

S. Antonio Abate
La chiesa fu realizzata all'inizio del Settecento su progetto di Ferdinando Bibiena, scenografo e architetto. La facciata a due ordini è caratterizzata da un grande arco su colonne con timpano e da un frontone curvilineo. L'interno, a sala unica, è coperto da una volta a doppia calotta: una esterna, illuminata dalle finestre e una interna, traforata e affrescata.

S. Giovanni Evangelista
Fondata nel X secolo, fu completamente ricostruita da Bernardino Zaccagni tra il 1498 e il 1510. La facciata in marmo è di inizio Seicento e contrasta con le forme rinascimentali dell'interno a tre navate, scandito da pilastri scanalati in pietra grigia. Al centro del transetto si innalza la cupola, completamente affrescata all'inizio del Cinquecento dal Correggio, che realizzò anche il fregio della navata centrale, la lunetta sopra la porta della sagrestia e le grottesche che ornano i semipilastri. Gli affreschi delle cappelle laterali appartengono ad altri artisti emiliani, tra cui il giovane Parmigianino. L'abside ospita un coro ligneo dell'inizio del Cinquecento.

PAVIA

Duomo
Iniziata nel 1488, sul luogo di due basiliche romaniche, su progetto di Giovanni Antonio Amadeo e Cristoforo Rocchi, la costruzione si protrasse a lungo, con l'intervento di insigni architetti tra cui Bramante, Leonardo, Francesco di Giorgio Martini, Pellegrino Tibaldi. Ha una impostazione a simmetria zenitale, molto complessa, di chiara ispirazione bramantesca, con ampio vano centrale coperto da una grandiosa cupola sorretta da alti pilastri. La cupola, per le notevoli difficoltà tecniche che presentava, fu realizzata solo alla fine dell'Ottocento per opera di Carlo Maciachini, che risolse il problema statico con l'adozione di una doppia calotta di travature metalliche. Lo stesso Maciachini progettò anche la facciata, divisa da due fasce con piccole logge. La cripta riprende in pianta la sovrastante chiesa, ed è caratterizzata dai poderosi piloni che sorreggono i robusti archi ribassati.

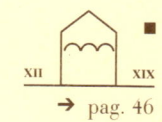

S. Michele
→ pag. 46

S. Pietro in Ciel d'Oro
Consacrata nel 1132, la chiesa romanica ha facciata a capanna, simile a quella di S. Michele, tanto da far parlare di una scuola romanica "pavese". È tripartita da due alti contrafforti ed è movimentata, nell'ordine superiore, da arcatelle cieche su esili colonnine. L'ordine inferiore è caratterizzato dal bel portale ad arco con lunetta e timpano sovrapposto, sormontato da una fascia in cotto e arenaria nel quale è inscritto un bassorilievo. L'interno, a tre navate scandite da pilastri compositi, è coperto da volte a crociera. Il presbiterio, sopraelevato sulla cripta, è concluso da tre absidi semicircolari in corrispondenza delle navate; all'incrocio dei bracci si eleva la cupola ottagonale. Sopra l'altare maggiore è collocata "l'arca di S. Agostino", in marmo bianco di Carrara, eseguita da scultori lombardi dopo la metà del Trecento. Nel 1884 fu parzialmente ricostruita, secondo i criteri stilistici del tempo, dall'architetto Angelo Savoldi.

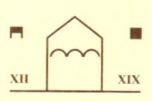

Facciata di S. Pietro in Ciel d'Oro a Pavia (XII sec.).

PERUGIA

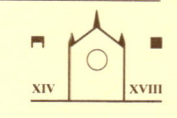

Duomo
Prospetta col fianco sinistro su piazza IV novembre, centro politico-religioso della città. Fu iniziata nel 1345, in sostituzione di una precedente chiesa romanica, e terminata alla fine del Quattrocento. Sulla facciata incompiuta si apre un portale d'inizio Settecento, ma il vero ingresso alla cattedrale avviene sul fianco sinistro, attraverso un portale cinquecentesco, disegnato da Galeazzo Alessi. La parte bassa della chiesa è rivestita da marmo bianco e rosso, alternati a formare un disegno geometrico. L'impianto è a tre navate di uguale altezza, con volte costolonate, affrescate nella seconda metà del

Settecento. Notevoli sono la cappella di S. Bernardino e quella di S. Anello. Nell'abside si trova il prezioso coro ligneo di Giuliano da Maiano e di Domenico del Tasso (fine Quattrocento).

Oratorio di S. Bernardino
L'oratorio ha una facciata policroma eseguita dopo la metà del Quattrocento dal fiorentino Agostino di Duccio. L'ingresso gemino è racchiuso in un grande arco affiancato da nicchie timpanate con statue; al di sopra una cornice sormontata da un timpano conclude la facciata.

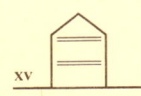

S. Angelo
Importante chiesa paleocristiana situata ai margini della città, di fronte a una spianata erbosa. L'impianto è circolare, con un giro interno di 16 colonne corinzie di fattura romana raccordate da archi, su cui si eleva il tamburo con otto archi che regge il tetto. Nel deambulatorio si conservano affreschi trecenteschi. Sulla nuda facciata in pietra si apre un bel portale strombato del Trecento.

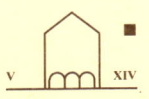

PIACENZA

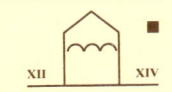

Duomo
Situato al centro della città, nella piazza omonima, fu edificato tra il 1122 e il 1233. La facciata, in rosso di Verona e arenaria, è tripartita da semicolonne che incorniciano tre eleganti protiri, un rosone centrale e due loggette. I portali sono completati da bassorilievi di pregevole fattura, opera di maestranze locali influenzate da Wiligelmo e da Nicolò. Un'ulteriore loggetta disegna le falde del tetto a capanna, concluso da una leggera cornice. Il campanile del XIV secolo è alleggerito, nella parte terminale, da una bella quadrifora e, al di sopra di essa, da una serie di archetti ciechi incrociati. La zona absidale è decorata, da loggette cieche, motivo ripreso anche nel tiburio ottagonale. L'interno, a croce latina su tre navate con presbiterio sopraelevato sulla cripta, è diviso da grossi pilastri raccordati da archi a tutto sesto, cui si sovrappongono i finti matronei e le finestre archiacute del terzo ordine. Notevoli gli affreschi seicenteschi del Morazzone e del Guercino.

Madonna di Campagna
Costruita tra il 1522 e il 1528, è la più significativa delle opere di Alessio Tramello. L'impianto è a croce greca, con cappelle angolari inserite tra i bracci della croce e coperte da cupolette. Alla fine del Settecento venne modificata la zona presbiteriale, così che la chiesa assunse una pianta a croce latina rovesciata. Nell'interno si trovano quattro grandi pilastri che reggono l'alto tiburio e quindi la cupola centrale; i bracci della chiesa sono invece coperti da volte a botte. La decorazione pittorica, in stretta armonia con l'architettura, è opera di diversi artisti, tra cui primeggia il Pordenone.

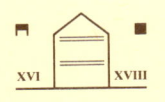

S. Sepolcro
Fu costruita tra il 1512 e il 15 forse da Alessio Tramello, secondo criteri bramanteschi. La facciata in cotto è tripartita da alte lesene che sorreggono una cornice aggettante, sormontata nella parte centrale da un coronamento timpanato. I fianchi mostrano alti nicchioni che incorniciano le finestre delle cappelle. L'interno, a croce latina su tre navate, è arricchito da un alto fregio affrescato che corre su tutte le pareti, dando continuità spaziale all'ambiente.

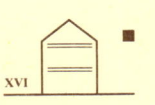

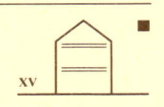

PIENZA (SI)
53 km da Siena

Duomo
Costruito su disegno di Bernardo Rossellino tra il 1459 e il 1462, si affaccia su piazza Pio II, centro della piccola città. La facciata rinascimentale in travertino è divisa in tre parti da larghe lesene fiancheggiate da esili colonne raccordate da archi e conclusa da un timpano che reca al centro lo stemma del pontefice committente. L'interno, a tre navate di uguale altezza, con abside poligonale circondata da cappelle, riprende lo schema delle chiese tardogotiche tedesche. I pilastri a fascio in travertino sorreggono le volte a costoloni sottolineate da minuti decori geometrici. Sulle bianche pareti campeggiano opere pittoriche dei migliori pittori senesi del Quattrocento.

PISA

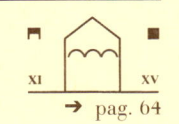

Duomo
→ pag. 64

S. Caterina
Costruita alla fine del Duecento, ha facciata a capanna con tre arcate a sesto acuto su esili colonne, che movimentano la zona inferiore duecentesca, su cui poggia un doppio loggiato trecentesco. L'interno a navata unica con copertura a capriate conserva varie opere scultoree trecentesche.

S. Maria della Spina
Piccolo gioiello tardogotico costruito sul greto dell'Arno, a partire dal 1323, ampliando un piccolo oratorio che custodiva una spina della corona di Cristo. Danneggiata dalle infiltrazioni dell'acqua, fu nell'Ottocento smontata e risistemata nell'attuale posizione. È interamente realizzata in marmo e arricchita su tutti i lati da pinnacoli, guglie, cuspidi, sculture attribuite a Giovanni Pisano e ai suoi allievi. All'interno tre arcate dividono lo spazio in due zone: la navata e il presbiterio.

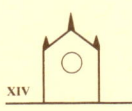

PISTOIA

Duomo
Eretta nel luogo occupato da un edificio del X secolo, risale al XIII secolo. L'interno di vaste dimensioni è a tre navate, con abside rettangolare molto allungata affiancata da due cappelle. Alla fine del Trecento alla facciata romanica a tre ordini di logge venne aggiunto un portico con arcate a tutto sesto su agili colonne. L'arcata d'ingresso, più alta delle laterali, è arricchita da un bassorilievo di Andrea della Robbia. La torre campanaria poggia su un robusto basamento, a cui nel XIII secolo furono aggiunti tre piani di logge, ed è coronata da una cuspide del Cinquecento.

PORTO TORRES (SS)
19 km da Sassari

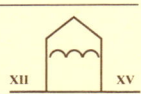

S. Gavino
Ultimata nel XII secolo, è un esempio ben conservato di architettura romanica sarda, fortemente influenzata da quella pisana. Anche la presenza di due absidi semicircolari contrapposte e di due portali contrapposti, situati lungo i fianchi, sottolinea l'influenza pisana. L'interno è a pianta basilicale a tre navate, con colonne in granito e capitelli di spoglio, alternate da pilastri cruciformi; l'esterno, in blocchi calcarei, è tutto percorso da lesene collegate da archi ciechi, che si interrompono in corrispondenza dei portali riccamente ornati, tra cui, splendido, quello gemino di forme gotiche catalane, eseguito nel 1492.

RAGUSA

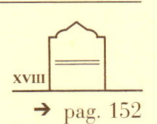

S. Giorgio
→ pag. 152

REPERTORIO DELLE PRINCIPALI CHIESE ITALIANE

RAVENNA

S. Apollinare in Classe
Costruita nei primi anni del VI secolo, fu uno dei centri fondamentali del cristianesimo ravennate. La facciata in mattoni a vista, con ampia trifora al centro, è preceduta da un pronao (ricostruito durante i restauri dell'inizio del XX secolo). La pianta basilicale a tre navate è spartita da colonne in marmo greco con capitelli bizantini; il presbiterio sovrasta la cripta del IX-X secolo. L'arco trionfale che precede la zona presbiteriale e la conca dell'abside sono coperti da mosaici bizantini di epoche diverse, con raffigurazioni di straordinaria bellezza. Isolato, a sinistra della chiesa, sorge il campanile cilindrico di fine X secolo, in cui si aprono monofore bifore e trifore.

S. Apollinare Nuovo
Eretto da Teodorico nel 493-96 per il culto ariano, fu consacrato verso il 560 al culto cattolico e nel IX secolo dedicato a S. Apollinare. La facciata in laterizio subì ripetuti rimaneggiamenti: la trifora in marmo risale al Cinquecento come pure il portichetto. Al fianco destro si addossa il campanile cilindrico del IX-X secolo. Le tre navate dell'interno sono divise da colonne in marmo greco con capitelli bizantini. Nel Seicento l'edificio subì alcuni interventi di cui rimane traccia nel soffitto in legno dorato della navata maggiore e nel presbiterio. Le pareti della navata principale sono interamente coperte da bellissimi mosaici di maestranze ravennati di epoca teodoriciana e giustinianea.

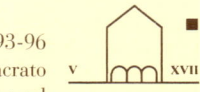

S. Giovanni Evangelista
Ricostruita dopo i danni dell'ultima guerra, era una chiesa votiva eretta nella prima metà del V secolo per volere dell'imperatrice Galla Placidia. L'accesso avviene mediante un portale gotico in marmo con raffinati bassorilievi, anteposto alla facciata in mattoni; sul fianco si trova il campanile a pianta quadrata del X secolo. L'edificio subì numerosi rimaneggiamenti a partire dal periodo gotico; ne rimangono tracce, come nella cappella trecentesca aperta sulla navata sinistra. L'abside poligonale è illuminata da ampie finestre, intervallate all'esterno da colonnine poste a formare un'elegante loggetta.

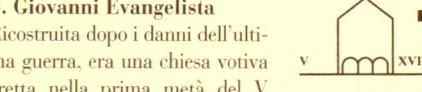

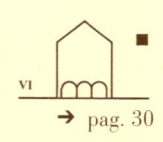

S. Vitale
→ pag. 30

RIMINI

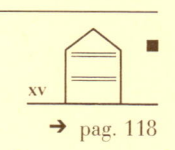

Tempio Malatestiano
→ pag. 118

ROCCAVERANO (AT)
51 km da Asti

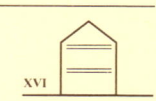

L'Assunta
Costruita nel 1509 su disegno attribuito da alcuni a Bramante, ha una facciata armoniosa con arcata centrale sovrastata da un timpano in bassorilievo, affiancata da due arcate più piccole che incorniciano gli ingressi laterali. L'interno, con pianta a croce greca, è un interessante esempio di architettura prettamente rinascimentale, che si scosta nettamente dalla tradizione dell'architettura piemontese.

ROMA

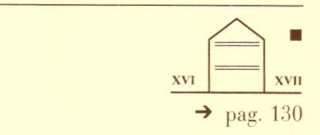

Il Gesù
→ pag. 130

S. Agnese in Agone
Occupa uno dei lati lunghi di piazza Navona, uno dei luoghi più spettacolari della Roma barocca, che conserva la forma e le dimensioni dello stadio di Domiziano. Iniziata nel 1652 da Girolamo e Carlo Rainaldi, fu poi continuata dal Borromini, che intervenne specialmente sulla facciata, arretrando il fronte con un andamento concavo e ricavando lo spazio per due torri. La pianta è a croce greca, con cappelle absidate in corrispondenza dell'asta trasversale e grandi nicchie angolari, delimitate dalle otto colonne di marmo che reggono l'alto tamburo, su cui poggia la cupola, interamente affrescata.

S. Andrea al Quirinale
La chiesa, di piccole dimensioni, ma di proporzioni perfette, fu costruita tra il 1658 e il 1671 da Lorenzo Bernini su commissione di Camillo Pamphili, nipote di Innocenzo X. La facciata, preceduta da un protiro molto sporgente, è delimitata da alte paraste angolari che reggono un semplice timpano. La pianta ellittica si dilata in profonde cappelle; l'abside assume un rilievo particolare, incorniciata com'è da coppie di colonne che reggono un timpano concavo con al centro la statua di S. Andrea, opera di Antonio Raggi. La cupola ovoidale è decorata con cassettoni dorati, e grandi figure in stucco adagiate sulle cornici delle finestre, opera anch'esse del Raggi.

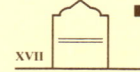

S. Carlino alle Quattro Fontane
Progettata da Borromini nel 1638 come chiesa annessa a un piccolo convento, è sicuramente la sua opera più originale. Il progetto sfrutta mirabilmente l'esiguo spazio a disposizione, con un susseguirsi di tratti concavi e convessi, marcati dalle colonne e dalla cornice, su cui si imposta un complesso gioco di volte e pennacchi di raccordo con la cupola ellittica, traforata da ottagoni, esagoni e croci e illuminata dal lanternino ovale. La facciata, iniziata nel 1665, è l'ultima opera di Borromini. Un'alta cornice la divide in due ordini; colonne e nicchie con statue ne scandiscono il ritmo alternativamente concavo e convesso.

S. Clemente
Edificata nel XII secolo, fu radicalmente trasformata all'inizio del Settecento da Carlo Fontana, che realizzò una nuova facciata e arricchì l'interno con stucchi e affreschi. L'interno, a pianta basilicale su tre navate, mantiene tuttora l'originario pavimento a mosaico, con decori geometrici di scuola cosmatesca. Nella navata centrale, coperta da un soffitto cassettonato, si conserva la *schola cantorum* del secolo XII, che ingloba parti più antiche ed è divisa dal presbiterio da un recinto marmoreo a plutei e transenne. La semicalotta dell'abside è decorata con un mosaico della prima metà del XII secolo, raffigurante il *Trionfo della Croce*. Notevoli gli affreschi di Masolino da Panicale che ornano la cappella di S. Caterina.

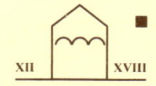

S. Costanza
→ pag. 22

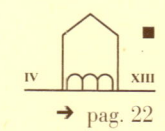

Ss. Luca e Martina
Progettata nel 1635 da Pietro da Cortona, ha un impianto a croce greca, con braccio longitudinale leggermente allungato e terminazione absidata. Sulle pareti interne sono appoggiate colonne su alti plinti che si incontrano in alto con una cornice fortemente aggettante che percorre tutta la chiesa. All'incrocio dei due bracci si innesta la cupola, retta da un alto tamburo con ampie finestre, incorniciate da una ricca decorazione a stucco. La facciata su due ordini è ritmata da semicolonne e lesene ed è contenuta ai lati da un fascio di paraste, che ne evidenziano la leggera convessità centrale.

REPERTORIO DELLE PRINCIPALI CHIESE ITALIANE

S. Giovanni in Laterano

Prestigiosa cattedrale di Roma dall'immensa importanza storica, fu ristrutturata da Francesco Borromini per incarico di papa Innocenzo X in occasione del giubileo del 1650. Della primitiva chiesa, risalente al V secolo, furono conservati l'impianto a cinque navate, il mosaico cosmatesco del pavimento, l'abside con la decorazione musiva e numerose opere d'arte raccolte nel corso dei secoli. L'intervento di Borromini isolò la navata centrale chiudendo con setti murari cinque intercolumni e diede movimentò alle pareti mediante alte lesene scanalate che incorniciano le finestre. Il soffitto in legno intagliato e dorato che copre la navata centrale preesisteva alla ristrutturazione, risalendo a un intervento della seconda metà del Cinquecento. La facciata settecentesca in travertino, opera di Alessandro Galilei, è formata da un portico e da un sovrastante loggiato ad arcate, ed è ritmata da un ordine gigante di semicolonne e lesene, con coronamento a balaustra ornato da statue. Si accede alla chiesa passando per il portico, coperto a botte, e transitando per una delle cinque porte corrispondenti alle navate (l'ultima porta a destra, detta Porta Santa, viene tradizionalmente tenuta chiusa, e si apre solo negli anni giubilari).

S. Ivo alla Sapienza

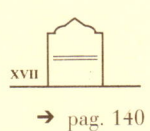

→ pag. 140

S. Maria in Campitelli

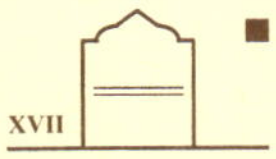

È l'opera più significativa di Carlo Rainaldi, che la realizzò tra 1662 e il 1667. La pianta, piuttosto complessa, è impostata su un asse longitudinale, con una prima parte a croce greca e una seconda parte formata da un vano quadrato concluso da un'abside e coperto a cupola. Sulle pareti una serie di pilastri e colonne reggono una cornice frastagliata che percorre tutta la chiesa. La facciata è impostata su due ordini, con al centro il portale incorniciato da colonne e sormontato da un'edicola, ed è conclusa da un originale fastigio mistilineo.

S. Maria Maggiore

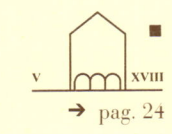

→ pag. 24

S. Pietro

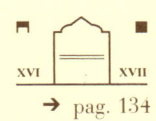

→ pag. 134

S. Prassede

Fondata nel IX secolo, la chiesa subì numerosi rimaneggiamenti, che ne alterarono l'originario impianto a tre navate. A metà della navata destra si apre la cappella di S. Zenone, costruita contemporaneamente alla chiesa come mausoleo di Teodora, madre del pontefice Pasquale I; si tratta di un ambiente a pianta quadrata, coperto da volta a crociera e interamente rivestito da preziosi mosaici a fondo oro di scuola bizantina. Altri mosaici dello stesso periodo si conservano nella parte alta dell'arco trionfale che divide la navata principale dal presbiterio e nel catino absidale, con al centro il Redentore benedicente. Il pavimento, quasi integro, è uno dei rari esempi sopravvissuti di *opus sectile* a marmi policromi.

S. Sabina

Importante basilica paleocristiana a tre navate, con colonne scanalate d'ordine corinzio, e abside un tempo ricoperta da mosaici. Ha subito nel corso dei secoli numerose trasformazioni, tra cui un sostanziale rifacimento a opera di Domenico Fontana (1543-1607) alla fine del Cinquecento ed estesi restauri all'inizio del Novecento. L'intervento più significativo è stato il ripristino delle finestre centinate che illuminano la navata centrale, con l'inserimento di nuove transenne in selenite, identiche nel disegno a quelle del IX secolo. Purtroppo ben poco si conserva degli splendidi mosaici, mentre integra è la decorazione in marmo che corre sopra le arcate della navata centrale. L'ingresso avviene attualmente dal fianco destro della chiesa, tramite un portico a tre arcate della metà del Quattrocento. In origine invece si accedeva alla basilica da un portale in marmo finemente scolpito, aperto in corrispondenza della navata centrale, che incornicia due bellissime porte in cipresso del 432, intagliate con scene del Vecchio e del Nuovo Testamento. Nel IX secolo fu posta nella navata centrale la *schola cantorum*, che è stata ripristinata, con l'utilizzo di vari pezzi originari, durante gli ultimi restauri.

ROSSANO (CS)
88 km da Cosenza

S. Marco Evangelista

Situata in posizione elevata all'estremità dell'abitato, è una delle chiese bizantine più interessanti della Calabria. È una costruzione d'impianto semplicissimo, con vestibolo a pianta rettangolare che immette nella parte più antica a pianta quadrata sovrastata da cinque cupolette. Le tre absidi semicircolari, inserite nella parete di fondo, sono illuminate da bifore. Sulla parete sinistra si conservano i resti di un affresco bizantino.

Interno della basilica di S. Giovanni in Laterano a Roma (V-XVII sec.).

REPERTORIO DELLE PRINCIPALI CHIESE ITALIANE

RUVO DI PUGLIA (BA)
33 km da Bari

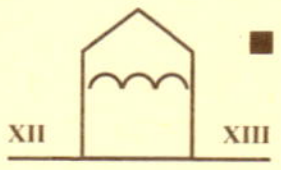

Duomo
Costruito tra XII e XIII secolo sull'area di una più antica chiesa vescovile, è caratterizzato da una slanciata facciata a spioventi molto inclinati, con grande rosone. Tre grandi archi incorniciano i portali, tra cui quello centrale, con i tradizionali leoni stilofori. L'interno, a pianta basilicale su tre navate, è diviso da pilastri a fascio e da colonne addossate, con capitelli di vari disegni. Un finto matroneo con bifore e trifore corre lungo la navata centrale. Nel transetto rimangono tracce di affreschi.

SALERNO

Duomo
Fondata nel 1080, è a pianta basilicale con tre navate precedute da un atrio porticato, in cui sono evidenti influenze bizantine e islamiche. Sulla facciata d'ingresso, preceduta da una scalinata seicentesca, è inserito un portale romanico. In un angolo del chiostro si innalza il campanile romanico, con ordini di bifore e corpo cilindrico terminale decorato con archi intrecciati e intarsi policromi. L'ingresso principale conserva la porta in bronzo eseguita nel 1099, con stipiti riccamente ornati. L'interno subì nel Settecento un rifacimento quasi totale, da cui si sono salvati i pregevoli mosaici di scuola bizantina delle absidi e parte del pavimento originario nel transetto, nel coro e nelle absidi. Ospita all'interno numerosi monumenti sepolcrali, quasi tutti realizzati con antichi sarcofagi romani.

SAN GIMIGNANO (SI)
38 km da Siena

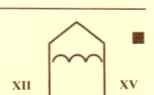

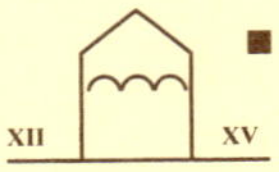

Collegiata di S. Maria Assunta
Costruita nel XII secolo, fu ampliata dopo le metà del Quattrocento su progetto di Giuliano da Maiano. La spoglia facciata duecentesca, preceduta da una scalinata, subì nei secoli successivi molte trasformazioni. L'interno, dalle linee semplici e severe, è diviso in tre navate da robuste colonne con capitelli su cui poggiano arcate a tutto sesto. La sua importanza è dovuta soprattutto agli affreschi che coprono quasi tutte le pareti opera di artisti del Trecento e del Quattrocento, tra cui Taddeo di Bartolo, Benedetto Gozzoli, Bartolo di Fredi, Domenico Ghirlandaio, Sebastiano Mainardi. In fondo alla navata destra è collocata la cappella di S. Fina, significativa opera rinascimentale del 1472-77 di Giuliano e Benedetto da Maiano.

SAN GINESIO (MC)
31 km da Macerata

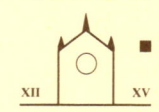

Collegiata
La chiesa, situata nella piazza centrale dell'abitato, è di impianto romanico, ma venne rifatta nel XIV secolo e rimaneggiata successivamente. La facciata in mattoni con fitta decorazione in cotto, tipica del gotico fiorito, è opera altoquattrocentesca di Enrico Alemanno. L'interno è a pianta basilicale a tre navate, con cappelle riccamente dipinte.

SARONNO (VA)
29 km da Varese

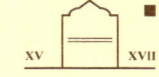

Madonna dei Miracoli
Celebre santuario costruito alla fine del Quattrocento da Giovanni Antonio Amadeo, ampliato nel secolo successivo dal Seregni e completato da Pellegrino Tibaldi, che realizzò la mirabile facciata barocca. L'interno è ricco di pregevoli opere d'arte tra cui, sulla cupola, un affresco di Gaudenzio Ferrari.

SASSARI

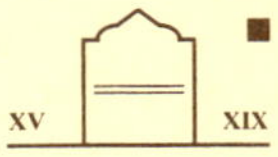

S. Nicola
Situato al centro dell'antico abitato, il Duomo domina con la sua facciata barocca dalle linee spagnoleggianti, preceduta da un'ampia gradinata, la piazza antistante e l'intera città. La prima chiesa, romanica, risale al XII secolo. In seguito, tra la fine del Quattrocento e l'inizio del Cinquecento, fu ricostruita e ampliata secondo la tipologia gotico-aragonese, come mostrano i contrafforti decorati da doccioni in forma di animali mostruosi. Tra la fine del Seicento e l'inizio del Settecento fu demolita la prima campata e costruita l'attuale facciata, attribuita a Baldassarre Romero e caratterizzata da un portico a tre arcate con volte stellari e, nella parte superiore, da altrettante nicchie con statue di santi, sormontate da bassorilievi e da un fastigio con la statua di san Nicola.

SIENA

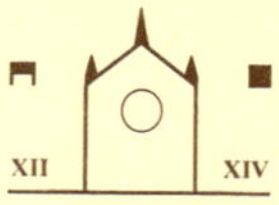

Duomo
→ pag. 98

S. Domenico
Gigantesca chiesa gotica, edificata tra il 1227 e 1265 dall'ordine domenicano e situata all'esterno del centro abitato. Subì varie trasformazioni sino all'inizio del Quattrocento, e fu danneggiata da alcuni incendi tra metà del Quattrocento e la metà del Cinquecento. È eseguita in mattoni, con pianta a croce egizia su navata unica absidata, secondo il tipico schema di impianto domenicano. Di notevole interesse sono le numerose opere d'arte che ornano le cappelle, tra cui quella di S. Caterina, con affreschi cinquecenteschi del Sodoma. Al termine della navata, sul lato destro, una scala conduce alla cripta trecentesca, restaurata nella prima metà del Novecento.

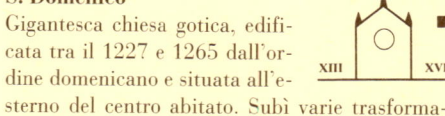

S. Maria di Provenzano
Costruita tra la fine del Cinquecento e l'inizio del Seicento su progetto del certosino Damiano Schifardini, ha una facciata tipicamente manierista, divisa in due registri da un alto cornicione aggettante, e arricchita da quattro grandi nicchie con statue e da un semplice coronamento a timpano. Nell'interno barocco, a navata unica con cupola ottagonale, sono conservate opere di artisti del Seicento.

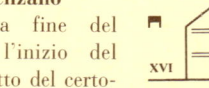

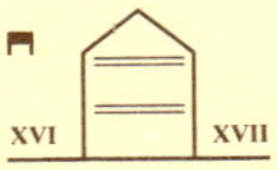

SIRACUSA

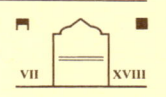

Duomo
È un esempio singolare di "riuso": si tratta infatti di un tempio greco dedicato ad Atena, trasformato nel VII secolo in chiesa cristiana. La costruzione subì successivamente numerosi rimaneggiamenti a causa dei terremoti di metà Cinquecento e di inizio Seicento. La facciata è barocca, costruita tra il 1728 e il 1757. Sul fianco sinistro della chiesa si leggono chiaramente dodici delle quattordici colonne dell'antico tempio, che ancora reggono la trabeazione originaria. Nell'interno, organizzato a pianta basilicale su tre navate, le tracce del tempio originario sono evidenti nella navata centrale. Nella navata laterale destra le colonne doriche schermano una serie di cappelle, tra cui, notevole, la seicentesca cappella del Sacramento.

SPOLETO (PG)
66 km da Perugia

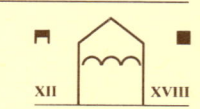

Duomo
Costruito alla fine del XII secolo, si affaccia sulla piazza omonima, con facciata a capanna impreziosita da otto rosoni di abilissima fattura e da un mosaico di ispirazione bizantina; sul lato sinistro le si affianca uno snello campanile cuspidato. L'elegante portico ad arcate, realizzato alla fine del

REPERTORIO DELLE PRINCIPALI CHIESE ITALIANE

Quattrocento, scherma il grandioso portale romanico d'ingresso. L'interno, a tre navate, con transetto e grande abside semicircolare, affrescata da Filippo Lippi, fu radicalmente trasformato alla fine del XVII secolo; altre riforme furono apportate sul finire del Settecento da Giuseppe Valadier. Nella navata centrale si conserva parte del pavimento a mosaico del XII secolo; le cappelle ospitano opere di artisti importanti tra cui Pinturicchio, Carracci e Bernini.

S. Eufemia
La piccola chiesa romanica, situata nel cortile del Palazzo arcivescovile, ha una semplice facciata ornata da una bifora. L'interno, per contro, è di raffinata eleganza, a tre navate, con pilastri e colonne di spoglio raccordati da grandi archi. Al di sopra delle navate laterali trovano posto i matronei, elemento architettonico insolito per la regione. Nella volta del presbiterio si conservano affreschi del XV secolo.

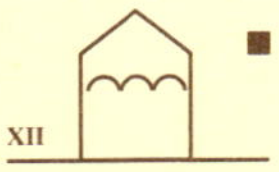

S. Pietro
Situata in posizione isolata, all'esterno del centro abitato, è un significativo esempio di architettura tardoromanica. Ne rimane quasi intatta la splendida facciata a tre ordini, ornata da bassorilievi finemente scolpiti. Nella zona inferiore si aprono tre eleganti portali, quello centrale chiuso da loggette e figure di animali stilizzati. Nella zona centrale si dispongono cinque rosoni, mentre la parte superiore, conclusa da un timpano, è completata da quattro formelle con le figure di S. Pietro e di S. Andrea. L'interno fu radicalmente trasformato in epoca barocca.

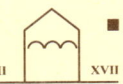

STILO (RC)
139 km da Reggio di Calabria

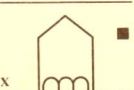

La Cattolica
La piccola chiesa bizantina, risalente al X secolo, sorge nella parte più elevata del paese. Ha pianta quadrata con cinque cupolette su alti tamburi con una singolare decorazione esterna in laterizio di gusto arabo e tre absidi semicircolari ciascuna forata da una bifora. L'interno è diviso da quattro colonne di spoglio in nove spazi uguali. Nelle absidi alcuni resti di affreschi bizantini.

TARQUINIA (VT)
44 km da Viterbo

S. Maria di Castello
Chiesa romanica, iniziata nel 1121 nella parte alta della città, in luogo della antica chiesa annessa al castello di Matilde di Canossa. La facciata è caratterizzata da un sobrio portale centrale di fattura cosmatesca, e da una sovrastante bifora con analoga decorazione. L'interno, a tre navate divise da poderosi pilastri a fascio, ha interessanti volte costolonate ed è concluso da tre absidi, di cui quella centrale con copertura a calotta costolonata. Nella navata centrale e in quella laterale sinistra si conserva gran parte del pavimento musivo cosmatesco.

TERMOLI (CB)
68 km da Campobasso

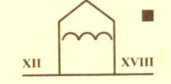

Duomo
Costruita tra il XII e XIII secolo, ha un'elegante facciata in pietra articolata da lesene e archeggiature cieche che affiancano il portale d'ingresso, arricchito da bassorilievi. La ricca decorazione scultorea fu distrutta nel XVIII secolo e macinata per farne materiale per gli stucchi barocchi. La parte alta fu rifatta nel Quattrocento dopo un rovinoso terremoto. L'interno, ristrutturato all'inizio del Novecento e liberato dalle sovrastrutture settecentesche, è a tre navate con tre absidi semicircolari, e conserva alcuni resti del pavimento musivo originario (X-XI secolo).

TERRACINA (LT)
39 km da Latina

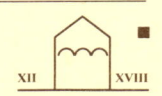

Duomo
Costruito a partire dal XII secolo sul luogo dove esisteva un tempio romano, fu trasformato nei secoli successivi, specialmente nel Settecento. È preceduto da un'ampia scalinata, risalente all'antico tempio romano, e da un portico duecentesco, che ingloba anche il campanile a quattro ordini sovrapposti di loggette cieche entro cui si aprono bifore e trifore. L'interno, pesantemente trasformato in età tardobarocca, è a tre navate; conserva parte dell'originario pavimento a mosaico e un ambone cosmatesco di notevole pregio.

TODI (PG)
45 km da Perugia

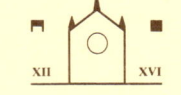

Duomo
Situato nella piazza Maggiore, centro della vita civile e religiosa della città, fu edificato tra il XII e il XIII secolo. La facciata, preceduta da un'ampia scalinata del Settecento, è divisa in tre parti da sottili lesene che incorniciano il grande rosone con doppio giro di colonnine a raggiera e in basso i tre portali ogivali, di cui quello mediano ricco di decorazioni a bassorilievi. L'interno a tre navate è suddiviso da pilastri e colonne con capitelli di forme disparate, alcuni di ispirazione ancora romanica, altri di derivazione gotica.

S. Fortunato
Preceduta da una scenografica scalinata, fu iniziata verso la fine del Duecento dai Francescani Minori e portata a termine alla fine del Quattrocento. Sulla facciata quattrocentesca, incompiuta nella parte alta, si aprono tre portali ogivali intervallati da robuste lesene. Il portale centrale, tardogotico, è formato da un fascio di colonnine tortili decorate con viticci e piccole figure. L'interno, a tre navate di uguale altezza, conserva affreschi trecenteschi in alcune delle cappelle laterali, tra cui una bellissima *Madonna con Bambino e angeli* di Masolino da Panicale. Il coro ligneo risale alla fine del Cinquecento.

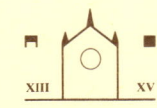

S. Maria della Consolazione
→ pag. 128

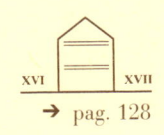

TOLENTINO (MC)
19 km da Macerata

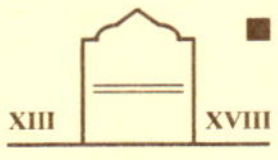

S. Nicola
Sorta nel Duecento, fu sostanzialmente ricostruita nel XIV secolo e completata nel XV con la costruzione del portale di ingresso, opera tardo-gotica del fiorentino Nanni di Bartolo. La facciata ricevette la sua forma definitiva in epoca barocca. L'interno, a navata unica con cappelle laterali e abside poligonale, è coperto da un pregevole soffitto in legno del Seicento; le pareti e le volte della cappella di S. Nicola sono abbellite da un ciclo di affreschi trecenteschi di notevole valore.

TORINO

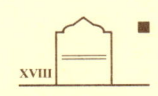

Basilica di Superga
Edificato sulla sommità di una collina che domina la città di Torino tra il 1717 e il 1731, è opera di Filippo Juvarra e comprende anche il retrostante monastero, disposto attorno a un cortile porticato. L'esterno, preceduto da una scenografica scalinata, è caratterizzato da un profondo pronao e da un'alta cupola affiancata da due campanili di tipo borrominiano che mascherano la mole squadrata del convento retrostante. La cupola poggia su un alto

REPERTORIO DELLE PRINCIPALI CHIESE ITALIANE

tamburo, con grandi finestroni incorniciati da colonne binate. La chiesa ha pianta centrale, impostata su un cerchio nel quale è inserito l'ottagono di base della cupola, che poggia su otto pilastri angolari, distanziati dal muro perimetrale in modo da formare uno spazio anulare per le cappelle. L'illuminazione è assicurata dai grandi finestroni del tamburo e si diffonde in modo uniforme nello spazio sottostante esaltandone gli elementi architettonici.

Gran Madre di Dio

Una scalinata, affiancata dalle statue della Ragione e della Fede, porta al tempio neoclassico, costruito sulla riva destra del Po, fra il 1818 e il 1831, dall'architetto torinese Ferdinando Bonsignore. La chiesa, a pianta circolare, è preceduta da un pronao esastilo con frontone decorato da sculture. All'interno lo spazio è arricchito da quattro esedre semicircolari schermate da colonne in marmo. Nelle nicchie e nei bassorilievi lungo le pareti sono inserite statue di artisti locali.

Duomo

Dedicato a san Giovanni, fu costruito alla fine del Quattrocento dall'architetto toscano Meo del Caprina che progettò anche la sobria facciata in marmo bianco, con tre portali di linee rinascimentali. La pianta è a croce latina a tre navate chiuse da pilastri cruciformi che sorreggono la volta a botte della navata centrale, al cui termine si inserisce la cupola su tamburo ottagonale. Pregevoli, nel presbiterio, gli stalli del coro di metà Settecento. Dietro il presbiterio due scalinate simmetriche in marmo nero conducono alla Cappella della Sacra Sindone, grandiosa costruzione barocca realizzata tra il 1668 e il 1694 da Guarino Guarini. La sua spettacolare, aerea cupola è formata da una serie di archi sovrapposti che disegnano una stella, attraverso la quale si intravede un'altra volta completamente affrescata.

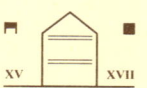

S. Cristina

Situata in piazza S. Carlo, fu costruita a partire dal 1639, circa una ventina d'anno dopo la gemella chiesa di S. Carlo, per volere di Cristina di Francia. Madama Reale, su disegno di Carlo di Castellamonte. La facciata a doppio registro intelaiato da colonne è tuttavia opera altosettecentesca di Filippo Juvarra. L'interno è a navata unica, con copertura a volta decorata a stucco.

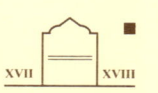

S. Lorenzo e la Cappella della Sindone

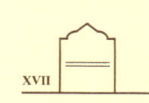

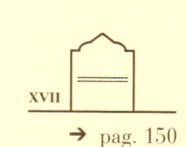

→ pag. 150

TRANI (BA)
42 km da Bari

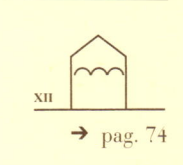

Duomo

→ pag. 74

TRATALIAS (CA)
71 km da Cagliari

Duomo

È la maggiore presenza architettonica dell'antico paese di Tratalias, un tempo il maggiore abitato del Sulcis oggi abbandonato a causa dei dissesti geologici provocati da un vicino lago artificiale. Costituisce un esempio ben conservato di chiesa romanico-pisana del XIII secolo, in trachite chiara. La facciata, divisa da un'alta cornice sovrastante una fila continua di archetti ciechi pensili, presenta nella parte bassa un semplice portale con lunetta affiancato da due alte lesene con capitelli, e nella zona superiore un rosone finemente decorato. Il motivo ad archetti ciechi e lesene è ripreso anche nell'abside e sui fianchi, che presentano altri due portali.

Sezione della Cappella della Sindone a Torino (1668-1694).

REPERTORIO DELLE PRINCIPALI CHIESE ITALIANE

TRENTO

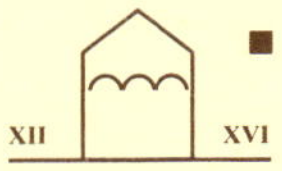

Duomo
Situato nella piazza centrale della città, fu costruito nella prima metà del XII secolo, e riedificato all'inizio del XIII secolo su progetto di Adamo D'Arogno e di altri maestri campionesi e comacini. L'edificio è articolato su tre navate absidate, ed è arricchito da significative opere d'arte di artisti italiani e tedeschi. Il fianco sinistro è alleggerito da un loggiato, ripreso anche sulla testata del transetto e nella zona absidale. L'ingresso sulla piazza è preceduto da un protiro cinquecentesco con bassorilievo di scuola campionese nella lunetta. La facciata ha linee semplici arricchite da un portale sormontato da un bel rosone con rilievi del XIV secolo. Nel Cinquecento sul lato sinistro fu aggiunto il massiccio campanile, mentre quello di destra, non fu mai realizzato.

S. Maria Maggiore
Costruita nel secondo decennio del Cinquecento è una costruzione rinascimentale di matrice lombarda. La facciata, in marmo bianco e rosa, fu ricostruita all'inizio del Novecento; conserva però il grandioso portale del Cinquecento attribuito al Longhi. L'interno è a navata unica con cappelle laterali, inquadrate da arconi a tutto sesto. L'alto campanile, in massi calcarei bianchi, termina con due giri di trifore e una cupola poligonale.

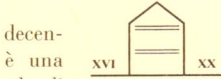

TRIESTE

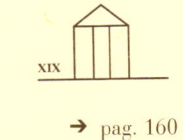

S. Antonio

→ pag. 160

S. Giusto
La chiesa attuale è il risultato delle numerose trasformazioni della vicina chiesa di S. Maria Assunta e del vicino sacello di S. Giusto, risalente al IX secolo: un edificio in origine a pianta centrale, poi ampliato in modo da formare un'altra chiesa a tre navate. Nel XIV secolo furono abbattuti i muri che dividevano le due chiese e fuse le navate laterali contigue, così da creare un unico spazio a cinque navate con una nuova navata maggiore e una nuova abside centrale. Alla facciata trecentesca, con grande rosone al centro, si addossa il campanile, rifacimento trecentesco del precedente campanile romanico. All'interno sono visibili le trasformazioni: nelle navate di sinistra rimangono tracce degli affreschi che ornavano la chiesa di S. Maria Assunta, mentre nell'abside destra, appartenente un tempo al sacello di S. Giusto, sono ancora visibili affreschi e mosaici duecenteschi.

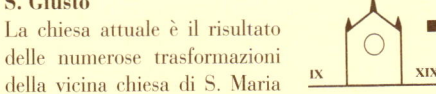

TROIA (FG)
22 km da Foggia

S. Maria Assunta
Significativo esempio di romanico pugliese del XII secolo, in cui si fondono influssi bizantini e arabi. La ricca facciata è divisa in due ordini da un cornicione sporgente: quello inferiore è caratterizzato da arcate cieche, oculi e losanghe; quello superiore, rimaneggiato nel XIII secolo, da un grande rosone a 11 raggi e da un grande arco poggiante su colonnine binate. Il portale, di ispirazione orientale, è chiuso da una porta in bronzo, pregevole opera fusa da Oderisio da Benevento del 1119. Interessanti anche i fianchi, che riprendono le arcate cieche della facciata. Nell'interno, a croce latina su tre navate è conservato un paliotto a bassorilievi del XII secolo.

TUSCANIA (VT)
24 km da Viterbo

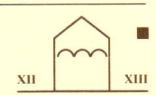

S. Maria Maggiore
Costruita a partire dal XII secolo su un edificio dell'VIII secolo, ha facciata con portale a profonda strombatura, ricco di bassorilievi e loggiato con colonnine. I due portali laterali sono sormontati da due piccoli rosoni. L'interno è diviso in tre navate da colonne collegate da archi a tutto sesto con decori floreali. Il transetto e la zona absidale sono arricchiti da affreschi tra cui un grandioso *Giudizio Universale* trecentesco.

S. Pietro
Chiesa altoromanica situata all'esterno del centro abitato. Fu costruita nell'VIII secolo da maestranze comacine. Nel XI e XII secolo fu ampliata nella zona absidale, nella cripta e nelle navate laterali. La facciata, di straordinario impatto, fu edificata nel XIII secolo e vanta un bel portale in marmo con decorazioni a mosaico; ai lati altri due portali con decorazioni cosmatesche. L'interno a tre navate presenta robuste colonne collegate da arcate con mensole a denti, ed è concluso da un'abside semicircolare, decorata con affreschi di matrice bizantina, affiancata da due absidiole minori.

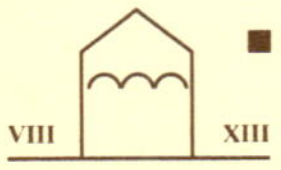

VENEZIA

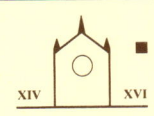

Madonna dell'Orto
La chiesa fu costruita nel XIV secolo e ristrutturata nel secolo successivo. La facciata in cotto a doppio spiovente è divisa in tre parti da lesene cuspidate. Il corpo centrale è concluso da un coronamento di archetti trilobati, quelli laterali da nicchie ad archetti contenenti le statue dei 12 Apostoli. Ricchissimo il portale, sormontato da un finestrone semicircolare. Il campanile quattrocentesco è coronato da un cupolino a bulbo aggiunto nel Cinquecento da Bartolomeo Bon. L'interno, a pianta basilicale su tre navate e cappelle laterali, è spartito da grandi arcate ogivali in cotto posate su colonne marmoree. Una delle cappelle conserva le spoglie mortali di Jacopo Tintoretto, che nella chiesa ha lasciato alcune delle sue opere più significative (*Giudizio universale*, *Presentazione di Maria al Tempio*).

S. Geremia
È la ricostruzione tardobarocca (1753-1760) di una chiesa duecentesca. Sorge sul campo omonimo, un tempo teatro di grandiose feste e sul campo s'innalza il braccio destro del transetto, mentre sul Canal Grande si affaccia il fianco sinistro. Il campanile è tuttora quello romanico, risalente al Duecento. L'interno, a croce greca, è dominato dalla grande cupola centrale, affiancata da quattro cupolette emisferiche a copertura dei bracci. Nel transetto si apre la cappella di S. Lucia, che conserva le spoglie della martire siracusana.

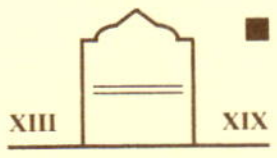

S. Francesco della Vigna
La chiesa attuale fu ricostruita da Jacopo Sansovino e Palladio, tra il 1534 e il 1570, sul luogo di una precedente chiesa francescana. Grandiosa la facciata palladiana, con le colonne d'ordine gigante e l'ingresso evidenziato da una finestra termale. L'interno è a croce latina su navata unica con cappelle laterali e profondo coro. Nel presbiterio è collocato il monumento funebre del doge Andrea Gritti, attribuito al Sansovino; altre tombe di nobili famiglie veneziane ornano le cappelle laterali. Numerose le opere d'arte di pregio, frutto di Paolo Veronese, Antonio da Negroponte, Giovanni Bellini, Pietro Lombardo.

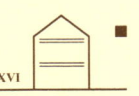

Ss. Giovanni e Paolo
La grandiosa costruzione, iniziata nel 1368 e proseguita sino ai primi anni del Quattrocento, è con la chiesa dei Frari il massimo esempio di archi-

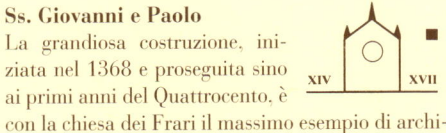

tettura gotica sacra di Venezia. Dopo la metà del Quattrocento divenne la sede deputata ai funerali dei Dogi e tradizionale luogo di sepoltura dei grandi cittadini quelli ai dogi Pietro Mocenigo e Nicolò Marcello sono opera di Pietro Lombardo. Si accede all'edificio, interamente di cotto, attraverso un imponente portale ogivale, opera di Bartolomeo Bon. L'interno, di dimensioni notevoli, è diviso in tre navate da robusti piloni legati da tiranti lignei, su cui si impostano eleganti arcate ogivali. Tra le cappelle, preziosa quella quattrocentesca dell'Addolorata, arricchita all'inizio del Seicento da stucchi, sculture, marmi e dipinti. Accanto al transetto destro sorge la seicentesca cappella di S. Domenico, dal ricco soffitto intagliato e dorato. Elegantissimo il presbiterio forato da cinque ordini di bifore e da un ricco altare barocco di Baldassarre Longhena.

S. Marco

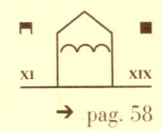

→ pag. 58

S. Maria della Salute

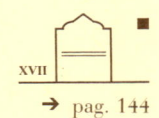

→ pag. 144

S. Maria Formosa 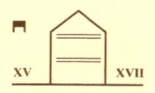
Antichissima chiesa, costruita nel 639, rifatta nel 1175 riprendendo la pianta di S. Marco e ricostruita verso la fine del Quattrocento da Mauro Codussi con la trasformazione dell'originaria croce greca in croce latina. Venne ultimata nel 1585 con la costruzione della cupola e della facciata sul rio, di chiaro gusto sansoviniano. Il fianco sinistro, prospettante sul campo, è caratterizzato da un ordine gigante di lesene corinzie e da un ordine minore di lesene ioniche. L'interno, più volte danneggiato, fu ristrutturato all'inizio del Novecento ripristinando l'aspetto cinquecentesco. Tra le numerose opere d'arte un polittico di Parma il Vecchio e un trittico di Bartolomeo Vivarini; sulla controfacciata si conserva un pregevole organo settecentesco.

SS. Redentore 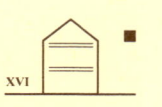
Notissima chiesa costruita a partire dal 1577 sul canale della Giudecca su progetto di Andrea Palladio come offerta votiva per la cessazione della peste. È formata da un corpo anteriore con robusti contrafforti, da un corpo mediano biabsidato su cui posa l'alta cupola con lanterna e da un vano finale chiuso da una parete leggermente curva. L'interno, grandioso, è a navata unica con cappelle laterali; la decorazione interna è tutta ispirata al tema della redenzione del Cristo, con opere dei maggiori artisti veneziani dell'epoca: Tintoretto, Palma il Giovane, Francesco Bassano, Paolo Veronese.

S. Sebastiano
Costruito tra il 1505 e il 1548 su progetto attribuito allo Scarpagnino, presenta una facciata tipicamente rinascimentale. L'interno, a navata unica con cappelle laterali, è caratterizzato da una insolita soluzione architettonica nella disposizione del coro, pensile e situato sopra l'ingresso. L'apparato decorativo, che investe tutto l'edificio, fu curato da Paolo Veronese e mette in risalto l'originale spazio interno, con il soffitto piano arricchito da grandi tele del maestro; anche gli sportelli dell'organo e il soffitto della sagrestia sono del Veronese. Tra le altre opere d'arte spicca un imponente monumento funebre del Sansovino.

VENEZIA, fraz. **Murano**

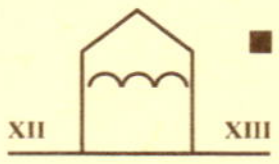

Ss. Maria e Donato
Costruita all'inizio del XII secolo, è una tipica architettura romanico-veneta, che risente di forti influenze bizantine. L'aspetto attuale è quello derivato dai restauri ottocenteschi, che hanno eliminato le aggiunte posteriori all'epoca medievale. La parte più scenografica è la zona absidale, con loggette su colonnine marmoree. Il campanile, costruito tra il XII e il XIII secolo, sorge isolato a fianco della chiesa. L'interno, a pianta basilicale, ha tre navate, che sono divise da colonne marmoree decorate con bellissimi capitelli di scuola veneta, e conserva un rarissimo pavimento in mosaico del XII secolo, con figure di animali; anche il catino dell'abside è decorato a tessere musive e risale alla metà del Duecento. Tra le opere di arredo spicca l'ancona lignea di S. Donato, opera altotrecentesca di Paolo Veneziano.

VENEZIA-Torcello

S. Maria Assunta

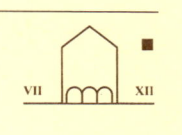

→ pag. 36

VENOSA (PZ)
59 km da Potenza

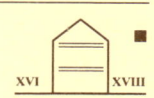

S. Andrea Apostolo
Costruita verso la fine del Quattrocento, ha una sobria facciata su cui campeggia un austero portale cinquecentesco. L'interno è a croce egizia, con tre navate divise da pilastri con archi ogivali. Nel transetto-presbiterio, si apre un'abside poligonale. I restauri effettuati nella nostra epoca hanno portato alla luce tracce di affreschi del Quattrocento. Il campanile, a pianta quadrata nei primi tre ordini e ottagonale nel quarto e quinto, fu iniziato alla fine del Cinquecento ed è fittamente decorato con materiale di recupero.

VENTIMIGLIA (IM)
43 km da Imperia

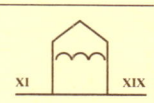

S. Maria Assunta
Esempio di chiesa romanica ligure, costruita tra XI e XIII secolo su una precedente chiesa di età carolingia. La facciata, ampiamente restaurata nella seconda metà del Novecento, conserva un portale fortemente strombato ad archi ogivali, con colonne e capitelli zoomorfi risalenti al XIII secolo. Il campanile, del XII secolo, fu rimaneggiato in età barocca e poi ancora verso il XIX secolo. L'interno è a tre navate: quella centrale è coperta con volta a botte, e quelle laterali con volte a crociera. La zona absidale, durante i restauri, è stata liberata dagli edifici che vi si addossavano, così da rendere leggibili le belle monofore strombate.

VERCELLI

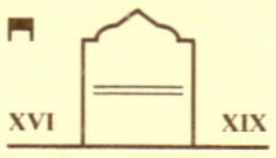

Duomo
Dedicato a S. Eusebio, fu costruito, in tre periodi distinti, sul luogo di una basilica paleocristiana. Presenta pianta a tre navate divise da pilastri cruciformi. Pellegrino Tibaldi progettò, nel 1572-78, il presbiterio e l'abside, mentre il corpo anteriore fu edificato all'inizio del Settecento da Benedetto Negro e in seguito da Luigi Michele Barberis. La facciata classicheggiante, preceduta da un ampio pronao, è opera di Benedetto Alfieri. La cupola centrale è ottocentesca, così come vari rimaneggiamenti all'interno. Al campanile romanico (XII secolo), fu aggiunta la cella campanaria nel 1404 e rifatta nel Settecento. Nella sagrestia dei Canonici è conservato un ricco rivestimento ligneo della seconda metà del Settecento. Di notevole interesse anche il tesoro della cattedrale.

REPERTORIO DELLE PRINCIPALI CHIESE ITALIANE

S. Andrea

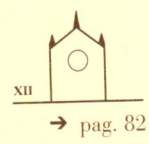

→ pag. 82

VERONA

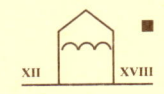

Duomo
Iniziato nel 1117 su progetto di Mastro Nicolò, fu in seguito rielaborato a metà Quattrocento con il rifacimento delle navate e l'inserimento delle cappelle laterali. La facciata conserva l'impostazione romanica, con al centro il monumentale protiro a due piani disegnato da Nicolò. La parte superiore fu tuttavia completata alla fine del Cinquecento. L'interno è a tre navate con pilastri polistili in marmo rosa, su cui poggiano le arcate ogivali e le volte a crociera. Nelle cappelle laterali sono conservate preziose opere d'arte del Quattrocento e Cinquecento, tra cui alcuni affreschi di Giovanni Maria Falconetto e dipinti di Tiziano Vecellio.

S. Anastasia 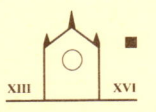
Chiesa gotica situata sulla riva dell'Adige e costruita tra il 1290 e il 1481. Interamente in mattoni presenta una facciata incompiuta, su cui risalta il portale gemino in marmi policromi, con bella architrave scolpita e affreschi quattrocenteschi nelle lunette. L'interno è a tre navate, divise da colonne che reggono volte a crociera decorate con figure di santi. Nel presbiterio si conserva un grande affresco del XIV secolo, mentre le cappelle sono arricchite da statue, altari e dipinti di artisti veneti della fine del Quattrocento e del Cinquecento. Il campanile a fianco dell'abside fu edificato nel Cinquecento su progetto del Sanmicheli utilizzando il basamento romanico.

S. Fermo Maggiore 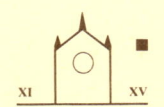
Complesso formato da due chiese sovrapposte: quella inferiore romanica (XI secolo) e quella superiore inizialmente coeva ma poi trasformata nel XIV secolo. La facciata, della metà del Trecento, conserva il precedente portale romanico, fortemente strombato. La zona absidale, verso l'Adige, è caratterizzata dall'abside gotica, forata da alti finestroni e conclusa da un coronamento cuspidato, e dalle due absidi laterali romaniche, ornate da archetti ciechi su semicolonnine. La chiesa inferiore, a tre navate, conserva resti di affreschi dei secoli XI-XIII; la chiesa superiore, a navata unica, è coperta da un soffitto ligneo a carena trecentesco. Ricco l'apparato decorativo, con affreschi e monumenti funebri, opera di artisti locali dei secoli XIV-XVI, tra cui emergono il Sanmicheli e il Pisanello.

S. Zeno Maggiore

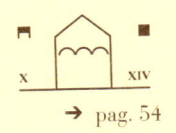

→ pag. 54

VICENZA

Duomo
Sorge sul luogo di una basilica paleocristiana (VIII-XI secolo) e fu costruita tra il 1267 e il 1290, ma modificata a metà Quattrocento secondo il linguaggio gotico veneziano, riconoscibile nella facciata a cinque ordini. Sul corpo medioevale si innestano l'alta tribuna iniziata nel 1482 su progetto di Lorenzo da Bologna e la cupola eretta nel 1574 su disegno di Palladio, autore del portale del fianco sinistro. L'interno, a navata unica con cappelle laterali, conserva opere di artisti veneti.

VIGEVANO (PV)
34 km da Pavia

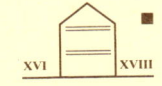

Duomo
Affacciata sulla rinascimentale Piazza Ducale, conserva nell'abside e nel coro parte dell'antica chiesa trecentesca progettata da Bartolino da Novara. L'assetto dell'interno risale all'età barocca, e si è consolidato all'inizio del Settecento. La facciata fu costruita alla fine del Seicento su progetto del vescovo Caramuel come fondale scenografico alla piazza, divenuta il vero "sagrato" della chiesa. La forma concava, in asse con la piazza, maschera la posizione asimmetrica dell'edificio. L'interno, a tre navate su pilastri, è decorato con affreschi di primo Ottocento.

GLOSSARIO DEI TERMINI DI ARCHITETTURA RELIGIOSA

a cura di Flavio Conti

àbside: parte terminale della chiesa, posta sul fondo del presbiterio o, talvolta, dei bracci del transetto, di andamento semicircolare, meno frequentemente poligonale, con terminazione piatta o ricavata nello spessore del muro. Talvolta, soprattutto nelle chiese romaniche e gotiche, contornata all'interno da un *deambulatorio* o arricchita da *cappelle radiali* (v.).

acquasantiera: contenitore per l'acqua benedetta, generalmente di pietra e sostenuto da un fusto marmoreo, o incassato in un pilastro, posto all'ingresso della chiesa.

affresco: tecnica pittorica di uso frequentissimo nelle chiese, consistente nel dipingere con colori fortemente diluiti su intonaco fresco, così che la pittura, asciugandosi, possa far corpo unico con la superficie intonacata. Richiede grande velocità ed abilità esecutiva.

altare: tavola per la celebrazione del rito religioso, posta al centro del *presbiterio* (v.) e spesso contenente sacre reliquie. Realizzato frequentemente con materie preziose e arricchito da lavori di oreficeria o di pittura di grande pregio.

ambone: piattaforma o tribuna con parapetto, sopraelevata rispetto al piano della chiesa, dalla quale il sacerdote legge le Sacre Scritture e tiene il sermone.

ambulacro: corridoio interno, parallelo ai muri d'ambito di una chiesa (soprattutto se a pianta centrale) e generalmente delimitato da colonne o pilastri; talvolta usato come sinonimo di *deambulatorio* (v.).

ancona: tavola rettangolare o sagomata ad arco, spesso suddivisa in vari scomparti, racchiusa da una ricca cornice e posta su un altare; termine spesso confuso con *paliotto* (v.). Se manca della cornice è denominata *pala* (v.).

arcatella: decorazione formata da una sequenza di piccoli archi, tipica delle chiese romaniche; posta generalmente sottogronda o come fascia marcapiano.

archetto pènsile: piccolo arco cieco posto sulla parete e non sostenuto da alcun ritto, senza alcuna funzione portante ma esclusivamente decorativo; di solito unito ad altri archi simili per formare un'*arcatella* (v.).

arco rampante: arco a profilo molto allungato, con le imposte parecchio sfalsate in altezza, tipico dell'architettura gotica. La sua funzione è tipicamente strutturale: raccoglie le spinte laterali delle crociere della navata centrale e le scarica sui *contrafforti* (v.) perimetrali; permette l'eliminazione del *matroneo* (v.), che aveva la stessa funzione statica, consentendo così di aprire nella parte alta della navate ampie finestre per l'illuminazione dell'edificio. V. *claristorio*.

arcosolio: nicchia semicircolare o rettangolare ricavata in una parete muraria e racchiudente un sarcofago. Frequente nelle catacombe romane, dove aveva talvolta funzione di altare.

àrdica: termine con cui, nell'architettura ravennate, si indica il *nartece*. Aveva generalmente forma di *atrio a forcipe* (v.).

atrio a fòrcipe: atrio a forma rettangolare allungata, avente sui due lati corti un'abside semicircolare. Così detto per la somiglianza con lo strumento chirurgico con lo stesso nome.

atrio: originariamente la parte centrale della casa romana, su cui si aprivano i vari locali. Nelle basiliche paleocristiane viene spesso indicato con tale nome il *quadriportico* (v.), vale a dire il porticato rettangolare anteposto alla chiesa.

aula: indicava, originariamente, il cortile della casa greca, dunque uno spazio scoperto. Il termine passò poi a indicare uno spazio coperto per riunioni, e viene applicato anche alle chiese, indicando un edificio religioso senza diaframmi (colonne, pilastri) intermedi.

balaustrata (meno correttamente anche se più frequentemente **balaustra**): parapetto formato da colonnine e pilastrini uniti da una fascia superiore. Nelle chiese dal tardo Cinquecento in poi veniva utilizzato per separare il presbiterio dalla navata.

baldacchino: costruzione posta a copertura di un altare, originariamente costituito da un tessuto steso su quattro pali, poi realizzato in muratura o in altro materiale nobile (marmo, bronzo). Viene spesso indicato con tale nome, per estensione, il tronetto per l'esposizione sull'altare del SS. Sacramento.

basilica: edificio cristiano derivato da quello romano con lo stesso nome e utilizzato come tribunale. Indica una costruzione a pianta rettangolare, con tre o cinque navate, quasi sempre con absidi all'estremità, tipico dell'architettura paleocristiana ma utilizzato in ogni epoca. Nell'uso religioso si indica come *basilica* anche una chiesa non avente pianta basilicale ma storicamente o architettonicamente di grande importanza, e perciò insignita dei tale titolo.

battistero: edificio sacro riservato al battesimo dei fedeli e generalmente costruito accanto a una chiesa (originariamente solo a quelle cattedrali, poi anche ad altre). Dopo il medioevo venne sempre più spesso sostituito dal *fonte battesimale* (v.), inserito all'interno della chiesa.

campana: strumento, generalmente di bronzo, costituito da un cono rovesciato e svasato al cui interno è sistemato un martello di bronzo oscillante, o *battacchio*, che colpisce la campana ricavandone un suono più o meno squillante. Viene generalmente collocata in una posizione elevata

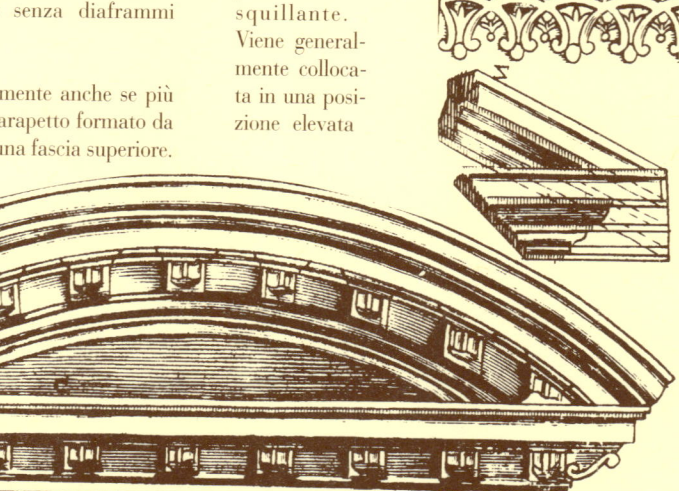

GLOSSARIO

grazie a un *campanile*, di cui occupa la parte superiore aperta (cella campanaria).

campanile: torre destinata ad accogliere le campane e costruita accanto alla chiesa o, meno frequentemente, incorporato nelle murature della chiesa stessa. Se coincidente con il *tiburio* (v.) della chiesa viene detto più propriamente *torre nolare* (v.).

campata: spazio trasversale compreso tra due pilastri, o più in generale tra due strutture portanti successive di una chiesa: può avere forma quadrata (canonica nelle chiese romaniche) o rettangolare (frequente negli edifici gotici).

càntaro: presso gli antichi Greci il *kàntharos* era un grande vaso con due alti manici ad ansa. I Romani utilizzarono il termine anche per indicare una vasca da giardino, generalmente in marmo, e da qui venne l'uso di indicare talvolta con questo nome il fonte battesimale o la vasca posta al centro del *quadriportico* (v.).

cantoria: spazio destinato, all'interno delle chiese, ad ospitare i cantori e posto, di regola, sul fondo della chiesa: prende spesso la forma di una balconata sospesa o di una tribuna sostenuta da colonnine. Viene talvolta indicato in maniera impropria con questo termine il *coro* (v.), riservato invece ai religiosi e posto generalmente dietro l'altare.

capocroce: termine con il quale viene indicato, in una chiesa, lo spazio dietro all'altare; fa riferimento alla pianta di una chiesa a croce latina o greca, in cui l'altare occupa generalmente lo spazio all'incrocio tra la navata principale e il transetto; la parte opposta, tra l'ingresso e l'altare, della chiesa prende il nome di *piedicroce* (v.).

cappella: originariamente piccolo edificio di culto (in particolare per uso regale), isolato o annesso a una chiesa più grande; più tardi anche una nicchia o una piccola costruzione addossata al fianco di una chiesa e destinata al culto dei santi; per estensione anche un piccolo edificio cimiteriale destinato a tomba familiare.

cappella radiale: piccola cappella costruita sull'abside delle grandi cattedrali romaniche e gotiche o delle chiese di pellegrinaggio, con lo scopo di permettere la celebrazione della messa a numerosi religiosi contemporaneamente.

capriata: struttura in legno, in ferro o calcestruzzo armato a forma di triangolo utilizzata per reggere le travi di un tetto. Trasmette ai muri di sostegno solo carichi verticali, ciò che consente di realizzare strutture semplici e leggere.

carena di nave: tipo di soffitto ligneo usato in particolare nelle chiese romanico-gotiche del Veneto che riprende, rovesciata, la tipica struttura a sezione lanceolata delle navi; sostituisce funzionalmente, ma con particolare effetto decorativo, una copertura lignea a capriate.

catacomba: luogo di culto e cimiteriale delle primitive comunità cristiane (in particolare romane) costituito da un intrico di gallerie scavate nel sottosuolo e lungo le quali erano ricavate nicchie per la sepoltura dei defunti oppure erano sistemati altari per le cerimonie religiose.

catino: prende generalmente questo nome la volta a quarto di sfera che copre un'abside o, talvolta, una nicchia semicircolare.

cattedra: nelle chiese, è il trono posto nell'abside, o più spesso nel *presbiterio* (v.), e riservato al vescovo.

cattedrale: chiesa principale della diocesi, di cui è titolare lo stesso vescovo; detta anche *duomo* (v.).

chevet: vocabolo francese (*capezzale*) che indica la parte terminale delle chiese, in particolare romaniche e gotiche, comprendente l'abside, il *deambulatorio* (v.) e le *cappelle radiali* (v.). Assimilabile al termine italiano *capocroce* (v.).

ciborio: indicava in origine il tradizionale *baldacchino* (v.) a quattro colonne sovrastante l'altare, sotto il quale veniva sospeso un ostensorio contenente l'ostia consacrata; in epoca più tarda passò a indicare il *tabernacolo* (v.) che custodisce le particole.

claristorio: parola di origine anglofrancese che indica la serie di ampie finestre aperte solitamente nella parte alta della navata centrale delle cattedrali gotiche; è un'innovazione permessa dall'eliminazione del matroneo, a sua volta consentita dall'adozione, come strumento per contrastare le spinte laterali delle volte, dell'*arco rampante* (v.).

confessione: viene chiamato così il loculo, generalmente posto sotto l'altare, contenente le spoglie (o le reliquie) di un martire.

contrafforte: elemento architettonico (in genere un risalto murario) posto a rinforzo di una struttura architettonica, solitamente per equilibrare le spinte verso l'esterno delle volte.

coro: parte dietro l'altare in cui si riuniscono i monaci o i canonici; è generalmente dotata di *stalli* (v.) o di panche perimetrali che seguono l'andamento della parete. Per estensione si utilizza lo stesso termine anche per indicare l'insieme degli stalli stessi.

costolone: nervatura di una volta, tipica dell'architettura romanica e gotica: nata inizialmente come elemento decorativo mascherante i difetti di intersezione di due vele contigue della volta divenne poi una parte con funzioni statiche fino a diventare, in epoca gotica, l'elemento portante di tutta la volta, che veniva appoggiata (o, talvolta, appesa) ai costoloni.

cripta: indica, nelle chiese, la piccola chiesa inferiore, ricavata generalmente sotto il piano del *presbiterio* (v.), nella quale sono spesso conservate tombe e reliquie di santi. Il suo uso cominciò a diffondersi nei secoli dell'alto medioevo.

croce greca: croce con le quattro braccia uguali. La pianta a croce greca è tipica delle chiese, soprattutto minori, di area bizantina, e da ciò è derivato il nome della figura.

croce latina: croce con braccia diseguali, avente l'asta inferiore più lunga delle altre: la pianta a croce latina è di gran lunga quella più usata per le chiese cattoliche. Dalla pianta a croce derivano i termini *capocroce* (v.) e *piedicroce* (v.) utilizzati per indicare rispettivamente il presbiterio e il corpo maggiore della chiesa.

crociera: dizione abbreviata di *volta a crociera* (v.), senz'altro il sistema strutturale più diffuso per la coperture delle chiese romaniche e gotiche.

cupola estradossata: particolare soluzione architettonica se a una cupola interna fa corrispondere un *tiburio* (v.) esterno.

cupola: struttura architettonica derivante dalla rotazione di un arco intorno a un asse verticale oppure da una serie di spicchi curvi intersecantisi; la parte terminale è di solito formata da un anello su cui si erge la *lanterna* (v.), cioè l'edicola terminale della cupola stessa. La cupola vera e propria è generalmente posata su un alto zoccolo o *tamburo* (v.).

cùspide: elemento architettonico e decorativo a forma di cono molto allungato, tipica dell'architettura gotica, dove assumeva talvolta anche valori statici, di carico aggiuntivo utilizzato per spostare verso la verticale la risultante dei carichi, consentendo così la costruzione di contrafforti di minore larghezza.

deambulatorio: corridoio anulare, tipico delle

GLOSSARIO

chiese romaniche e gotiche, ma utilizzato anche in altre epoche, che corre tutt'intorno all'abside di una chiesa o al coro, di solito delimitato da una fila di colonne o di pilastri.

diacònico: locale tipico delle chiese paleocristiane e bizantine, posto solitamente a destra dell'abside e usato come deposito di arredi sacri; di solito accompagnato, a sinistra dell'abside, da un analogo locale, detto *pròtesi* (v.). L'insieme dei due locali prendeva il nome collettivo di *pastoforia* (v.).

dossale: termine che indica sia lo schienale degli *stalli* (v.) che compongono il *coro* (v.) sia anche il fondo di un pulpito; il significato si è poi esteso a indicare ogni elemento di fondo di un altare, o di un sedile o anche di un ambiente.

duomo: deriva da *domus Dei*, casa di Dio; indica la chiesa *cattedrale* (v.) di una diocesi.

esedra: spazio delimitato da una parete concava, in genere semicircolare; nella casa romana era di solito caratteristica delle stanze impiegate per riunioni conviviali; nei fori o nelle basiliche indicava in genere il luogo in cui era sistemato il seggio di un magistrato curule; venne poi ripresa nella basilica paleocristiana per dare collocazione all'altare. V. *abside*.

fenestella confessionis: termine latino con il quale si indica l'apertura che dal *presbiterio* (v.) consente di vedere la *cripta* (v.), e in particolare le tombe o le reliquie dei santi in essa conservate.

flèche: termine francese che significa, letteralmente, "freccia". Nome dato alla cuspide terminale del tiburio di una cattedrale gotica. V. *cuspide*, *guglia*.

fonte battesimale: vasca, generalmente in pietra o marmo, sorretta da colonnine o altri sostegni più o meno elaborati e posta all'interno della chiesa, appena a sinistra dell'ingresso, di solito in un vano apposito, che sostituì il *battistero* (v.) esterno all'edificio.

ghiera: voce gergale per indicare il *sottarco* (v.), cioè la parte interna dell'arco; spesso, soprattutto nell'architettura romanica, vivacemente decorata con motivi bicromatici.

ghimberga: motivo in rilievo ad angolo acuto molto allungato, usato in epoca gotica come ornamento di portali, facciate, campanili. È tipico, in particolare, del gotico piemontese.

guglia: terminazione cuspidata di un elemento architettonico, tipica del gotico ma usata anche in altri periodi, con funzione sia ornamentale sia statica, per deviare verso la verticale la risultante dei carichi gravanti su un *contrafforte* (v.). Sinonimo di *cuspide* (v.) e di *pinnacolo* (v.). Se posta sulla terminazione di un tiburio, in particolare se molto affusolata, prende il nome francese di *flèche* (v.).

icona: vocabolo di origine greca (*eikòn*, immagine) che indica una rappresentazione sacra della religiose greco-ortodossa; le icone, dipinte secondo schemi convenzionali fissi e sostanzialmente immutabili nel tempo, sono una delle manifestazioni più caratteristiche della religiosità ortodossa.

iconostasi: letteralmente "luogo su cui sono posate le icone"; nelle chiese bizantine e greco-ortodosse è una divisione traforata, sormontata da una trave su cui sono posate immagini sacre, che separa la parte della chiesa aperta ai fedeli dal *presbiterio* (v.), riservato invece ai sacerdoti. Viene talvolta utilizzata anche nelle chiese occidentali.

jubé: tribuna, generalmente su archi, che divide la parte accessibile ai fedeli di una chiesa da quella riservata ai religiosi e utilizzata per le cerimonie; veniva usata spesso anche come cantoria o luogo per esecuzioni musicali. L'elemento, così come il nome, vengono dalla Francia, dove comparvero intorno al XII secolo.

lanterna: è così detta la parte superiore della cupola, configurata in genere come un tempietto circolare ampiamente finestrato, così che la luce possa "piovere" nell'invaso sottostante.

mandorla: tipico elemento decorativo medievale, e in parte rinascimentale, formato da due settori di circonferenza che si intersecano formando un ovale cuspidato. È convenzionalmente un simbolo di gloria e di onore, e viene quindi usato frequentemente per incorniciare una figura sacra alla quale si vuole dare il massimo risalto o di cui voglia indicare il prestigio: riservata prima esclusivamente al Cristo, la mandorla è stata successivamente usata anche per la Vergine e quindi per i santi.

martyrion: termine greco, spesso usato anche nella traslazione latina *martyrium*, con cui si indica una piccola costruzione eretta sul luogo di supplizio o di sepoltura di un martire o contenente le spoglie o le reliquie di un martire. Si tratta solitamente di edifici a pianta centrale (quasi sempre a croce greca), costruiti vicini a una chiesa più importante, spesso intitolata al martire o al santo stesso custodito nell'edificio. Talvolta si indica con lo stesso nome anche un locale interno alla chiesa in cui siano custodite reliquie.

matroneo: è la galleria ricavata sopra le navatelle laterali di una chiesa, così detta perché, secondo alcune tradizioni, sarebbe stata in origine riservata alle donne perché non si mischiassero con la confusione delle navate, riservate ai maschi. Al di là del suo aspetto funzionale ha spesso, soprattutto nelle chiese romaniche, uno scopo statico: serve infatti a contenere le spinte laterali provocate dalle volte a crociera che coprono la navata maggiore.

mensa: la lastra (solitamente di materiale pregiato: marmo, pietra o altro) che forma il piano dell'altare. Il termine deriva dall'omonimo latino, che indicava la tavola su cui banchieri, gabellieri e scrivani pubblici esercitavano le loro funzioni.

mosaico: tecnica figurativa che utilizza, per comporre le immagini, minuscole tessere colorate di pietra o di pasta vitrea applicate su un fondo preparato a calce. Di origine classica (era usatissimo dai Romani), divenne tipico delle costruzioni di culto bizantine e, da noi, medievali.

GLOSSARIO

nartece: portico colonnato anteposto alla facciata di una chiesa. Di uso comune nelle costruzioni paleocristiane e altomedievali, divenne notevolmente più raro dopo il Mille. Nelle chiese ravennati prende il nome si *àrdica* (v.).

navata o, meno frequentemente, **nave**: spazio compreso tra due pareti sorreggenti una copertura oppure tra due file di colonne o di sostegni paralleli o ancora tra una fila di sostegni e un muro d'ambito. È la tipica suddivisione interna delle chiese a pianta basilicale. Si possono avere chiese a navata singola, oppure a tre o più raramente a cinque navate, di altezze sia uguali sia, molto più frequentemente, digradanti verso l'esterno. Le navate disposte trasversalmente, che tagliano quelle disposte secondo l'asse longitudinale della chiesa, prendono il nome di *transetti* (v.).

oratorio: piccolo luogo di culto riservato il cui uso è generalmente riservato a determinate persone o comunità.

orientamento: disposizione di un edificio secondo i punti cardinali; può derivare da motivi religiosi, liturgici o igienici. Moltissime chiese sono orientate verso oriente, per motivi simbolici che risalgono alle radici stesse del Cristianesimo; l'orientamento, pur senza diventare mai un obbligo, fu pressoché canonico perlomeno fino al Quattrocento, perlomeno laddove le condizioni urbanistiche e topografiche lo permettevano.

ostensorio: particolare arredo sacro utilizzato per l'esposizione dell'eucarestia. Nato originariamente come elemento architettonico (generalmente sotto forma di un tempietto sostenuto da un piedistallo), si modificò via via nel tempo, assumendo con la Controriforma la forma tonda, circondata da raggi e con al centro una teca di cristallo per l'Ostia consacrata, che ancora oggi è prevalente.

pace: piccola placca con un'immagine sacra (o, meno frequentemente, reliquiario) data da baciare ai fedeli prima della Comunione; veniva generalmente consegnata alle chiese come offerta votiva e poteva assumere anche l'aspetto di un prezioso oggetto di oreficeria, lavorato con maestria e con uso di materie preziose.

pala: tavola o tela dipinta posta sopra un altare; quando è incorniciata prende il nome di *ancona* (v.).

palio o più frequentemente **paliotto**: pannello decorativo di vario tipo (d'oro, con pietre preziose, ma anche a scagliola, cioè in stucco, di tessuto o in pelle) che si poneva davanti all'altare.

paradiso: è l'atrio quadrangolare scoperto, solitamente cinto dal *quadriportico* (v.), posto davanti alle basiliche paleocristiane, generalmente ornato al centro da una fontana. V. *càntaro*.

pastoforia: nome collettivo dato ai due locali di servizio detti *pròtesi* (v.) e *diacònico* (v.).

pennacchio: raccordo a forma di triangolo sferico tra una cupola e la sua base quadrata; quando questo raccordo invece che con un triangolo è ottenuto attraverso una serie di archetti di ampiezza crescente viene chiamato *tromba*.

pensile: *archetto pensile* (v.).

pèrgamo: tribunetta o pulpito posto all'interno, ma talvolta anche all'esterno della chiesa e utilizzato dal sacerdote per il sermone o per la predicazione alla comunità.

pèrgula: loggia con colonnine che reggono una trabeazione; il termine è utilizzato talvolta in ambito ecclesiastico come sinonimo di *iconostasi* (v.).

piedicroce: nome con il quale si indica la parte della chiesa tra l'ingresso e il presbiterio; deriva dalla forma a croce, con il presbiterio posto all'incrocio tra navate e transetto, utilizzata da moltissime chiese.

pilastro polistilo: tipico pilastro delle cattedrali romaniche e gotiche formato da un nucleo (generalmente quadrato) cui sono addossate varie semicolonne, cui si appoggiano gli archi della navata e i *costoloni* (v.) delle volte.

pinnàcolo: guglia terminale di una costruzione – tipica, anche se non esclusiva, del gotico – a forma di cono o piramide molto allungata, spesso decorata con frastagliature più o meno complesse. Sinonimo di *cuspide* (v.) e di *guglia* (v.).

polittico: dipinto o *ancona* (v.) d'altare suddiviso in tre (in questo caso di dice *trittico*) o più pannelli riuniti da un'unica cornice solitamente di forme architettoniche; può essere ornato alla base da riquadri (detti collettivamente *predella*) narranti episodi della vita del santo raffigurato nella tavola centrale.

portale: viene così chianata una porta di dimensioni o di monumentalità maggiori del normale; per convenzione vengono sempre chiamati portali gli ingressi delle chiese. Possono essere *strombati* (v. *strombatura*), arricchiti da una *ghimberga* (v.) o dotati di un *protiro* (v.).

predella: parte inferiore di un polittico, spesso ornata da riquadri narranti episodi della vita del santo raffigurato nei pannelli superiori dell'opera. V. *polittico*.

presbiterio: la parte della chiesa in cui è sistemato l'altare, riservata ai sacerdoti celebranti; in una chiesa a pianta cruciforme è spesso collocato nel punto d'incrocio tra navata e transetto. Nel corso dei secoli venne diaframmato in vari modi rispetto alla parte di chiesa aperta ai fedeli: o attraverso una *iconostasi* (v.), o per mezzo di uno *jubé* (v.) o anche, dopo la Controriforma, tramite una *balaustrata* (v.). Dopo il presbiterio, spesso diviso da questo in molteplici modi (per esempio con una cancellata), si apre generalmente il *coro* (v.). Frequentemente sotto il presbiterio si trova la *cripta* (v.) con le spoglie dei santi o dei martiri.

pròtesi: locale con funzioni simili a quelle di una moderna sagrestia, ricavato alla sinistra dell'abside e tipico delle chiese paleocristiane e bizantine; abbinato solitamente al *diacònico* (v.). V. *pastoforia*.

pròtiro: il portichetto a tettuccio, tipico delle chiese romaniche, che inquadra il portale maggiore (molto più raramente anche i portali secondari) di una chiesa; quasi sempre retto da colonne appoggiate a leoni o altri animali.

quadriconca: pianta di chiesa formata da un quadrato su ogni lato del quale si apre un'ampia abside o un'esedra. Utilizzata già in epoca paleocristiana (S. Lorenzo di Milano), trovò particolare fortuna nel Rinascimento.

quadriportico: il caratteristico porticato a pianta rettangolare che si trova generalmente davanti alle basiliche paleocristiane, e che racchiude il *paradiso* (v.).

retablo: da *recta tabula*, quadro verticale; grande costruzione pittorica da altare, tipica dell'arte iberica ma diffusa anche in Italia e in altri paesi, diffusa soprattutto nel Quattrocento.

rosone: finestrone circolare, dalla ricca trama interna a elementi architettonici o decorativi, tipico delle chiese romaniche e gotiche; spesso meravigliosamente rifinito con vetrate colorate.

sacello: era, presso i Romani, un piccolo recinto sacro dedicato alle divinità domestiche. Nell'architettura cristiana il termine indica un piccolo edificio di culto, spesso con funzione funeraria, annessa a una chiesa maggiore.

sacrestia: locale attiguo alla chiesa, in comuni-

GLOSSARIO

cazione con il presbiterio, nel quale vengono conservati, solitamente in grandi armadi, gli arredi sacri e tutto quanto serve per la celebrazione del culto e in cui i sacerdoti indossano i paramenti. Originariamente ambiente solo funzionale, si trasformò spesso, soprattutto in epoca rinascimentale, in locale di grande bellezza e raffinatezza, la cui realizzazione era affidata ad artisti famosi.

sarcòfago: termine di origine greca (letteralmente "mangiatore di carne") che indica un'urna o un recipiente destinato a contenere il corpo di un defunto. Può avere forma parallelepipeda, oppure antropomorfa, o arrotondata, e spesso è decorato con rilievi o opere d'arte di vario tipo.

scarsella: termine del linguaggio medievale, giunto sino a noi per indicare un'abside rettangolare aggiunta a un edificio religioso, solitamente a pianta centrale (un battistero, per esempio) quasi sempre allo scopo di sistemarvi un altare.

sinopia: disegno preparatorio dell'affresco, tracciato sul muro a carboncino o con terra rossa di Sinope (da ciò il nome). Spesso recuperate dopo lo strappo dell'affresco, hanno dignità d'opera d'arte in sé e costituiscono motivo d'attrazione per i visitatori attuali.

sottarco: la superficie interna (*intradosso*) dell'arco, sovente decorata con motivi a rilievo o dipinti.

stallo: in origine, il posto per un singolo cavallo, delimitato da due tramezze, all'intero di una stalla; per estensione il singolo posto a sedere, di solito delimitato da paratie ai fianchi, del *coro* (v.).

stilòforo: letteralmente "portatore di colonna"; è l'animale o più raramente la figura umana che regge la colonna di un portico o, usualmente, di un *protiro* (v.).

strombatura: prende questo nome la rientranza inclinata di una porta o di una finestra, tipica delle costruzioni medievali; spesso realizzata attraverso un'elaborata serie di colonnine e di modanature, soprattutto nei portali delle chiese.

tabernacolo: parola che designava, presso i Romani, la tenda del comandante dell'esercito, presso la quale si traevano gli auspici. Nel culto cristiano passò a indicare il luogo in cui si conservano immagini sacre o reliquie, e soprattutto quello in cui si custodisce l'Eucarestia, solitamente foggiato a edicola e posto sopra la mensa dell'altare.

tamburo: è così chiamata, per evidente analogia formale, la base cilindrica su cui spesso poggia una cupola e che permette di innalzare la costruzione senza dilatare eccessivamente la base d'imposta.

tempio: presso le civiltà antiche era l'edificio dedicato al culto degli dei. Il Cristianesimo evitò per lungo tempo il termine, troppo "compromesso" con il paganesimo, a favore delle dizioni *ecclesia*, chiesa o *domus Dei*, casa di Dio, poi abbreviata in Duomo. Solo nel tardo medioevo e nel Rinascimento si cominciò ad applicare la dizione "tempio" anche al luogo di culto cristiano.

tesoro: nella terminologia cristiana, locale o serie di locali annessi alla chiesa e adibiti a custodire i beni più preziosi in possesso della chiesa stessa. L'uso della parola in questo senso risale al Rinascimento.

tiburio: struttura architettonica che si eleva sopra l'incrocio della navata principale con il transetto, a forma quadrata, ottagonale o cuspidata, tipica della chiese romaniche e gotiche lombarde e delle costruzioni cistercensi. Da non confondere con la *cupola* (v.), rispetto alla quale è alternativo. Può talvolta capitare, nelle chiese lombarde, che una cupola interna sia all'esterno rivestita da un elemento architettonico simile a un tiburio; si parla allora, con termine non del tutto esatto, di *cupola estradossata* (v.).

torre nolare: genericamente ogni torre destinata a reggere una campana (in latino *nola*) e dunque fungente da *campanile* (v.). Di solito però il termine viene usato per indicare una torre che si sviluppa dal corpo di una chiesa, in particolare dal *tiburio* (v.), e che regge le campane, tipica delle costruzioni cistercensi.

transenna: parapetto o divisorio lavorato a traforo, solitamente di marmo o di pietra, ma talvolta anche di legno, utilizzato per dividere in due uno spazio architettonico unitario. Nelle chiese era spesso usato per dividere la cantoria dal presbiterio, ma anche talvolta la zona riservata ai religiosi o alle alte autorità civili da quella occupata dai fedeli comuni.

transetto: navata che interseca ortogonalmente la navata principale o il corpo principale di una chiesa, dando origine a una costruzione cruciforme. È frequentissimo nelle chiese di ogni epoca, per l'evidente significato simbolico che assume la pianta a croce. Se il corpo principale è tagliato dal transetto a metà si ha una pianta a *croce greca* (v.); se le due braccia del corpo principale sono asimmetriche si genera una pianta a *croce latina* (v.). Solitamente all'incrocio tra corpo principale e transetto è posto l'altare; l'incrocio è segnalato all'esterno, quasi sempre, da un *tiburio* (v.) o da una *cupola* (v.).

triforio: tipico termine dell'architettura gotica che designa uno dei registri delle pareti della navata principale, caratterizzato da una serie di *trifore*, vale a dire di finestre a tre luci.

trittico: v. *polittico*.

tromba: elemento di raccordo tipico dei tiburi o delle cupole delle chiese che permette di passare dalla pianta quadrata a quella ottagonale, e che è costituito da una serie di archetti sovrapposti di ampiezza digradante che tagliano in diagonale gli angoli del quadrato. Da non confondere con il *pennacchio* (v.), che svolge la stessa funzione ma è costituito invece da un triangolo sferico.

trompe-l'oeil, in italiano **pittura illusionistica**: dipinto prospettico tale, per verosimiglianza di impianto e di colori, da ingannare l'osservatore, facendogli credere di trovarsi di fronte a una realtà architettonica o naturale che invece non esiste. Oltre che dipinto può essere eseguito su legno, con intarsi di diverse essenze, oppure su vetro.

vetrata: chiusura di finestra o di porta realizzata non con un'unica lastra di vetro ma con varie pezzature di vetri (spesso colorati) che compongono un disegno figurativo o astratto. Tipica delle chiese gotiche, ma utilizzata anche in molte altre epoche, compresa la nostra.

volta: copertura curva che sfrutta il principio dell'arco. È caratterizzata da un *perimetro di imposta*, che ne delimita l'impronta a terra, da un *intradosso*, cioè da una superficie inferiore, e da un *estradosso*, vale a dire da una superficie superiore. Può assumere moltissime forme: *a botte*, *a crociera*, *a vela*, *a padiglione* e così via; le sue varie parti curve prendono il nome di *spicchi*. Spesso, soprattutto nell'architettura romanica e gotica, le intersezioni dei vari spicchi sono contrassegnate e rinforzate da *costoloni*.

voluta: termine che ha più di un significato. Nell'architettura classica è la particolare decorazione a spirale che caratterizza il capitello dell'ordine ionico; nell'architettura religiosa si indica con questo nome anche il grande elemento a forma di "S" che raccorda la parte superiore più stretta e quella inferiore, più larga, della facciata di una chiesa. Inventata da Leon Battista Alberti per la facciata della chiesa di S. Maria Novella a Firenze, è uno degli stilemi più diffusi dell'architettura tardorinascimentale e barocca.

Referenze iconografiche

I numeri in tondo si riferiscono alle pagine, quelli in corsivo alle immagini.

L'immagine di copertina è di Image Bank/Gianluigi Scarfiotti

L'immagine in quarta di copertina è dell'Istituto Editoriale Scala, Firenze.

L'immagine nel risguardo è un'incisione raffigurante la basilica di S. Paolo a Roma (collezione privata).

I disegni della basilica di S. Ambrogio (pp. 42-43) e della chiesa di S. Maria della Salute (pp. 146-147) sono di Giorgio Pomella.

L'immagine a p. 177 è di Massimo Listri.

Le immagini alle pp. 169, 170, 172, 182, 190-191, 198 sono dell'Istituto Editoriale Scala, Firenze.

Segni di infinito sulle pietre, pp. 6-7
Guido Baviera: *1*.
Ghigo Roli: *2*.

Immagini nella continuità, pp. 8-19
Istituto Editoriale Scala: *1-10*.

La fede trionfante, pp. 20-21
Istituto Editoriale Scala: *1*.
Archivio fotografico TCI/Toni Nicolini: *2*.

S. Costanza a Roma, pp. 22-23
Image Bank/Roberto Vignoli: *1*.
Istituto Editoriale Scala: *2 e 3*.

S. Maria Maggiore a Roma, pp. 24-25
Istituto Editoriale Scala: *1 e 2*.
Luciano Romano: *3*.

S. Lorenzo a Milano, pp. 26-29
Archivi Alinari/SEAT (foto Pedicini): *3-9*.
Istituto Editoriale Scala: *1*.
SIME/Ripani: *2*.

S. Vitale a Ravenna, pp. 30-33
Guido Baviera: *4*.
Istituto Editoriale Scala: *5*.
Agenzia Franca Speranza/Stefano Montesi: *3*.
Agenzia Franca Speranza/Sandro Vannini: *1*.
SIME/Johanna Huber: *2, 6 e 7*.

S. Eufemia a Grado, pp. 34-35
Elio e Stefano Ciol: *2 e 3*.
Istituto Editoriale Scala: *1*.
SIME/Giovanni Simeone: *4*.

S. Maria Assunta e S. Fosca a Torcello, pp. 36-37
Guido Baviera: *2-6*.
Ghigo Roli: *1*.

Un candido mantello di chiese, pp. 38-39
Guido Baviera: *2*.
Ghigo Roli: *1*.

S. Ambrogio a Milano, pp. 40-45
Giovanna Dal Magro: *1, 2, 4 e 6*.
Luciano Romano: *5*.
Istituto Editoriale Scala: *7 e 8*.
SIME/Giovanni Simeone: *3*.

S. Michele a Pavia, pp. 48-51
Guido Baviera: *2 e 3*.
Contrasto/Gianni Berengo Gardin: *1*.

Il Duomo di Modena, pp. 46-47
Guido Baviera: *3*.
Giovanna Dal Magro: *2*.
Ghigo Roli: *1, 4 e 5*.

Il complesso di S. Stefano a Bologna, pp. 52-53
Ghigo Roli: *1-4*.

S. Zeno Maggiore a Verona, pp. 54-57
Giulio Andreini: *3 e 7*.
Guido Baviera: *4 e 6*.
Giovanna Dal Magro: *5*.
Istituto Editoriale Scala: *1 e 2*.

S. Marco a Venezia, pp. 58-63
Guido Baviera: *3*.
Image Bank/Guido Alberto Rossi: *6*.
Toni Nicolini: *4*.
SIME/Johanna Huber: *1, 2 e 5*.
SIME/Giovanni Simeone: *7, 8 e 9*.

Il Duomo di Pisa, pp. 64-65
Luciano Romano: *3 e 4*.
Istituto Editoriale Scala: *2*.
SIME/Johanna Huber: *1*.

S. Michele in Foro a Lucca, pp. 66-67
Guido Baviera: *3*.
Image Bank/Guido Alberto Rossi: *1*.
Istituto Editoriale Scala: *2*.

S. Miniato al Monte a Firenze, pp. 68-71
Massimo Listri: *1, 2, 4, 5, 7 e 8*.
Istituto Editoriale Scala: *3 e 6*.

S. Ciriaco ad Ancona, pp. 72-73
Guido Baviera: *1*.
SIME/Johanna Huber: *3*.
Agenzia Franca Speranza/
Giuseppe Carfagna: *2 e 4*.

La Cattedrale di Trani, pp. 74-75
Mimmo Jodice: *1-4*.

La Cappella Palatina a Palermo, pp. 76-79
Mimmo Jodice: *1, 2, 3, 4, 6, 7 e 8*.
Luciano Romano: *5*.

Lo splendore della divinità, pp. 80-81
Istituto Editoriale Scala: *1*.
Toni Nicolini: *2*.

S. Andrea a Vercelli, pp. 82-85
Guido Baviera: *1, 6, 7 e 8*.
Toni Nicolini: *2 e 4*.
Istituto Editoriale Scala: *5 e 9*.
White Star/Marcello Bertinetti: *3 e 10*.

S. Lorenzo Maggiore a Genova, pp. 86-87
Archivio TCI/
Giovanni Chiaramonte: *1, 5 e 6*.
Agenzia Franca Speranza/
Mark E. Smith: *2 e 4*.
Image Bank/Marco Cappelli: *3*.

S. Maria del Fiore a Firenze, pp. 88-91
SIME/Giovanni Simeone: *1*.
SIME/Johanna Huber: *2, 4, 5 e 6*.
Istituto Editoriale Scala: *3, 7, 8, 9, 10 e 11*.

S. Croce a Firenze, pp. 92-97
Giulio Andreini: *1 e 4*.
Massimo Listri: *3, 9 e 10*.
Istituto Editoriale Scala: *6, 7 e 8*.
SIME/Johanna Huber: *2 e 5*.

Il Duomo di Siena, pp. 98-101
Guido Baviera: *1 e 4*.
Image Bank/P Trummer: *7*.
Toni Nicolini: *2, 3 e 6*.
Istituto Editoriale Scala: *8 e 9*.

Il Duomo di Orvieto, pp. 102-103
Guido Baviera: *1 e 2*.
SIME/Giovanni Simeone: *3*.

S. Petronio a Bologna, pp. 104-107
Guido Baviera: *3 e 4*.
Eikonos Ravenna: *1 e 2*.
Istituto Editoriale Scala: *5 e 6*.
SIME/Giovanni Simeone: *7*.

Il Duomo di Milano, pp. 108-113
Laura Ronchi/Paolo Liaci: *2, 3 e 5*.
Istituto Editoriale Scala: *1, 6 e 12*.
SIME/Ripani: *9 e 10*.
Massimo Listri: *11*.
Veneranda Fabbrica del Duomo: *4, 7sx, 7dx e 8*.

La matematica della fede, pp. 114-115
Guido Baviera: *1*.
Archivio TCI/Roberto Schezen: *2*.

S. Spirito a Firenze, pp. 116-117
Istituto Editoriale Scala: *2 e 4*.
SIME/Johanna Huber: *1 e 3*.

Il Tempio Malatestiano a Rimini, pp. 118-119
Istituto Editoriale Scala: *3 e 5*.
SIME/Giovanni Simeone: *1 e 2*.
Giovanna Dal Magro: *4*.

S. Andrea a Mantova, pp. 120-123
Image Bank/Guido Alberto Rossi: *1*.
Guido Baviera: *4*.
Massimo Listri: *2, 3 e 5*.
Istituto Editoriale Scala: *6*.

S. Maria delle Grazie a Milano, pp. 124-127
Laura Ronchi/Luca Penati: *1 e 4*.
Toni Nicolini: *2, 6 e 7*.
Istituto Editoriale Scala: *5*.
SIME/Ripani: *3*.
Sovrintendenza dei Beni di Milano: *8*.

S. Maria della Consolazione a Todi, pp. 128-129
Guido Baviera: *3*.
SIME/Johanna Huber: *1 e 2*.
Ghigo Roli: *2*.

Il Gesù a Roma, pp. 130-131
Image Bank/Roberto Vignoli: *1 e 2*.
Contrasto/Gianni Berengo Gardin: *3*.
Image Bank/Aris Mihic: *4*.

L'emozione del divino, pp. 132-133
Giuseppe Leone: *1*.
Roberto Schezen: *2*.

S. Pietro a Roma, pp. 134-139
Toni Nicolini: *1, 7 e 8*.
Istituto Editoriale Scala: *3, 5 e 9*.
SIME/Johanna Huber: *4 e 6*.
SIME/Giovanni Simeone: *2*.

S. Ivo alla Sapienza a Roma, pp. 140-141
Archivi Alinari: *2*.
Enzo Ragazzini: *3*.
Luciano Romano: *1*.

S. Croce a Lecce, pp. 142-143
Luciano Romano: *1, 2, 3 e 5*.
Istituto Editoriale Scala: *4*.

S. Maria della Salute a Venezia, pp. 144-149
Guido Baviera: *2 e 4*.
Image Bank/Guido Alberto Rossi: *3*.
Istituto Editoriale Scala: *5 e 6*.
SIME/Johanna Huber: *1*.

S. Lorenzo e la Cappella della Sindone a Torino, pp. 150-151
Agenzia Franca Speranza/Diamante D'Alessio: *1 e 3*.
White Star/Marcello Bertinetti: *4*.
Istituto Editoriale Scala: *2*.

S. Giorgio a Ragusa, pp. 152-153
Ghigo Roli: *2 e 3*.
SIME/Giovanni Simeone: *1*.

Alla ricerca del dio perduto, pp. 154-155
Guido Baviera: *1*.
Archivio TCI/Roberto Schezen: *2*.

S. Francesco di Paola a Napoli, pp. 156-159
Mimmo Jodice: *2, 3 e 4*.
Luciano Romano: *1*.

S. Antonio da Padova a Trieste, pp. 160-161
Guido Baviera: *1-4*.

S. Gaudenzio a Novara, pp. 162-163
Image Bank/Marco Cappelli: *1*.
Istituto Editoriale Scala: *2*.
White Star/Giulio Veggi: *3*.

Madonna dei Poveri a Milano, pp. 164-165
Guido Baviera: *1, 4 e 5*.
Clara Biondo: *2*.
Laura Ronchi/Umberto Piedilato: *3*.

S. Giovanni Battista a Campi Bisenzio, pp. 166-169
Guido Baviera: *1, 2, 5, 6, 7 e 8*.
Istituto Editoriale Scala: *3 e 4*.

Oltre le mura, pp. 170-176
Archivio TCI/Giovanni Chiaramonte: *5*.
Toni Nicolini: *7*.
Giulio Andreini: *3*.
Marka/Marco Bonotto: *8*.
Marka/Tonino Conti: *1*.
Marka/Danilo Donadoni: *4*.
Marka/Maj-Britt Idstrom: *9*.
Marka/Alberto Ramella: *2*.
Marka/Gianluigi Sosio: *6*.